国家安全学系列丛书

总主编：叶 青
执行主编：李 翔

Introduction to
HEALTH
Security Law

健康安全法治概论

主　　编　郭为禄
执行主编　满洪杰
副 主 编　李 恒　孙煜华

北京大学出版社
PEKING UNIVERSITY PRESS

图书在版编目(CIP)数据

健康安全法治概论/郭为禄主编.—北京:北京大学出版社,2023.1
国家安全学系列丛书
ISBN 978-7-301-33568-0

Ⅰ.①健… Ⅱ.①郭… Ⅲ.①卫生法—法的理论—中国—高等学校—教材 Ⅳ.①D922.161

中国版本图书馆 CIP 数据核字(2022)第 210515 号

书　　　名	健康安全法治概论 JIANKANG ANQUAN FAZHI GAILUN
著作责任者	郭为禄　主编
责 任 编 辑	徐　音　李小舟
标 准 书 号	ISBN 978-7-301-33568-0
出 版 发 行	北京大学出版社
地　　　址	北京市海淀区成府路 205 号　100871
网　　　址	http://www.pup.cn　新浪微博:@北京大学出版社
电 子 信 箱	sdyy_2005@126.com
电　　　话	邮购部 010-62752015　发行部 010-62750672 编辑部 021-62071998
印 刷 者	北京圣夫亚美印刷有限公司
经 销 者	新华书店 730 毫米×980 毫米　16 开本　19 印张　321 千字 2023 年 1 月第 1 版　2023 年 1 月第 1 次印刷
定　　　价	68.00 元

未经许可,不得以任何方式复制或抄袭本书之部分或全部内容。
版权所有,侵权必究
举报电话:010-62752024　电子信箱:fd@pup.pku.edu.cn
图书如有印装质量问题,请与出版部联系,电话:010-62756370

总　序

　　国家安全学系列丛书由华东政法大学与北京大学出版社联合推出。系列丛书坚持总体国家安全观，注重体现新时代国家安全特点，注重反映国家安全理论与实践最新动态，包括教材、专著、论文集等多种形式，旨在为高校院所国家安全相关专业学生、研究人员和国家安全实务工作者提供可资学习、研究和工作指导的专业读物。

　　国家安全是指国家政权、主权、统一和领土完整、人民福祉、经济社会可持续发展和国家其他重大利益相对处于没有危险和不受内外威胁的状态，以及保障持续安全状态的能力。习近平总书记在2014年4月15日召开的中央国家安全委员会第一次会议上强调指出："当前我国国家安全内涵和外延比历史上任何时候都要丰富，时空领域比历史上任何时候都要宽广，内外因素比历史上任何时候都要复杂，必须坚持总体国家安全观，以人民安全为宗旨，以政治安全为根本，以经济安全为基础，以军事、文化、社会安全为保障，以促进国际安全为依托，走出一条中国特色国家安全道路。"习近平总书记明确提出了总体国家安全观，为我国国家安全工作提供强大思想武器。坚持总体国家安全观，统筹发展和安全，增强忧患意识，做到居安思危，已经成为我们党治国理政的一项重大原则。在总体国家安全观指引下，我国不断完善国家安全战略体系、政策体系和法治体系，持续推进国家安全治理体系和治理能力现代化，取得了前所未有的成果。

　　我国具有悠久历史，也曾多次经历治乱循环和兴衰更替，国家安全和社会安定是全体人民的共同期待，历代仁人志士为之不断探索奋斗，形成了非常丰富的国家安全经验和智慧。中国共产党诞生于国家内忧外患、民族危难之时，对国家安全的重要性有着刻骨铭心的认识。中华人民共和国成立后，党和国家高度重视国家安全工作，通过一系列重大举措巩固新生政权，巩固国防，不断推进社会主义改造和工业化、现代化建设，有力捍卫国家安全。改革开放以来，党和国家把维护国家安全和社会安定作为一项基础性工作来抓，为改革开放和社会主义现代化建设营造了良好安全环境。进入新时代，我国面临更为严峻的国家安全形势，外部压力前所未有，传统安全威胁和非传统安全威胁相互交织，"黑天鹅"事件和"灰犀牛"事件时有发生，国家安全工作在党和国家事业全局中的重要性进一步提升。习近平总书记指出，党的十八届三中全会决定成立国家安全委员会，是推进国家治理体系和治理能力现代化、实现国家长治久安的迫切要求，是全面建成小康社会、实现中华民族伟大复兴中国梦的重要保障，目的就是更好地适应我国国家安全面临的新形势、新任务，建立集中统一、高效权威的国家安全体制，加强对国家安全工作的领导。

国家安全工作在中央国家安全委员会统一部署下，坚决贯彻落实总体国家安全观。我国对内对外国家安全工作实践的突飞猛进对国家安全学术研究和学科发展提出迫切要求。与法学、政治学、经济学、社会学等传统学科相比，国家安全学学科发展相对滞后，相关研究长期分散在其他学科领域，未能形成独立的理论体系、话语体系和学科体系。全面贯彻落实总体国家安全观，要求建立与之相匹配的国家安全理论体系、话语体系和学科体系。2018年以来，教育部在试点基础上不断推进国家安全学学科建设。2021年，国务院学位委员会、教育部在交叉学科门类下正式设立国家安全学一级学科，标志着我国国家安全理论研究和学科建设迈入新的历史阶段。

一般认为，国家安全研究起源于二十世纪六七十年代，是在反思"一战""二战"和思考"冷战"的基础上逐渐形成的一个特定研究领域，是对战略研究的延续和拓展。早期的国家安全研究受战略研究影响比较明显，研究议题较为狭窄，主要局限于政治安全、军事安全、国土安全等传统安全领域，相关研究成果也主要分布于政治学、军事学、国际关系学等传统学科之中。随着国家安全环境和形势变化，人们对国家安全的认识也不断深入，新兴安全领域如经济安全、金融安全、社会安全、文化安全、生态安全、生物安全、科技安全、网络安全、数字安全、人工智能安全、资源安全、粮食安全、核安全、海外利益安全、太空安全、深海安全、极地安全、公共卫生安全等不断出现。当前，在总体国家安全观指引下，我国国家安全体系日益扩大，国家安全领域不断拓展，国家安全任务日益复杂化和专业化，新时代呼唤新的国家安全学。

在2017年2月17日召开的国家安全工作座谈会上，习近平总书记明确要求："要加大对维护国家安全所需的物质、技术、装备、人才、法律、机制等保障方面的能力建设，更好适应国家安全工作需要。"国家安全工作特别是维护国家安全的专门工作,是对抗性、专业性、机密性极强的工作,从事这项专门工作的人员除具有坚定的政治立场、爱国主义精神外,还必须具备一定的专业知识和较强的专业能力。为此,《中华人民共和国国家安全法》规定,国家采取必要措施,招录、培养和管理国家安全工作专门人才和特殊人才。华东政法大学是中华人民共和国成立后创办的第一批社会主义高等政法院校。建校70年来,华政人遵循"笃行致知,明德崇法"的校训,发扬"逆境中崛起,忧患中奋进,辉煌中卓越"的精神,把学校建设成为一所以法学学科为主,兼有经济学、管理学、文学、工学等学科的办学特色鲜明的多科性应用研究型大学,被誉为"法学教育的东方明珠"。

依托法学、政治学等学科优势,华东政法大学多年来为我国政法战线、国家安全战线培养了一大批讲政治、懂法律、精外语的国家安全专业人才。进入新时代,华东政法大学在国家安全学术研究、智库研究、学科建设和人才培养上不断探索。2016年,华东政法大学整合校内多学科资源,组建成立中国法治战略研究中心。六年来,中心围绕法治中国、平安中国、美丽中国、科技强国、长三角一体化等国家重大战略持续开展学术与智库研究,积极发挥咨政建言和社会服务作用,取得了丰硕成果,先后获评"上海高校二类智库"和"上海市重点培育智库"。中心多位老师长期从事国家安全研究,发表了一系列高质量研究成果,为国家相关决策部门提供了许多有价值的智库专报。2020年,由我担任首席专家、上海市国家安全机关专门研究团队和我校中国法治战略研究中心的专门研究人员共同参与的国家社科基金重大项目"新时代国家安全法治的体系建设与实施措施研究"获批立项,阶段性成果已分别在《光明日报》《中国社会科学报》《法学》《政治与法律》等核心报刊公开发表。同年,在上海市法学会的领导与支持下,上海市法学会国家安全法律研究会成立,并有组织地开展国家安全法律理论与实务研究活动,编辑出版了《国家安全比较研究》会刊。2021年,我校"十四五"规划将国家安全学一级学科列为"十四五"时期学科建设重点任务,明确由中国法治战略研究中心具体承担国家安全学一级学科培育任务。2022年2月,我校自主设置交叉学科"国家安全法学"获教育部备案通过。未来,我校将不断拓展国家安全学二级学科布局,不断丰富国家安全学一级学科内涵,逐渐形成本硕博一体化人才培养体系,努力打造以国家安全法治为特色、覆盖各重点安全领域的国家安全科研智库品牌和人才培养高地。

长期以来，由于缺乏独立的国家安全学学科，我国从事国家安全教学科研的人员力量较为分散，研究成果相对也比较薄弱，很多领域缺少高质量的专著、译著和教材。鉴于此，我校联合北京大学出版社推出国家安全学系列丛书，希望对国家安全学理论创新、学科发展、人才培养起到一定推动作用。系列丛书由我担任总主编，我校发展规划处处长、学科建设办公室主任李翔教授担任执行主编，撰稿人均为我校长期研究国家安全理论的优秀中青年学者。系列丛书以习近平新时代中国特色社会主义思想为根本遵循，坚持总体国家安全观，着力阐述习近平法治思想，内容涉及国家安全学基础理论、国家安全战略、国家安全法治以及各重点安全领域等。目前，该系列丛书已有多部定稿，有的还在写作之中，之后将陆续出版面世。

"安而不忘危，存而不忘亡，治而不忘乱。"当今世界正经历百年未有之大变局，新一轮科技革命和产业变革深入发展，国际力量对比深刻调整，国际经济政治格局复杂多变，单边主义、保护主义、霸权主义对世界和平与发展构成威胁，我国所面临的国家安全风险挑战日益严峻复杂。必须坚持总体国家安全观，坚持统筹发展和安全，深入推进国家安全理论研究和学科建设，夯实国家安全的理论基础、制度基础、人才基础。"不积跬步，无以至千里。"华东政法大学将以系列丛书的编著为依托，扎实推进国家安全学一级学科建设，大力培养能够胜任各安全领域工作的专门人才。由于我国国家安全学学科建设刚刚起步，相关研究成果较少，又缺少成熟的建设经验作为参考，加之作者研究能力与写作水平有限，系列丛书难免存在诸多不足之处，希望各位方家不吝赐教，我们将虚心听取，并逐步完善和努力提升系列丛书质量，为我国国家安全事业和国家安全学学科发展添砖加瓦。

是为序。

华东政法大学校长、教授　叶青
2022 年 6 月 19 日于华政园

目　　录

第一章　总论 ……………………………………………………………（1）
　第一节　作为总体安全观重要组成部分的健康安全 ………………（1）
　第二节　公民健康权与国家义务 ……………………………………（6）
　第三节　实现健康安全的法律保障 …………………………………（12）

第二章　医疗体制与健康国家安全 …………………………………（16）
　第一节　基本医疗服务法治 …………………………………………（16）
　第二节　基本公共卫生服务法治 ……………………………………（22）
　第三节　医疗保障法治 ………………………………………………（27）

第三章　突发公共卫生事件应对法治 ………………………………（36）
　第一节　突发公共卫生事件概述 ……………………………………（36）
　第二节　突发公共卫生事件预防法治 ………………………………（41）
　第三节　突发公共卫生事件反应法治 ………………………………（49）

第四章　生物安全概论 ………………………………………………（57）
　第一节　生物安全的概念 ……………………………………………（59）
　第二节　总体国家安全经纬中的生物安全 …………………………（63）

第五章　人遗资源和生物资源安全 …………………………………（71）
　第一节　人遗资源安全和生物资源安全概述 ………………………（71）
　第二节　人类遗传资源的保护 ………………………………………（76）
　第三节　珍贵、濒危、特有物种及其遗传资源的保护 ……………（83）
　第四节　外来物种入侵的防范和应对 ………………………………（97）

第六章　病原微生物实验室生物安全 ………………………………（107）
　第一节　病原微生物实验室生物安全概论 …………………………（107）
　第二节　实验室生物安全管理体系与风险评估 ……………………（111）
　第三节　实验室生物安全建筑、布局与设备 ………………………（113）
　第四节　实验室生物安全的管理 ……………………………………（115）

第五节　各类实验室生物安全防护 …………………………………… (120)
　　第六节　实验室生物安全事件的应急预案和应急处置 ………… (123)

第七章　生物武器及其规制 …………………………………………………… (125)
　　第一节　生物武器概述 ………………………………………………… (126)
　　第二节　生物武器的演进历史和最新进展 ………………………… (130)
　　第三节　禁止生物武器的国际法规制 ………………………………… (135)
　　第四节　生物武器的国内法规制 ……………………………………… (142)

第八章　传染病防治法治 ……………………………………………………… (148)
　　第一节　传染病与生物恐怖主义 ……………………………………… (148)
　　第二节　我国传染病防控的立法和责任主体 ………………………… (154)
　　第三节　传染病的预防 ………………………………………………… (156)
　　第四节　传染病疫情报告、通报和公布 ……………………………… (159)
　　第五节　传染病疫情控制和医疗救治 ………………………………… (162)
　　第六节　传染病防治的保障措施 ……………………………………… (166)
　　第七节　传染病防治的法律责任 ……………………………………… (166)

第九章　疫苗管理法治 ………………………………………………………… (171)
　　第一节　疫苗的特征、分类和管理原则 ……………………………… (171)
　　第二节　疫苗的研制和生产安全 ……………………………………… (175)
　　第三节　疫苗的流通和接种安全 ……………………………………… (180)
　　第四节　疫苗异常反应监测和处理 …………………………………… (187)
　　第五节　疫苗安全管理的各部门职责 ………………………………… (191)
　　第六节　疫苗安全的法律责任 ………………………………………… (194)

第十章　药品安全与医疗器械安全 …………………………………………… (198)
　　第一节　药品安全及医疗器械安全 …………………………………… (198)
　　第二节　我国药品、医疗器械安全工作历程 ………………………… (201)
　　第三节　我国药品安全风险 …………………………………………… (208)
　　第四节　药品安全治理体系和治理能力现代化 ……………………… (217)

第十一章　食品安全法治 ……………………………………………………… (221)
　　第一节　食品安全概述 ………………………………………………… (221)
　　第二节　食品安全战略 ………………………………………………… (227)

第三节　食品安全法治 …………………………………………（233）

第十二章　健康医疗大数据安全与法治保障 ……………………（245）
　　第一节　健康医疗大数据及发展现状 ………………………（245）
　　第二节　健康数据共享模式 …………………………………（248）
　　第三节　健康数据保护的权利内容 …………………………（252）
　　第四节　健康数据安全的法治保障 …………………………（257）

第十三章　国际公共卫生安全法治 ………………………………（264）
　　第一节　国际公共卫生安全法治概述 ………………………（264）
　　第二节　世界卫生组织 ………………………………………（269）
　　第三节　国际卫生条例 ………………………………………（281）

后记 ……………………………………………………………………（293）

第一章 总　　论

第一节　作为总体安全观重要组成部分的健康安全

党的十八大以来,面对世界百年未有之大变局和错综复杂的国际国内形势,习近平总书记创造性地提出了总体国家安全观这一重大理论,并着力推进国家安全体制、机制、法治和战略等重大实践创新。习近平总书记指出,国家安全工作是党治国理政一项十分重要的工作,也是保障国泰民安一项十分重要的工作。做好新时代国家安全工作,要坚持总体国家安全观,抓住和用好我国发展的重要战略机遇期,把国家安全贯穿到党和国家工作各方面全过程,同经济社会发展一起谋划、一起部署,坚持系统思维,构建大安全格局,促进国际安全和世界和平,为建设社会主义现代化国家提供坚强保障。而国民健康安全,是总体国家安全观的重要组成部分。

一、健康安全是人民安全的重要组成部分

习近平总书记在2014年4月15日召开的中央国家安全委员会第一次会议上的讲话中,明确指出,"贯彻落实总体国家安全观,必须既重视外部安全,又重视内部安全,对内求发展、求变革、求稳定、建设平安中国,对外求和平、求合作、求共赢、建设和谐世界"[①]。这样的"总体安全观",突破了以往"新安全观"只讲对外安全和国际安全的局限,统一了内外两个方面的安全,更符合"国家安全"概念的本义,也更符合当前我国国家安全的基本形势。

总体国家安全观是一个有机发展、辩证统一的体系,贯穿其中的三个理念是我们在工作实践中必须坚守的大方向、大逻辑、大战略,即"始终把人民安全放在第一位,回应人民对国家安全的新期待","始终统筹发展和安全两件大事,适应国家发展变化的新要求",以及"始终统筹国内和国际两个大局,顺应世界发展变化的新趋势"[②]。

---

① 《坚持国家安全观　走中国特色国家安全道路》,载《人民日报》2014年4月16日第1版。
② 参见蒋华福:《总体国家安全观的战略体系与思维方法》,载《党建研究》2019年第6期。

总体国家安全观把人民安全置于国家安全的所有要素之前，强调国家安全要"以人民安全为宗旨"，从而确定了人民安全在整个国家安全工作中的首要地位。人民安全是国家安全最核心的部分，是高于一切的安全。①这是因为，随着经济发展、社会进步，人民对上美好生活有了更高的期待，不仅对维护国家安全有更高的要求，而且对维护人身安全有更多的诉求。习近平总书记在党的十九大报告中提出了"满足人民日益增长的美好生活需要"这一重要论断，主要包括两个基本方面：第一，"人民的需要"基本面更广，已经从过去单纯的"物质文化"领域拓展到物质文明、精神文明、社会文明、制度文明和生态文明等各个领域。具体而言，今天我们在满足人民对"物质文化"领域所提出的新的更高的需要的基础上，还要满足人民对民主、法治、公平、正义、安全、环境等各方面的需要。第二，"人民的需要"质量要求更高。在新时代，人民所享受到的需要有的是过去一直在享受的，但这些需要质量亟待提升。②

在呈现出多样性、多变性、深层次、宽领域、高质量的"人民的需要"中，对于健康的需求是最基本的需要。从国民个人层面而言，没有的健康身心，人的各项需求和发展均是无源之水、无根之木。从国家和民族层面而言，国民健康事关国家发展和安全大局。从国际层面而言，面对新冠肺炎疫情这个百年来最严重的传染病大流行，习近平总书记提出了"携手共建人类卫生健康共同体"，指出只有全人类同舟共济、团结合作，才能早日战胜疫情、恢复经济增长。

中华人民共和国成立特别是改革开放以来，我国健康领域改革发展取得显著成就，城乡环境面貌明显改善，全民健身运动蓬勃发展，医疗卫生服务体系日益健全，人民健康水平和身体素质持续提高。2015年我国人均预期寿命已达76.34岁，婴儿死亡率、5岁以下儿童死亡率、孕产妇死亡率分别下降到8.1‰、10.7‰和20.1/10万，总体上优于中高收入国家平均水平，为全面建成小康社会奠定了重要基础。同时，工业化、城镇化、人口老龄化、疾病谱变化、生态环境及生活方式变化等，也给维护和促进健康带来一系列新的挑战，健康服务供给总体不足与需求不断增长之间的矛盾依然突出，健康领域发展与经济社会发展的协调性有待增强，需要从国家战略层面统筹解决关系健康的

---

① 参见蒋华福：《总体国家安全观的战略体系与思维方法》，载《党建研究》2019年第6期。
② 参见杨海：《总体国家安全观中的"总体性"探析》，载《马克思主义研究》2019年第12期。

重大和长远问题。①

习近平总书记指出,"没有全民健康,就没有全面小康",要把人民健康放在优先发展的战略地位,以普及健康生活、优化健康服务、完善健康保障、建设健康环境、发展健康产业为重点,加快推进健康中国建设,努力全方位、全周期保障人民健康,为实现"两个一百年"奋斗目标、实现中华民族伟大复兴的中国梦打下坚实健康基础。② 这些论断,都反映出了健康在总体国家安全观中的地位和意义。

二、健康安全的国家战略

党和国家高度重视健康安全建设。为保障公民的健康权利,实现健康安全,中共中央、国务院于2016年10月印发了《"健康中国2030"规划纲要》(以下简称《2030纲要》)。《2030纲要》指出,健康是促进人的全面发展的必然要求,是经济社会发展的基础条件。实现国民健康长寿,是国家富强、民族振兴的重要标志,也是全国各族人民的共同愿望。推进健康中国建设,是全面建成小康社会、基本实现社会主义现代化的重要基础,是全面提升中华民族健康素质、实现人民健康与经济社会协调发展的国家战略,是积极参与全球健康治理、履行2030年可持续发展议程国际承诺的重大举措。未来15年,是推进健康中国建设的重要战略机遇期。经济保持中高速增长将为维护人民健康奠定坚实基础,消费结构升级将为发展健康服务创造广阔空间,科技创新将为提高健康水平提供有力支撑,各方面制度更加成熟更加定型将为健康领域可持续发展构建强大保障。

《2030纲要》从总体战略、普及健康生活、优化健康服务、完善健康保障、建设健康环境、发展健康产业、健全支撑与保障、强化组织实施八个方面对我国公众健康权和健康安全保障作出了国家层面的战略安排。

(一)总体战略

1. 主要原则

第一,健康优先。把健康摆在优先发展的战略地位,将促进健康的理念

---

① 参见《中共中央 国务院印发〈"健康中国2030"规划纲要〉》,http://www.gov.cn/zhengce/2016-10/25/content_5124174.htm,2020年10月30日访问。
② 参见《把人民健康放在优先战略地位 努力全方位全周期保障人民健康》,载《人民日报》2016年8月21日第1版。

融入公共政策制定实施的全过程,实现健康与经济社会良性协调发展。第二,改革创新。坚持政府主导,发挥市场机制作用,加快关键环节改革步伐,形成具有中国特色、促进全民健康的制度体系。第三,科学发展。把握健康领域发展规律,坚持预防为主、防治结合、中西医并重,构建整合型医疗卫生服务体系。第四,公平公正。以农村和基层为重点,推动健康领域基本公共服务均等化,维护基本医疗卫生服务的公益性,促进社会公平。

2. 战略主题

建设健康中国的战略主题是"共建共享、全民健康",核心是以人民健康为中心,坚持以基层为重点,以改革创新为动力,预防为主,中西医并重,把健康融入所有政策,坚持人民共建共享的卫生与健康工作方针,针对生活行为方式、生产生活环境以及医疗卫生服务等健康影响因素,坚持政府主导与调动社会、个人的积极性相结合,推动人人参与、人人尽力、人人享有,落实预防为主,推行健康生活方式,减少疾病发生,强化早诊断、早治疗、早康复,实现全民健康。

3. 战略目标

《2030 纲要》提出,到 2020 年,建立覆盖城乡居民的中国特色基本医疗卫生制度,健康素养水平持续提高,健康服务体系完善高效,人人享有基本医疗卫生服务和基本体育健身服务,基本形成内涵丰富、结构合理的健康产业体系,主要健康指标居于中高收入国家前列。

到 2030 年具体实现以下目标:

——人民健康水平持续提升。人民身体素质明显增强,2030 年人均预期寿命达到 79 岁,人均健康预期寿命显著提高。

——主要健康危险因素得到有效控制。全民健康素养大幅提高,健康生活方式得到全面普及,有利于健康的生产生活环境基本形成,食品药品安全得到有效保障,消除一批重大疾病危害。

——健康服务能力大幅提升。优质高效的整合型医疗卫生服务体系和完善的全民健身公共服务体系全面建立,健康保障体系进一步完善,健康科技创新整体实力位居世界前列,健康服务质量和水平明显提高。

——健康产业规模显著扩大。建立起体系完整、结构优化的健康产业体系,形成一批具有较强创新能力和国际竞争力的大型企业,成为国民经济支柱性产业。

——促进健康的制度体系更加完善。有利于健康的政策法律法规体系进一步健全,健康领域治理体系和治理能力基本实现现代化。

表1 健康中国建设主要指标[①]

领域	指标	2015年	2020年	2030年
健康水平	人均预期寿命(岁)	76.34	77.3	79.0
	婴儿死亡率(‰)	8.1	7.5	5.0
	5岁以下儿童死亡率(‰)	10.7	9.5	6.0
	孕产妇死亡率(1/10万)	20.1	18.0	12.0
	城乡居民达到《国民体质测定标准》合格以上的人数比例(%)	89.6(2014年)	90.6	92.2
健康生活	居民健康素养水平(%)	10	20	30
	经常参加体育锻炼人数(亿人)	3.6(2014年)	4.35	5.3
健康服务与保障	重大慢性病过早死亡率(%)	19.1(2013年)	比2015年降低10%	比2015年降低30%
	每千常住人口执业(助理)医师数(人)	2.2	2.5	3.0
	个人卫生支出占卫生总费用的比重(%)	29.3	28左右	25左右
健康环境	地级及以上城市空气质量优良天数比率(%)	76.7	>80	持续改善
	地表水质量达到或好于Ⅲ类水体比例(%)	66	>70	持续改善
健康产业	健康服务业总规模(万亿元)	—	>8	16

(二)公众健康生活和健康环境建设

健康安全保障首先需要公众提高健康意识,建立健康的生活方式,同时在外部环境上应当建设有利于健康生活的外部环境。

1. 公众健康生活建设

《2030纲要》提出,应当通过推行全民健康生活方式、加大学校健康教育、引导合理膳食、开展控烟限酒、促进心理健康、减少不安全性行为和毒品危害、广泛开展全民健身运动并完善健身服务体系、加强体质检测等,提高公众建设生活的意识和能力。

---

① 表格中数据等内容均来自《2030纲要》。

2. 健康环境建设

《2030纲要》提出,通过治理环境污染、保障食品药品安全、完善公共安全体系、开展全民卫生运动等,形成有利于健康生活的环境。

(三) 健康服务能力

《2030纲要》对于社会提供健康服务的能力,主要从优化健康服务、完善健康保障、保障药物供应体系、发展健康产业方面进行了规划。

1. 优化健康服务能力

健康服务能力建设包括公共卫生服务能力、医疗卫生服务能力和重点人群健康服务能力三个方面。《2030纲要》提出,要完善医疗卫生服务体系,省域内人人享有均质化的危急重症、疑难病症诊疗和专科医疗服务;全面建立成熟完善的分级诊疗制度,形成基层首诊、双向转诊、上下联动、急慢分治的合理就医秩序。同时,《2030纲要》还特别强调了应该发挥中医药的优势和作用。

2. 完善健康保障体制

《2030纲要》提出,要健全以基本医疗保险为主体,其他多种形式补充保险和商业健康保险为补充的多层次医疗保障体系,健全医保管理体系,积极发展商业健康保险;进一步健全重特大疾病医疗保障机制,加强基本医保、城乡居民大病保险、商业健康保险与医疗救助等的有效衔接。

3. 保障药物供应体系

《2030纲要》提出,通过深化药品、医疗器械流通体制改革,提高药品保障能力,完善国家药物制度,保障公众用药,特别是特殊人群基本药物保障。

4. 发展健康产业

《2030纲要》提出,要进一步优化办医格局,积极发展健康服务新业态和健康休闲产业,促进医药产业发展。

第二节 公民健康权与国家义务

健康安全的实现,需要国家履行由国际公约和宪法所规定的义务,大力保障公民健康权利。

一、公民健康权

对于健康权,《世界人权宣言》第25条第1款规定:"人人有权享受为维持他本人和家属的健康和福利所需的生活水准,包括食物、衣着、住房、医疗和必要的社会服务;在遭到失业、疾病、残废、守寡、衰老或在其他不能控制的情况下丧失谋生能力时,有权享受保障。"《世界卫生组织章程》序言规定,享有最高而能获致之健康标准,为人人基本权利之一。《经济、社会和文化权利国际公约》第 12 条规定:"一、本公约缔约各国承认人人有权享有能达到的最高的体质和心理健康的标准。二、本公约缔约各国为充分实现这一权利而采取的步骤应包括为达到下列目标所需的步骤:(甲)减低死胎率和婴儿死亡率,和使儿童得到健康的发育;(乙)改善环境卫生和工业卫生的各个方面;(丙)预防、治疗和控制传染病、风土病、职业病以及其他的疾病;(丁)创造保证人人在患病时能得到医疗照顾的条件。"

为准确理解《经济、社会和文化权利国际公约》第 12 条的规定,2000 年联合国经济、社会和文化权利委员会通过的《享有能达到的最高健康标准的第 14 号一般性意见》(以下简称《第 14 号一般性意见》)指出,健康权不应被理解为"保持健康的权利"(the right to be healthy)。该意见第 9 段指出,"能达到的最高的健康标准"概念,既考虑进了个人的生理和社会经济先决条件,也考虑进了国家掌握的资源。有一些方面不可能完全在国家与个人之间的关系范围内解决,具体而言,国家不能保证健康,也不能对所有可能造成人类疾病的原因提供保护。遗传因素、个人是否易患疾病以及是否追求不健康或危险的生活方式,都可能对个人的健康产生重要影响。因此,享有健康权必须理解为一项享有实现能够达到的最高健康标准所必需的各种设施、商品、服务和条件的权利。

健康权包含两个方面的内容,即消极的自由和积极的权利。消极的自由包括对于每个人健康状况和身体的控制,包括性和生殖的自由、免于他人干预的自由,例如免于酷刑、未经同意的医学诊疗和人体试验的自由等。与此相对照的是,积极的权利体现为公民有权要求建立适当健康保护体系,以保障人人平等地享有获得最高标准健康水平的机会。

由此,健康权被定义为一种内容广泛的权利,不仅包含及时和适当的医疗保障,而且包含各种健康的决定性因素,如安全的饮水、适当的公共卫生、安全的食品、营养和住宅的充分供应、健康的工作和环境条件,以及获得与健康包括性健康和生育健康相关的教育和信息等。此外,还应包含相关人群在社区、国家和国际范围内参与与医疗相关的决策的权利。

二、对健康权的国家义务

对于保障健康权的国家义务,《第14号一般性意见》第33段指出,健康权与各项人权一样,要求缔约国承担三类或三个层次的义务,即尊重、保护和实现的义务。同时,对于公众健康,国家还附有不可减损的核心义务,以及应当优先实现的优先义务。

(一)对公众健康权的尊重义务

1. 尊重义务的内容

尊重义务是一种消极义务,对应公众健康权的消极属性,主要表现为国家不得直接或间接地干预健康权,有义务尊重公众健康权的自我实现。尊重义务要求国家不能剥夺或限制所有人得到预防、治疗和减轻痛苦的卫生服务的平等机会。《第14号一般性意见》第18段指出,《经济、社会和文化权利国际公约》禁止在获得卫生保健和基本健康要素方面,以及在获得的手段和条件上,有任何种族、肤色、性别、语言、宗教、政治或其他见解、国籍或社会出身、财产、出生、身体或精神残疾、健康状况(包括艾滋病/病毒)、性倾向,以及公民、政治、社会和其他地位上的歧视,造成可能或实际上抵消或妨碍平等享有或行使健康权。尊重义务还要求不得作为一项国家政策采取歧视性做法,特别是不得对于妇女、老年人、未成年人、残疾人等的健康状况和需要推行歧视性做法。此外,尊重义务还包括国家有义务不得禁止或阻挠传统的预防护理、治疗办法和医药;不得销售不安全的药品和采用带有威胁性的治疗办法;不应限制得到避孕和其他保持性健康和生育卫生手段的途径;不应审查、扣押或故意提供错误的健康信息;不得阻止人民参与健康方面的事务;不得违法污染空气、水和土壤;等等。

2. 尊重义务的实现方法

《第14号一般性意见》提出,国家为实现尊重义务,可采取多种方法。例如,建立旨在消除健康方面歧视的计划和方案;通过、修订或废除相关法律;开展有关法律和政策宣传;通过采取费用相对较低的特别方案保护社会脆弱群体的成员;等等。

3. 违反尊重义务的行为

《第14号一般性意见》第50段规定,违反尊重义务的行为包括:由于法律上或事实上的歧视,拒绝某些个人或群体得到医疗设施、商品和服务;蓄意隐瞒或歪曲对保护健康或治疗极为重要的信息,中止法律或实行妨碍享有一切健康权的法律或政策;国家在与其他国家、国际组织和其他实体,如跨国公司,签订双边或多边协议时,未能在其法律义务中考虑到健康权。

(二)对公众健康权的保护义务

1. 保护义务的内容

保护义务要求缔约国采取措施,防止第三方干预《经济、社会和文化权利国际公约》第12条规定的实现公众健康权的目标。《第14号一般性意见》指出,保护义务主要包括各国有责任通过法律或采取其他措施,保障有平等的机会得到第三方提供的卫生保健和卫生方面的服务;保证卫生部门的私营化不会威胁到提供和得到卫生设施、商品和服务,以及这些设施、商品和服务的可接受程度和质量;控制第三方营销的医疗设备和药品;保证开业医生和其他卫生专业人员满足适当的教育、技能标准和职业道德准则;有害的社会或传统习俗不干预获得产前和产后护理和计划生育;阻止第三方胁迫妇女接受传统习俗;采取措施保护社会中的各种脆弱和边缘群体免受性暴力侵害;保证第三方不得限制人民得到卫生方面的信息和服务。

2. 违反保护义务的行为

《第14号一般性意见》第51段指出,违反保护义务是指国家未能采取一切必要措施,保护其管辖权内的人健康权不得受到第三方的侵犯,包括未能对个人、群体或公司的活动作出规定,使之不得侵犯他人的健康权;未能保护消费者或工人的健康受到雇主、药品或食物制造商行为的伤害;没有劝阻生产、销售和消费烟、毒品和其他有害药物;没有保护妇女免于暴力,或起诉施暴的人;没有劝阻继续遵守有害的传统医学或文化习俗;没有颁布或实施法律,防止水、空气和土壤受到开采和制造业的污染。

(三)对公众健康权的实现(促进)义务

1. 实现义务的内容

实现义务是针对积极健康权的义务,要求国家为全面实现健康权采取适当的法律、行政、预算、司法、促进和其他措施。实现义务又包括便利、提供和促进的义务。

实现义务对国家提出的要求不再是消极的保护,而应当是积极主动地采取措施,承认、推动和实现公众健康权。《第14号一般性意见》第36段对于实现义务提出了具体的要求,主要包括:

第一,通过法律和卫生政策承认和落实健康权。应在政治和法律制度中充分承认健康权,最好是通过法律的实施,并通过国家的卫生政策,制定实现健康权的详细计划。

第二,保障卫生服务的供给。国家应当对主要传染病实施免疫计划,保证所有人都能平等地获得安全食物和清洁饮水、基本的卫生条件和适当的住房和生活条件等基本健康要素;公共卫生基础设施应提供性和生育卫生服务,保证医生和其他医务人员经过适当培训,提供足够数量的医院、诊所和其他卫生设施,促进和支持建立提供咨询和精神卫生服务的机构,并充分注意到在全国的均衡分布。

第三,建立医疗保障制度。提供所有人都能支付得起的公共、私营或混合健康保险制度。

第四,促进医务研究和卫生教育及开展宣传运动。特别是在艾滋病/病毒、性和生育卫生、传统习俗、家庭暴力、酗酒和吸烟、使用毒品和其他有害药物等方面。

第五,防止环境和职业健康危险及流行病资料显示的任何其他威胁。制定和执行减少或消除空气、水和土壤污染的国家政策,并通过法律和政策尽量减少职业事故和疾病的危险,并在职业安全和卫生服务方面制定协调的国家政策。

第六,促进义务。促进义务是实现义务的一种表现形式。《第14号一般性意见》第37段提出,促进义务要求各国采取积极措施,帮助个人和社区并使他们能够享有健康权,并在个人或群体由于其无法控制的原因而不能依靠自身的力量实现这项权利的情况下,依靠国家掌握的手段,实现公约所规定的具体权利。该方面的义务包括:(1)促进了解有利健康的因素,如研究提供信息;(2)确保卫生服务在文化上是适当的,培训卫生保健工作人员,使他们了解和能够对脆弱群体或边缘群体的具体需要作出反应;(3)确保国家在有益健康的生活方式和营养、阻止有害的传统习俗和提供的服务方面,满足它在传播适当信息方面的义务;(4)支持人民在他们的健康上作出了解情况的选择。

2. 对实现义务的违反

《第14号一般性意见》第52段指出,国家未能采取一切必要措施保证实现健康权,即构成对实现义务违反,包括没有采取或执行旨在保护所有人健康权的国家卫生政策;公共资源的开支不足或分配不当,造成个人或群体,特别是脆弱和边缘群体不能享有健康权;没有在国家一级实现监督健康权,例如没有提出健康权的指标和基本标准;没有采取措施减少卫生设施、物资和服务分配不公平的现象;在卫生方面没有采取性别敏感的方针;没有降低婴儿和产妇死亡率。

(四) 国家核心义务和优先义务

在总结归纳上述三个层次义务的基础上,《第14号一般性意见》提出了国家对于公众健康权所负有的核心义务以及应当优先实现的义务。

1. 国家的核心义务

《第14号一般性意见》第43段指出,国家的根本义务在于保证公约提出的每一项权利至少要达到最低的基本水平,包括基本的初级卫生保健。此种核心义务内容包括:(1)在不歧视的基础上确保任何人特别是脆弱和边缘群体,得到卫生设施、商品和服务;(2)确保所有人免于饥饿,能够得到最基本的、有充足营养和安全的食物;(3)确保基本住所、住房和卫生条件,以及充分供应的安全饮用水;(4)根据世界卫生组织随时修订的《必需药品行动纲领》,提供必需药品;(5)公平分配一切卫生设施、货物和服务;(6)根据流行病学的实际情况,采取和实施国家公共卫生战略和行动计划,解决整个人口的卫生关注。应当确保上述战略和行动计划的可参与性和透明度,定期审查,并随时监测取得的进展,其过程及内容都应特别注意各种脆弱和边缘群体。

2. 核心义务的不可减损性

核心义务对于缔约国来说,是绝对不能减损的根本义务。《第14号一般性意见》第47段提出,当一个国家因为资源缺乏不足以完全履行对健康权的义务时,可以通过证明已尽一切努力并利用一切可资利用的资源作为优先问题满足上述义务。此时,该国不应被视为违反其保护健康权的义务。但是,任何情况下国家都没有任何理由和借口不履行上述核心义务,即使是资源不足的辩解。

3. 优先义务

对于上述三个类型的义务,《第14号一般性意见》第44段提出,有一些义务为应当优先得到考虑的义务:(1)确保生育、产妇(产前和产后)和孩子的卫生保健;(2)对社区出现的主要传染病进行免疫接种;(3)采取措施预防、治疗和控制流行病和地方病;(4)提供有关社区主要健康问题的教育和信息,包括预防和控制的方法;(5)为卫生工作人员提供适当的培训,包括卫生和人权教育。对于这些优先义务,国家应当在制定法律、政策和分配健康资源时,予以优先考虑和安排。

第三节　实现健康安全的法律保障

《第14号一般性意见》第53段在对于国家落实健康权措施的要求中指出,各国之间差异巨大,应当根据自己的实际情况权衡选择最适宜且可行的措施。但是,各国均应当采取的措施包括:(1)制定和实施国家战略,在确定该项战略目标的人权原则基础上,确保所有人享有健康权,并制定政策和相应的健康权指标和基准;(2)通过建立公正健康权法律体系,实施健康权国家战略;(3)通过国家卫生战略,确定实现规定目标可以利用的资源,以及使用那些资源成本效益最高的办法。为实现健康安全,保障公民健康权利,我国建立健全了健康安全法律体系。

一、国内法律规范

(一)宪法规范

我国《宪法》第14条第4款规定:"国家建立健全同经济发展水平相适应的社会保障制度。"第21条规定:"国家发展医疗卫生事业,发展现代医药和我国传统医药,鼓励和支持农村集体经济组织、国家企业事业组织和街道组织举办各种医疗卫生设施,开展群众性的卫生活动,保护人民健康。国家发展体育事业,开展群众性的体育活动,增强人民体质。"第45条第1款规定:"中华人民共和国公民在年老、疾病或者丧失劳动能力的情况下,有从国家和社会获得物质帮助的权利。国家发展为公民享受这些权利所需要的社会保险、社会救济和医疗卫生事业。"这三条内容,分别是国家建立包括医疗保障在内的社会保障制度的义务、国家发展医疗卫生事业的义务和对于需要帮助的公民提供医疗救助的义务。

(二)医疗基本法

2019年12月颁布的《基本医疗卫生与健康促进法》进一步明确了公民健康权和国家的相应义务。该法共10章110条,从基本医疗卫生服务、医疗卫生机构、医疗卫生人员、药品供应保障、健康促进、资金保障、监督管理和法律责任等方面作出了规范,以发展医疗卫生与健康事业,保障公民享有基本医疗卫生服务,提高公民健康水平,推进健康中国建设。该法明确了医疗卫生与健康事业应当坚持以人民为中心,为人民健康服务,规定国家和社会尊重、保护公民的健康权。要通过实施健康中国战略,普及健康生活,优化健康服务,完善健康保障,建设健康环境,发展健康产业,提升公民全生命周期健康水平。该法还规定,公民依法享有从国家和社会获得基本医疗卫生服务的权利。国家建立基本医疗卫生制度,建立健全医疗卫生服务体系,保护和实现公民获得基本医疗卫生服务的权利。各级人民政府应当把人民健康放在优先发展的战略地位,将健康理念融入各项政策,坚持预防为主,完善健康促进工作体系,组织实施健康促进的规划和行动,推进全民健身,建立健康影响评估制度,将公民主要健康指标改善情况纳入政府目标责任考核。该法的制定和实施,为健康安全建设提供了基础性的法治保障。

(三)困难群体权利保障法

我国通过立法形式,对于困难群体的健康权利给予了特别关注和保障。《老年人权益保障法》第29条规定:"国家通过基本医疗保险制度,保障老年人的基本医疗需要。享受最低生活保障的老年人和符合条件的低收入家庭中的老年人参加新型农村合作医疗和城镇居民基本医疗保险所需个人缴费部分,由政府给予补贴。有关部门制定医疗保险办法,应当对老年人给予照顾。"第30条规定:"国家逐步开展长期护理保障工作,保障老年人的护理需求。对生活长期不能自理、经济困难的老年人,地方各级人民政府应当根据其失能程度等情况给予护理补贴。"第31条第1款规定:"国家对经济困难的老年人给予基本生活、医疗、居住或者其他救助。"

《残疾人保障法》第15条规定:"国家保障残疾人享有康复服务的权利。各级人民政府和有关部门应当采取措施,为残疾人康复创造条件,建立和完善残疾人康复服务体系,并分阶段实施重点康复项目,帮助残疾人恢复或者补偿功能,增强其参与社会生活的能力。"

(四)医疗法

对于医疗服务体制、基本公共卫生服务、医疗保障体制等,我国先后制定了《医师法》《献血法》《疫苗管理法》《红十字会法》《母婴保健法》《精神卫生法》《中医药法》《医疗机构管理条例》《护士条例》，同时《民法典》和《医疗纠纷预防和处理条例》等为医患关系、医疗纠纷、医疗损害责任的法律规制提供了法律基础。

（五）公共卫生法

为维护公共健康权利，应对传染病、突发公共卫生事件、职业病等健康风险，我国先后制定了《传染病防治法》《职业病防治法》《国境卫生检疫法》《突发公共卫生事件应急条例》等法律规范。

（六）健康产品法

健康产品是药品、医药器械等医疗产品，以及食品、化妆品、保健品等对健康有重大影响产品。我国通过制定《药品管理法》《食品卫生法》《化妆品卫生监督条例》《保健食品管理办法》等法律、行政法规，对于健康产品进行管理。

（七）生物安全法

生物安全是指国家有效防范和应对危险生物因子及相关因素威胁，生物技术能够稳定健康发展，人民生命健康和生态系统相对处于没有危险和不受威胁的状态，生物领域具备维护国家安全和持续发展的能力。生物安全是健康安全的重要内容，危险生物因子及相关因素可能造成对健康安全的风险和损害，而医药科技和医学的发展离不开生物安全的保障。为此，全国人大常委会2020年10月通过了《生物安全法》，并于2021年4月15日起施行。

（八）健康信息安全法

健康信息对于医药科技和医学的发展具有重要的意义，也直接影响到公民的个人信息权利。2021年8月全国人大常委会通过的《个人信息保护法》，将健康信息作为敏感个人信息给予特殊保护。

二、国际规范与国际合作

健康安全离不开国际组织、国际规范和国际合作的作用。习近平总书记在提出人类卫生健康共同体理念时指出，要加强和发挥联合国和世界卫生组织作用，坚持共商共建共享，更好反映发展中国家合理诉求。

在国际规范中，《世界人权宣言》《世界卫生组织章程》《经济、社会及文化权利国际公约》《消除一切形式种族歧视国际公约》《土著人民权利宣言》《消除对妇女一切形式歧视公约》《儿童权利公约》《残疾人权利公约》等国际法律规范,对健康权的各种形式和内容作出了具体规定。我国签署和批准的上述国际公约,在我国均具有法律效力。

同时,为了以避免对国际交通和贸易造成不必要干扰的适当方式预防、抵御和控制疾病的国际传播,并提供公共卫生应对措施,世界卫生大会于2005年通过了《国际卫生条例(2005)》。我国在各种传染病防控和突发公共卫生事件应对中,均严格遵循了该条例的相关要求。

第二章 医疗体制与健康国家安全

推动和实现国民健康安全,必须以健全和完善的医疗体制为基础。习近平总书记要求:"坚持以人民安全为宗旨,国家安全一切为了人民、一切依靠人民,充分发挥广大人民群众积极性、主动性、创造性,切实维护广大人民群众安全权益,始终把人民作为国家安全的基础性力量,汇聚起维护国家安全的强大力量。而优质、高效、公平的医疗体制,是保障公民健康权利,落实健康国家安全观的基础和核心。"[①]

对此,我国《宪法》第14条第4款规定:"国家建立健全同经济发展水平相适应的社会保障制度。"第21条规定:"国家发展医疗卫生事业,发展现代医药和我国传统医药,鼓励和支持农村集体经济组织、国家企业事业组织和街道组织举办各种医疗卫生设施,开展群众性的卫生活动,保护人民健康。国家发展体育事业,开展群众性的体育活动,增强人民体质。"第45条第1款规定:"中华人民共和国公民在年老、疾病或者丧失劳动能力的情况下,有从国家和社会获得物质帮助的权利。国家发展为公民享受这些权利所需要的社会保险、社会救济和医疗卫生事业。"这三条内容,分别是国家建立包括医疗保障在内的社会保障制度的义务、国家发展医疗卫生事业保障人民健康的义务和对于需要帮助的公民提供医疗保障的义务,是建设医疗体制的宪法依据。

中华人民共和国成立以来,中国在医疗卫生事业中取得了令人瞩目的成就,人民的健康权利保障水平得到了迅速提高。改革开放以来,为了改变和克服计划经济条件下医疗体制的弊端和不足,我国医疗体制进行了卓有成效的改革。通过多年的改革,我国医疗卫生事业在基础设施、装备、技术、人员等方面取得了长足的进步,人民卫生健康事业得到了快速发展。

第一节 基本医疗服务法治

医疗服务需要通过医疗服务体系满足供给。一个体系完整、分工明确、

---

① 《习近平主持中央政治局第二十六次集体学习并讲话》,http://www.gov.cn/xinwen/2020-12/12/content_5569074.htm,2020年12月12日访问。

功能互补、密切协作、运行高效的医疗卫生服务体系,是保障公民健康权利获得实现的核心物质保障。国家负有建立健全此种医疗卫生服务体系的义务。我国《基本医疗卫生与健康促进法》第5条规定:"公民依法享有从国家和社会获得基本医疗卫生服务的权利。国家建立基本医疗卫生制度,建立健全医疗卫生服务体系,保护和实现公民获得基本医疗卫生服务的权利。"第34条第1款规定:"国家建立健全由基层医疗卫生机构、医院、专业公共卫生机构等组成的城乡全覆盖、功能互补、连续协同的医疗卫生服务体系。"上述规定将建立健全医疗卫生服务体系作为保护和实现公民健康权的重要内容,同样突出了国家在构建医疗服务体系中应当发挥的核心作用。

一、基本医疗服务的概念和特征

（一）概念

医疗服务是指为了维护健康,治疗伤病所需要的诊断、治疗、护理、康复等服务。《基本医疗卫生与健康促进法》第15条规定:"基本医疗卫生服务,是指维护人体健康所必需、与经济社会发展水平相适应、公民可公平获得的,采用适宜药物、适宜技术、适宜设备提供的疾病预防、诊断、治疗、护理和康复等服务。基本医疗卫生服务包括基本公共卫生服务和基本医疗服务。基本公共卫生服务由国家免费提供。"第29条规定:"基本医疗服务主要由政府举办的医疗卫生机构提供。鼓励社会力量举办的医疗卫生机构提供基本医疗服务。"从该条规定看,该法将医疗服务分为基本医疗服务和其他医疗服务。

（二）特征

基本医疗服务的特点在于其必需性、有限性和公益性。

必需性是指基本医疗服务的服务目的是解决公众必需的健康需求,超过该范围的其他健康需求不属于基本医疗服务的范围。这是由医疗资源功能和效果上的非齐律性、需求上的偏好性所决定的。

有限性是指基本医疗服务仅包括与经济社会发展水平相适应的医疗服务,超出此范围的医疗需求不属于基本医疗服务的范围。这是由医疗资源分配上的有限性所决定的。

公益性是指提供基本医疗服务是国家保障公民健康权的义务之一,应当由国家承担供应义务。国家主要通过开办公立医疗机构和鼓励其他医疗服务提供者提供基本医疗服务的形式满足公众需求。《基本医疗卫生与健康促进法》第29条规定:"基本医疗服务主要由政府举办的医疗卫生机构提供。鼓励社会力量举办的医疗卫生机构提供基本医疗服务。"这体现了基本医疗服务的公益性质,以及国家和政府提供基本医疗服务的义务。

二、我国基本医疗服务的建设

(一)基本医疗服务建设的成就

中华人民共和国成立以来,我国医疗服务体系建设取得了巨大的成就。中华人民共和国成立前,我国的医疗卫生体系十分薄弱,全国仅有医疗卫生机构3670个,卫生人员54.1万人,卫生机构床位数8.5万张,人均预期寿命仅有35岁。为尽快改变这种状况,国家大力发展医药卫生事业,逐步建立起较为完善的医疗服务体系,不断满足人民群众日益增长的健康需求。特别是2009年国家启动实施新一轮医药卫生体制改革以来,确立把基本医疗卫生制度作为公共产品向全民提供的核心理念,进一步明确公共医疗卫生的公益性质,提出建立公共卫生、医疗服务、医疗保障、药品供应"四大体系"和医药卫生管理、运行、投入、价格、监管、科技和人才、信息、法制"八项支撑",加快基本医疗卫生制度建设,推动了医疗服务体系的加快发展,特别是突出了基层医疗卫生服务体系建设。

经过70多年的发展,我国医疗卫生服务体系资源要素持续增加。到2018年年末,全国医疗卫生机构总数达997434个,比上年增加10785个。全国医疗卫生机构床位840.4万张,其中医院652.0万张(占77.6%),基层医疗卫生机构158.4万张(占18.8%)。医院中,公立医院床位占73.7%,民营医院床位占26.3%。每千人口医疗卫生机构床位数由2017年5.72张增加到2018年6.03张。全国卫生人员总数达1230.0万人,比上年增加55.1万人(增长4.7%)。每千人口执业(助理)医师2.59人,每千人口注册护士2.94人;每万人口全科医生2.22人,每万人口专业公共卫生机构人员6.34人。在医疗服务量上全国医疗卫生机构总诊疗人次达83.1亿人次,居民到医疗卫生机构平均就诊6.0次。① 在医药卫生人才队伍建设方面,我国已构建起全世界规模最大的医学教育体系。截至2016年年底,全国共有922所高等医学院校、1564所中等学校开办医学教育,硕士授予单位238个、博士授予单位92

---

① 参见《2018年我国卫生健康事业发展统计公报》,http://www.nhc.gov.cn/guihuaxxs/s10748/201905/9b8d52727cf346049de8acce25ffcbd0.shtml,2020年2月5日访问。

个,在校学生总数达395万人,其中临床类专业在校生达到114万人、护理类专业在校生达到180万人。

(二) 基本医疗服务建设存在的不足

1. 医疗服务资源分配不均衡仍较严重

城乡、地域医疗服务资源分配不均衡现象严重,有限的医疗资源向东部地区、发达地区、城市特别是大城市集中和倾斜。中西部地区、经济欠发达地区、农村医疗卫生条件依然比较薄弱,设备老化,经费不足,缺乏高素质专业医务人员,人才流失严重。

2. 基层医疗服务资源不足

由于三级医疗体系建设尚未完善,导致医疗资源过度向大型医疗机构集中,中小医疗机构、基层医疗机构资源缺乏。由于大型医疗机构集中了资源、人才、设备优势,导致患者向大型医疗机构集中,无论何种疾病均直接到大型医疗机构治疗,造成"大医院吃不了,小医院吃不饱"的现象。

3. 医疗服务能力还有欠缺

我国在人均医务人员数量、人均床位数等衡量医疗服务资源水平的重要指标上,与发达国家还有较大差距。

三、公立医院与基本医疗服务

(一) 公立医院在我国医疗服务体系中的地位和作用

顾名思义,公立医院是由各级政府设立的医院,是我国医疗服务体系的主体和核心力量。截至2018年,在全国3.3万个医院中,公立医院共有12032个,民营医院20977个,公立医院床位占73.7%,民营医院床位占26.3%。2018年公立医院诊疗人次30.5亿人次(占医院诊疗人次总数的85.2%),民营医院5.3亿人次(占医院诊疗人次总数的14.8%)。[1]公立医院在服务能力和服务数量上的压倒性优势,决定了其在我国医疗服务体系中的基础地位。

然而,长期以来形成的公立医院在管理模式、资源配置、服务方式等方面的问题和不足,成为我国医疗卫生体制中的一大难题,远远不能满足人民群众日益增长的健康需求,"看病难""看病贵"成为医疗服务中的主要矛盾。

---

[1] 参见《2018年我国卫生健康事业发展统计公报》,http://www.nhc.gov.cn/guihuaxxs/s10748/201905/9b8d52727cf346049de8acce25ffcbd0.shtml,2020年2月5日访问。

(二) 公立医院改革措施

我国从 2010 年开始在 16 个城市开展公立医院综合改革,强调公立医院回归公益性,着力解决公立医院过分追求经济利益的问题。此次改革主要采取了以下措施:

1. 取消药品加成

破除以药补医,取消药品加成,降低医用耗材和大型医用设备检查检验价格,提高诊疗、手术、护理等体现医务人员技术劳务价值的项目价格;控制公立医院医疗费用不合理增长。公立医院综合改革的重点是破除"以药补医"机制,取消实行了 60 多年的药品加成政策,患者就医负担持续下降,个人卫生支出占卫生总费用比重从医改前的 40.4% 降至 2016 年的 30% 以下,截至 2017 年 9 月底,全国所有公立医院已全部开展综合改革,逐步建立起维护公益性、调动积极性的公立医院运行新机制,缓解群众看病贵、看病难的问题。

2. 建立以质量为核心、公益性为导向的医院考评机制

大型公立医院绩效考核指标体系,将包括公益性和社会评价、医疗服务、财务管理与绩效、学科建设与人才培养等六方面的内容。

3. 建立现代医院管理制度

不断完善公立医院治理机制和内部科学管理体制,进一步加强党的领导。公立医院的根本目标是为全体社会成员提供公平、可及的基本医疗服务,重在保障公益性。因此,逐步建立维护公益性、调动积极性、保障可持续的运行新机制,公立医院公益性明显强化,是新时期公立医院改革的方向。公立医院在回归公益性的过程中,可以缓和当前社会医患双方日益紧张的关系。

(三) 公立医院改革法治化

公立医院改革是保障公民医疗权利的重要步骤,涉及政府职能转变、财政体系改革、医疗保障制度改革、人事制度改革等方方面面,既有一个地区横向层面的问题,也有各个政府部门纵向管理体制的问题。除了在总结试点经验教训的基础上尽快启动全面公立医院改革外,尽快将公立医院改革纳入法制化轨道,在法律层面上推动改革是当务之急。应当从健康国家安全观的高度,推动改革的全面展开,突破旧有体制和既得利益的束缚,实现所设定的目标,保障改革措施的规范化与合法化。当然,对于公立医院体制改革的立法,应当考虑到我国各地经济社会发展水平差异极大的现实,在具体的改革措施

上具有弹性,通过改革以最终实现全国医疗服务均质化的目标。

1. 推动现代法人治理机构管理公立医院

公立医院改革,一方面强化了各级政府举办和发展公立医院的义务,另一方面强调了"管办分离",避免公立医院成为政府的附属部门。这就在制度和法律上对如何明确各级政府在公立医院管理上的职能定位设置了难题。对此,要借鉴国外先进经验,充分调动社会力量,依靠现代法人治理结构管理公立医院。公立医院的管理层应当不再是政府下设机构,而应当是具有专业性和独立性的管理团体,其中应当包括作为出资人的政府的代表,医院医务工作者的代表,以及医院所服务的社区和人群的代表。

2. 与医疗保障法治化同步发展

公立医院改革是医疗卫生改革的重要组成部分,与医疗体制改革的其他内容,特别是医疗保障体制改革必须相互协调、相互保障,方能实现保障公民医疗权利的共同目标。公立医院改革可以确保医疗机构所提供的医疗服务具有有效性、便利性、公正性;而医疗保障体制改革可以保障医疗服务对于人民群众健康需求的可及性。没有公立医院改革做保障,就会造成医疗资源的过度使用乃至浪费,最终会使医疗保障体制难以为继。同时,通过合理地设计医疗保障体制,可以从医疗费用支出的环节严格控制医药费用,避免社会整体医疗成本的过高。在公立医院价格改革中,应当同时推动城镇职工医疗保险、城镇居民医疗保险等医疗保险尽快实施付费方式的改革,在费用总量控制的基础上,推行人头付费(capitation payment)和按病种付费制度等付费机制,以激励医院节约医疗经费资源,并从根本上断绝公立医院通过医药营利的可能性。

3. 通过保障患者权益强化对公立医院考核与监督

公立医院改革的重要内容是强化政府对于公立医院的投入。从各地试点情况看,加大公立医院投入,必须同时加强对公立医院的监管,才能提高政府投入的效益和医疗资源利用的效率。在对公立医院的考核中,应当不将赢利情况作为衡量医院、医务人员工作业绩的指标,而将医院和医务人员所提供的医疗服务的数量和质量作为考核的主要指标,将保障和实现患者医疗权利的情况作为考核公立医院业绩的指标。为此,应当加强患者的监督,特别是保障患者投诉建议权的实现,建立患者投诉和建议机制,及时收取和分析患者意见,使患者的满意度成为决定公立医院工作情况的主要依据。

4. 推动非公立医疗机构发展和医疗资源多元化

积极推动公立医院改革,并不是否定非公立医疗机构在医疗服务中的地位和作用。当前,我国非公立医疗机构发展迅速,正日益成为我国医疗服务体系重要的组成部分。在公立医院改革中,要遵循对公立医院和非公立医院平等对待的原则,促进非公立医院的快速发展,最终形成以公立医院为骨干、公立医院和非公立医院协调发展的医疗服务体系。

5. 充分保护医务工作者的合法权益

公民的医疗权利最终有赖于医务工作者的专业服务才能得以实现,而公立医院改革就是要改变原有的不符合公立医院属性和不能为社会公众提供充分、普遍医疗服务的旧有体制。在这种体制下,医务工作者的专业性劳动并未得到充分尊重,不能实现其应有价值,从而迫使医院、医务工作者走了"以药养医"的道路。要改变这种情况,必须在进行医药分离改革的同时,赋予医院和医务工作者以充分的自主权,建立合理的医疗服务价格体系、补偿体系、分配体系,尊重专业技术能力所应具有的价值。只有这样,才能保障医疗事业的长期稳定和可持续发展,激励医院和医务人员回归其公益服务的本质,从根本上解决公立医院存在的过度市场化的问题。

第二节 基本公共卫生服务法治

一、基本公共卫生服务的概念和意义

基本公共卫生服务是指由疾病预防控制机构、城市社区卫生服务中心、乡镇卫生院等城乡基本医疗卫生机构向全体居民提供的公共卫生干预措施,主要目的是疾病预防控制。基本公共卫生服务范围包括:计划免疫、妇幼保健、院前急救、采供血以及传染病、慢性病、地方病的预防控制。基本公共卫生服务要打破城乡差别、地区差别、收入差别等,提高基本公共卫生服务的可及性和有效性,使公民无论其性别、年龄、种族、居住地、职业、收入水平,都能平等地获得优质的基本公共卫生服务,提高人民群众的健康水平。

二、我国基本公共卫生服务体系的建立和健全

中华人民共和国成立以来,我国的基本公共卫生服务从无到有,在很短

的时间内，建立起了符合我国实际的城乡基本公共卫生服务体系，极大地提高了人民健康水平，多项人民健康和发展指标已经达到和超过中等发达国家水平。但是，基本公共卫生服务仍然存在城乡和地区差异较大、整体服务水平不高、政府投入不足、覆盖范围较窄等问题。特别是在1985年开始的医疗卫生市场化改革中，公共医疗服务受到过度市场化的冲击，导致基本公共卫生服务无法充分满足人民群众的健康需求。提高基本公共卫生服务水平，为广大人民群众提供均等化的服务，成为医药卫生体制改革的重要内容。

2006年10月，中共十六届六中全会通过《中共中央关于构建社会主义和谐社会若干重大问题的决定》，第一次明确提出了"建设覆盖城乡居民的基本卫生保健制度"的目标。2009年3月17日，中共中央、国务院发布了《关于深化医药卫生体制改革的意见》，拉开了新一轮医改的序幕。根据该意见的要求，完善医药卫生四大体系是新一轮医改的首要任务，而公共卫生服务体系则是该四大体系之首。该意见提出，要建立健全疾病预防控制、健康教育、妇幼保健、精神卫生、应急救治、采供血、卫生监督和计划生育等专业公共卫生服务网络，完善以基层医疗卫生服务网络为基础的医疗服务体系的公共卫生服务功能，建立分工明确、信息互通、资源共享、协调互动的公共卫生服务体系，提高公共卫生服务和突发公共卫生事件应急处置能力，促进城乡居民逐步享有均等化的基本公共卫生服务；要明确国家基本公共卫生服务项目，逐步增加服务内容。

同期由国务院公布的《医药卫生体制改革近期重点实施方案(2009—2011年)》，也将促进基本公共卫生服务覆盖城乡居民和均等化作为该阶段改革的重点目标之一。2013年11月，中共十八届三中全会通过了《中共中央关于全面深化改革若干重大问题的决定》，将"深化基层医疗卫生机构综合改革，健全网络化城乡基层医疗卫生服务运行机制"作为全面深化改革的内容。《2030纲要》中，"强化覆盖全民的公共卫生服务"成为优化健康服务的重要目标和要求。2019年12月颁布的《基本医疗卫生与健康促进法》第16条第1款规定："国家采取措施，保障公民享有安全有效的基本公共卫生服务，控制影响健康的危险因素，提高疾病的预防控制水平。"该法明确规定了公民享有基本公共卫生服务的权利，在基本公共卫生的立法史上具有里程碑式的意义。

三、基本公共卫生服务制度内容

(一) 经费保障

基本公共卫生服务必须建立在公共卫生服务经费的有力保障之上。我国现阶段的基本公共卫生服务主要由国家确定若干服务项目，免费向城乡居民提供。[①] 国务院《医药卫生体制改革近期重点实施方案(2009—2011年)》首次规定，2009年人均基本公共卫生服务经费标准不低于15元，2011年不低于20元。中央财政通过转移支付对困难地区给予补助。2013年，该项标准提高到30元。[②] 2014年5月，国务院《深化医药卫生体制改革2014年工作总结和2015年重点工作任务》将人均基本公共卫生服务经费标准提高到35元。2019年8月，国家卫生健康委、财政部、国家中医药局《关于做好2019年基本公共卫生服务项目工作的通知》规定，2019年人均基本公共卫生服务经费补助标准为69元，新增5元经费全部用于村和社区。各地方在确保国家基础标准落实到位的前提下，可合理增加保障内容或提高保障标准，增支部分由地方承担。

(二) 服务内容

在服务内容方面，随着公共卫生服务能力的提高，应当逐步优化公共卫生服务内容。根据《国家基本公共卫生服务规范(第三版)》，当前我国的基本公共卫生服务内容主要包括：建立居民健康档案、健康教育、预防接种、儿童健康管理、孕产妇健康管理、老年人健康管理、高血压和2型糖尿病等慢性病患者健康管理、严重精神障碍患者管理、肺结核患者健康管理、中医药健康管理、传染病和突发公共卫生事件报告和处理、卫生监督协管12类项目。同时，根据《关于做好2019年基本公共卫生服务项目工作的通知》，2019年起将原重大公共卫生服务和计划生育项目中的妇幼卫生、老年健康服务、医养结合、卫生应急、孕前检查等内容纳入基本公共卫生服务。

(三) 特殊群体

高水平的基本公共卫生服务，对保护妇女、儿童、老年人等特殊群体的身心健康能够起到突出作用。以妇幼保健服务为例，我国政府实施了多项妇幼

[①] 参见《什么是基本公共卫生服务均等化》，http://www.nhfpc.gov.cn/tigs/s9664/200904/e9101fea898f4f10afb7215a0cca43b5.shtml，2014年11月20日访问。

[②] 参见《2013年人均基本公共卫生服务经费标准提高到30元》，http://news.china.com.cn/2013lianghui/2013-03/05/content_28132456.htm，2014年11月26日访问。

重大公共卫生服务项目,不断推进妇幼健康服务,提高妇女儿童健康水平,项目主要覆盖农村、集中连片特殊困难地区和中西部地区,重点在保障母婴安全、妇女儿童重大疾病防治、出生缺陷防治等方面加大力度。例如,自2009年以来国家累计投入资金140亿元,用于"农村孕产妇住院分娩补助项目",补助4728万名农村孕产妇,中国农村住院分娩率已从1985年的36.4%提高到2013年的99.2%,基本实现了与城市住院分娩率相当。再如,对于农村妇女两癌检查项目,2009年以来,国家对试点地区农村适龄妇女进行宫颈癌和乳腺癌检查,累计投入资金10.9亿元,为3715万名农村妇女进行了检查,累计查出患病妇女4.6万人。预防艾滋病、梅毒和乙肝母婴阻断项目,2003年以来累计投入资金37亿元,检查4698万名孕产妇。增补叶酸预防神经管缺陷项目,2009年实施以来,累计投入资金6.32亿元,为4577万名农村妇女补服了叶酸。我国神经管缺陷的发生率已经从围产儿出生缺陷发生顺位的第3位(2000年,发生率11.95/万),降到了第9位(2013年,发生率3.37/万)。这些公共卫生服务的提供,极大地提高了我国妇女儿童的健康水平。《中国妇幼健康事业发展报告(2019)》指出,我国孕产妇死亡率从1990年的88.8/10万,下降至2018年的18.3/10万,较1990年下降了79.4%。2018年农村和城市孕产妇死亡率分别为19.9/10万和15.5/10万,城市与农村孕产妇死亡率之比从1990年的1∶2.2降至2018年的1∶1.3。新生儿死亡率、婴儿死亡率和5岁以下儿童死亡率分别从1991年的33.1‰、50.2‰和61.0‰,下降至2018年的3.9‰、6.1‰和8.4‰,分别下降了88.2%、87.8%和86.2%。①

(四)流动人口

伴随着我国经济社会发展和城镇化的进程,流动人口的数量不断增加。这些流动人口,特别是从农村流动到城市居住的农村人口所获得的基本公共卫生服务,与城镇户籍人口相比还有明显的差距。如何保障流动人口充分、平等地享受基本公共卫生服务,成为保障公民健康权利的重大问题。党的十八大和十八届三中全会提出,要探索建立流动人口卫生和计划生育基本公共服务制度。根据这一决定,2013年12月国家卫生计生委在全国的40个城市启动了流动人口卫生计生基本公共服务试点工作,取得了较好的成效,体现为:第一,健全和完善了服务项目,提高了保障水平。在服务内容方面,除了

---

① 参见《中国妇幼健康事业发展报告(2019)》,http://www.nhc.gov.cn/fys/s7901/201905/bbd8e2134a7e47958c5c9ef032e1dfa2.shtml,2020年2月9日访问。

将建立健康档案、开展健康教育、预防接种、传染病防控、妇幼保健以及计划生育服务列为试点工作的基本项目,一些城市还在流动人口中拓展慢病、老年保健、中医药等服务项目。第二,初步形成信息的引导支撑机制。各地加强对流动人口各项服务情况的摸底调查,改进和完善流动人口服务信息统计制度,努力实现有关业务信息共享和应用,为推进流动人口基本公共卫生服务提供数据支撑。第三,建立经费保障体系。大部分试点城市明确参照户籍人口标准,将常住流动人口基本公共卫生计生服务经费纳入当地财政预算,探索建立符合本地经济社会发展状况的均等化服务经费保障机制。

四、基本公共卫生服务法治发展

中国政府积极推动基本公共卫生服务的均等化,不断提高人民群众获得卫生服务的可及性、便利性和平等性,在保障人民健康权利上取得了非凡的成就。当然,我们也要看到,由于中国地域广阔,人口众多,城乡差别、地域差别巨大,基本公共卫生服务保障仍存在不足,特别是体现为基本公共卫生服务的地区差异和城乡差别。

在地区差异方面,我国各地区之间在经济社会等各方面发展不平衡,这种不平衡也体现在各地政府向本地居民和流动人口提供基本公共卫生服务的能力和内容上。整体而言,我国经济发展较快的地区,公共服务能力较强,反之亦然。在基本公共卫生服务上,集中体现为资金、医疗卫生机构的数量和能力以及卫生技术人员数量方面的差异。当前,我国的医疗资源主要分布在经济比较发达的东部地区。这种医疗资源分布上的差距,势必影响医疗机构为人民群众提供基本公共卫生服务的能力。

城乡差别是我国面临的重大发展问题。由于农村在公共卫生服务上的投入欠缺和基础薄弱,仍有很多农民难以享受到应有的公共卫生服务。这增大了农民的健康风险,造成了农村传染病、流行病、地方病的发病率明显高于城市,因不良生活习惯和缺乏健康教育和疾病预防而致病的情况也多于城市。今后,要继续加大对于农村地区公共卫生服务的投入,以城镇化建设为契机,大力推动城乡一体化,特别是公共服务的城乡一体化,在基本公共卫生服务的保障和供给中,不再走城乡二元化的路子。要充分保护流动人口,特别是从农村向城市流动人口充分、平等地享受基本公共卫生服务的机会和能力,实现公共服务的属地化,不以城乡身份作为分配公共卫生资源的依据,真正实现公共卫生资源公平、公正的分配。

当前,我国对于基本公共卫生服务均等化的推动,主要是依靠政策、文件的形式展开。《基本医疗卫生与健康促进法》的颁布,对保护和实现公民获得基本公共卫生服务的权利具有重要意义。为实现公共卫生服务的法治化,也出台了《传染病防治法》《母婴保健法》《食品安全法》《精神卫生法》等专门法,仍需要制定全面涵盖基本公共卫生服务的立法,明确规定基本公共卫生服务的内容、范围、权利主体,并将基本公共卫生服务中的资源分配和服务供给纳入法制化轨道。例如,应当以立法形式明确规定政府基本公共卫生服务的费用标准。该标准应当符合我国现阶段经济发展水平,并随着社会发展而及时进行调整。

"有权利必有救济",缺乏救济途径的权利,不是真正的权利。应当赋予公民基本公共卫生服务权利的司法救济途径,通过行政诉讼对政府公共卫生服务课以司法审查,督促各级政府更好地履行其服务提供职能。①

第三节 医疗保障法治

一、医疗保障的概念与类型

(一)医疗保障的概念

医疗保障是指国家为国民获得医疗服务所需费用提供的保障制度。《第14号一般性意见》第36段将"提供所有人都能支付得起的公共、私营或混合健康保险制度"作为国家对健康权实现义务的内容之一。国家通过医疗保障制度,实现国民对于健康需求的可负担性(affordability),从而保障健康权利的实现,落实国家健康安全。

1998年12月,国务院发布了《关于建立城镇职工基本医疗保险制度的决定》,逐步建立起城镇职工基本医疗保险制度,将企业职工纳入医疗保险的范围。2002年,中共中央、国务院作出了《关于进一步加强农村卫生工作的决定》,要求到2010年在全国农村基本建立起适应社会主义市场经济体制要求和农村经济社会发展水平的农村卫生服务体系和新农合,到2010年新农合要

---

① 参见陈云良:《基本医疗服务法制化研究》,载《法律科学(西北政法大学学报)》2014年第2期。

基本覆盖农村居民。从 2007 年起,我国对于没有医疗保障制度安排的城镇非从业居民开展城镇居民基本医疗保险试点。经过十多年的发展,以职工基本医疗保险、城镇居民基本医疗保险和新型农村合作医疗为主体的全民医保初步实现。2016 年,国家正式启动城镇居民基本医疗保险和新型农村合作医疗两项制度整合,统一覆盖范围、统一筹资政策、统一保障待遇、统一医保目录、统一定点管理、统一基金管理,逐步在全国范围内建立统一的城乡居民基本医疗保险制度,实现城乡居民公平享有基本医疗保险权益。至 2018 年,基本医疗保险已覆盖 13 亿多人,基本实现了全民医保。大病保险覆盖了全部城乡居民参保人员,保障水平稳步提高,保障范围也明显扩大。基本保险+大病保险的政策报销水平已经超过 80％。[1] 我国形成了以基本医疗保障为主体,其他多种形式补充保险和商业健康保险为补充的多层次、宽领域、全民覆盖的医疗保障体系,初步实现了人人享有基本医疗保障。

(二) 各国医疗保障制度类型

当前世界各国医疗保障制度,主要包括国家(政府)医保模式、社会保险模式和商业保险模式三种类型。

1. 国家(政府)医保模式

国家(政府)医保模式是由政府以公共税收作为为全民提供医疗保障的主要经费来源,"医保以福利方式向全民提供,通过高税收方式筹资"。[2] 在这种模式下,民众就医免费程度最高,且除了纳税之外,无须为医疗再缴纳任何保险费用或者自行付费。多数实行政府医保模式的国家,也允许和鼓励社会公众个人通过购买商业性补充保险,以满足自身多元化的医疗需求。典型国家包括英国、北欧各国以及加拿大等。

2. 社会保险模式

社会保险模式是由政府、雇主、雇员共同缴纳费用建立社会保险基金,承担民众医疗费用的模式,典型国家为德国、日本等。在社会保险模式下,存在各种不同的社会保险系统,公众个人及其雇主应参与不同的方案,国家提供适当的补助。

---

[1] 参见《覆盖 13 亿人我国基本实现全民医保》,http://www.xinhuanet.com/local/2018-02/27/c_129817668.htm,2020 年 2 月 10 日访问。

[2] 参见李红梅等:《免费医疗国家原来只是少数》,载《人民日报(海外版)》2012 年 3 月 26 日。

3. 商业保险模式

商业保险模式是主要由民众个人参加商业保险作为提供医保费用的主要手段,典型代表是美国。

以上三种模式相比较,从保障人民的健康权利的角度,国家(政府)医保模式具有较大的优越性,在保障医疗服务的可获得性方面更是如此。2010年,经济合作与发展组织(OECD)对发达国家因无力支付医疗费用导致的不能满足医疗需要情况进行的调查发现,实行国家(政府)医保模式的英国,因费用问题无法满足医疗需求的比例最低,仅为4%,其他比例较低的国家,如荷兰、瑞士、瑞典等,也采用国家(政府)医保模式。采用社会保险模式的德国,其比例为17%—27%(高于平均收入者/低于平均收入者);采用完全商业保险模式的美国,则在所有发达国家中表现是最差的,因费用问题而不能满足医疗需求的比例,在高于平均收入的人口中占20%,在低于平均收入的人口占中39%。[1]

二、医疗保障体制的原则与目标

为保障国民健康需求的实现,维护国家健康安全,医疗保障体制应当符合以下原则:

(一)提高医疗服务的可获得性

医疗保障体制应当促进人民享有必要医疗服务的程度,提高医疗服务的公平性。通过医疗保障体制为公众提供医疗服务,增加民众对于医疗机构的使用,减少和杜绝因无力支付医疗费用无法获得医疗服务的情况。同时,通过医疗保障体制与三级医疗体制相结合,可以实现就近分配医疗机构,使覆盖人群可以更方便地获得医疗服务,降低医疗服务集中程度,促进和满足患者就近接受医疗。

(二)促进公众健康权保障的平等性

医疗保障体制应当通过不分差别地向全体国民提供医疗保障的形式,使全体国民平等获得健康权利保障,让因经济上贫困而无法享受医疗服务的人

---

[1] OECD 网站: http://www.oecd-ilibrary.org/sites/health_glance-2011-en/06/01/index.html;jsessionid=524i2dklkhnpf.delta?contentType=&itemId=/content/chapter/health_glance-2011-52-en&containerItemId=/content/serial/19991312&accessItemIds=/content/book/health_glance-2011-en&mimeType=text/html,2019 年 8 月 10 日访问。

群,获得均质化享受预防、诊断和治疗的机会。医疗资源在不同阶层之间应较为公平地分配,避免向特定阶层、特定人群的过度倾斜。通过发展初级治疗、按人头付费严格控制医药费用,重点扶持边远和落后地区医疗机构,引导医疗资源在全国城乡、地域之间更加合理和平等地进行分配。

(三) 应关注困难群体的需求

困难群体由于经济上的不利条件,医疗需求最易无法获得满足,个人医疗费用在家庭支出的比例最高,因医疗费用支出而造成贫困的情况也最为严重。因此,要实现全民医保,必须以保障弱势群体的基本健康需求为出发点,充分考虑到贫困人口的经济状况和需求。全民医保必须是一项利贫(pro poor)的体制,而不能相反。

(四) 以公众健康权促进其他人权保障

良好的医疗保障体制不仅可以促进人民的健康,维护公众健康权,更可以通过降低单个家庭或者个人的医疗费用支出而保障其免于贫困的权利。通过设计和执行医疗保障体制,提高政府支出在医疗费用中的比例,降低国民个人支付比例,可以极大地降低贫困人口数量和因病返贫的概率。特别是通过医疗保障减少灾难性医疗支出(catastrophic health expenditure),防止贫困人口因医疗支出返贫,从而保障公众享有的生存权、发展权等基本人权。

三、医疗保障的支付方式和费用控制

(一) 医疗保障支付方式的概念和类型

建立健全医疗保障的一个重大挑战在于如何合理地控制支出和分配费用,以保证医疗保障体系的可持续性和医疗保障的有效性、公平性。所谓医疗保障支付方式,是指医疗保障提供者如何向医疗服务提供者或者患者支付医疗费用的问题。目前各国采用的支付方式主要有两大类型,即费用报销和直接支付。

费用报销是指由患者在接受医疗服务时向医疗服务提供者垫付医疗费用,之后再从医疗保障机构报销。报销又可以分为全额报销和部分报销,在部分报销中即存在医疗保障机构与患者共同支付(共付)的问题。同时,在费用报销中还会规定起付线,即费用超过一定金额标准的方可享受报销。

直接支付是由医疗保障机构直接向医疗服务提供者支付医疗费用的方式。直接支付根据其支付依据不同,可以分为按人头付费(capitation payment)、病种付费以及诊断相关组(diagnoses related groups,DRGs)付费等。人头付费是医疗保障机构核算被保障的患者每年人均医疗费用,根据医疗机构注册患者人数向医疗机构提供固定数额的费用的方式。该固定费用涵盖了患者全年预防、门诊(包括从初级治疗到三级治疗)、住院等费用。无论患者在该年度是否接受医疗服务,以及接受医疗服务的次数、成本,该费用将保持不变。病种付费是指基于疾病分类方法(通常根据ICD-10疾病分类),将疾病按诊断分为若干组,每组又根据疾病轻重程度、治疗手段、有无合并症等划分出不同级别,医疗保险机构根据每一组的不同级别事先规定价格,向医疗机构一次性支付的付费方式。病种付费的支付单元是病种。诊断相关组付费是指根据病人的年龄、性别、住院天数、临床诊断、病症、手术、疾病严重程度、合并症与并发症及转归等因素,把病人分入500—600个诊断相关组,然后决定医疗保障机构向医院支付费用的数量。

(二)我国当前医疗保障支付方式及其不足

目前,我国城镇职工基本医疗保险和城镇居民基本医疗保险主要采用费用保险的形式,并定了共付率和起付线。此种支付方式存在以下三种不足:

第一,共付率过高影响贫困人口对医疗服务的利用率。学者通过实证研究也发现,当前我国医保体系存在着共付率过高的问题,而"共付率过高使得居民医保制度对低收入人群筹资保护的作用极为有限,即使他们被城镇居民医疗保障制度所覆盖,仍然由于缺乏自付部分医疗费用的能力,而未能真正从医保中受益。通常,富人的支付能力高于穷人,共付率过高,会造成高收入人群对医疗服务的利用率高于低收入人群,以至于医保基金流向相对收入较高参保居民,即'穷人补贴了富人',而真正需要帮助的贫困人口反而得不到支持,极大地影响了医保受益的公平性,也使得筹资补偿作用显得微不足道"[①]。

第二,垫付费用影响贫困人口获得适当医疗。费用报销方式要求患者自行垫付医疗费用,而贫困患者可能因为没有能力自行预支大额的医疗费用而放弃接受医疗。

第三,报销不利于控制费用。如果缺乏适当的费用控制机制,为获得更高的收益或者超出必要范围的治疗,医疗服务提供者和患者均有动机滥用医

---

① 顾海、王维:《江苏省城镇居民医疗保险的筹资公平性研究——基于1500份调查问卷的实证分析》,载《江苏行政学院学报》2009年第6期。

疗保障,医疗服务提供者愿意为患者提供更高价的医疗服务和药物,甚至出现"一人参保,全家吃药"的现象。

(三) 我国医疗保障支付费用等改革

我国在医疗体制改革中,也注意到现有支付方式的弊端,逐步开始推进支付方式的改革。2017年9月,国务院新闻办发布的《中国健康事业的发展与人权进步》白皮书指出,全国已有70%以上地区积极探索按病种付费、按人头付费、诊断相关分组付费等支付方式。[①] 这些方法一方面消除了起付线、共付率等对贫困人口医疗需求的抑制,另一方面也可以更好地控制医疗费用。按人头付费不考虑医疗机构实际提供服务的人次和服务的内容,也不考虑药费、检查、治疗费用的多寡。以病种和DRGs等方法确定住院费用的分配,虽然考虑到不同病情所需费用的差异,但受到医疗机构整体费用总额上限的制约。这就使医疗机构丧失了提高治疗费用或者诱使患者进行不必要的高价检查和治疗以获得额外利益的动机和可能性,避免了医疗机构的道德风险。相反,医疗机构产生了主动控制和降低医疗费用的动机,有助于全面控制医疗费用。同时,普遍的、均质化的全民医疗保障的全面展开,也将使患者滥用医保变得没有必要。但是,需要警惕的是医疗机构为了控制费用的需要而降低为患者提供医疗服务的质量,以及不同等级医疗机构在资源分配上的不均衡。因此,此种付费方式改革必须与公立医院改革、三级分级医疗以及医疗服务质量监督机制相结合,才能发挥其应有作用。

四、医疗保障覆盖范围的确定与调整

随着我国医疗保障水平的不断提高,我国基本医疗保障的覆盖范围也在不断增加。例如,2017年《国家基本医疗保险、工伤保险和生育保险药品目录(2017年版)》西药、中成药部分共收载药品2535个,比旧版目录增加339个,增幅约15%,基本涵盖了《国家基本药物目录(2012年版)》中的治疗性药品。对部分具有重大临床价值且价格高昂的专利独家药品,政府组织医保药品谈判,准入36个药品,治疗领域覆盖多种恶性肿瘤、部分罕见病及慢性病。新增部分医疗康复项目纳入基本医疗保险支付范围。[②]

---

① 参见《〈中国健康事业的发展与人权进步〉白皮书》,http://www.scio.gov.cn/ztk/dtzt/36048/37159/37161/Document/1565175/1565175.htm,2020年2月10日访问。

② 同上。

(一) 医疗保障覆盖范围的确定机制

由于医学技术的迅速发展,新的治疗手段和药物不断出现,对已有治疗手段和药物的成本控制也不断更新。为了能够准确及时地将适当的治疗手段、药物纳入到医疗保障的覆盖范围之中,应设立专门机构决定哪些医疗方法、器械、药物可以被纳入到医疗保障的覆盖范围中。政府代表、医务人员代表、生物医学研究人员代表、医药和医疗器械企业代表、非政府团体代表和患者利益代表等各方通过公开讨论,及时作出决策。

(二) 医疗保障覆盖范围确定中的伦理问题

在确定医疗保障覆盖范围的过程中,相应的伦理和社会问题也是考虑的重要因素。因为医疗经费、医疗资源的分配问题,本质上就具有伦理争论性。哪些治疗方法可以被覆盖在医疗保障范围内,会对相关患者的权利、生活质量乃至生命造成重大影响,更会引起极大的伦理争议。然而,由于社会资源的有限性,医疗保障不可能满足所有患者的需求,特别是无法满足那些具有一定特殊性和边际性的需求。此时,对于医疗保障范围的确定,应当符合公众健康权和健康资源分配的相关伦理原则。例如,泰国医疗保障机构在确定是否应当将末期肾病患者的透析治疗纳入医疗保障覆盖范围时认为,此种治疗虽然可以在一定程度内延续患者生命,但由于无法避免疾病的发展和死亡,且每人每年的使用费用是泰国人均国民总收入的 4 倍,如果被纳入到医疗保障中,将给医疗保障带来无法承受的负担。在权衡利弊之后,泰国医疗保障机构为了更多的普遍健康需求,将其排除在外。[1]

五、基本医疗保障之外的补充机制

(一) 基本医疗保障的有限性

城镇职工基本医疗保险、城镇居民基本医疗保险等基本医疗保障的目的是保障公众获得基本医疗服务,对于基本医疗服务之外的其他医疗需求,患者往往需用自费承担,而这种费用往往会对患者获得相关医疗服务构成限制或者抑制,也可能造成低收入患者因病致贫。特别是我国目前对基本医疗保障还采用费用报销方式并有共付率和起付线的规定,影响了医疗服务对于低

---

[1] See Thailand Health Insurance System Research Office, Thailand's Universal Coverage Scheme: Achievements and Challenges: An Independent Assessment of the First 10 Years (2001-2010), 2012.

收入患者的可负担性。因此,有必要建立多种医疗费用分担机制,与基本医疗保障共同构成有效的保障机制。《2030纲要》提出,要进一步健全重特大疾病医疗保障机制,加强基本医保、城乡居民大病保险、商业健康保险与医疗救助等的有效衔接,以形成成熟定型的全民医保体系。

(二)城乡居民大病保险

城乡居民大病保险是在基本医疗保障的基础上,对大病患者发生的高额医疗费用给予进一步保障的制度性安排,其依据是2012年8月国家发展和改革委员会、卫生部等六部门联合发布的《关于开展城乡居民大病保险工作的指导意见》。大病保险的资金来源于从城镇居民医保基金、新农合基金中划出一定比例或额度建立的大病保险资金,采取向商业保险机构购买大病保险的方式为参保人群提供保险。地方政府卫生、人力资源社会保障、财政、发展改革部门制定大病保险的筹资、报销范围、最低补偿比例以及就医、结算管理等基本政策要求,并通过政府招标选定承办大病保险的商业保险机构。截至2015年年底,城乡居民大病保险已覆盖所有城乡居民基本医疗保险参保人。2016年,大病保险覆盖城乡居民超过10亿人,推动各省大病保险政策规定的支付比例达到50%以上,受益人员的实际报销比例提高10—15个百分点。[①]

(三)医疗救助制度

医疗救助制度的依据是民政部、财政部等部门2015年4月发布的《关于进一步完善医疗救助制度全面开展重特大疾病医疗救助工作的意见》,是整合原有的城市医疗救助制度和农村医疗救助制度而形成的。根据该意见,最低生活保障家庭成员和特困供养人员是医疗救助的重点救助对象,并要逐步将低收入家庭的老年人、未成年人、重度残疾人和重病患者等困难群众(以下统称低收入救助对象),以及县级以上人民政府规定的其他特殊困难人员纳入救助范围。对于救助对象,医疗救助制度将资助参加基本医疗保障,并对门诊费用、住院费用在基本医疗保障、大病保险、商业保险报销后个人负担部分进行进一步报销。2016年,国家共安排155亿元医疗救助补助资金(不含疾病应急救助补助资金),其中92%的资金投向中西部地区和贫困地区,累计实施医疗救助8256.5万人次,资助困难群众参加基本医疗保险5560.4万人。

[①] 参见《〈中国健康事业的发展与人权进步〉白皮书》,http://www.scio.gov.cn/ztk/dtzt/36048/37159/37161/Document/1565175/1565175.htm,2020年2月10日访问。

被救助对象在年度救助限额内住院救助的比例普遍达70%以上。[1]

(四) 商业健康保险

商业健康保险是在基本医疗保障之外,由个人或者其雇主自愿参加的,以医疗费用为保险标的的商业性保险,是基本医疗保障的重要补充,可以为公众提供更为丰富和多元化的医疗费用保障。商业健康保险在我国已经有了一定发展,但相较于其他国家还有很大发展空间。《2030纲要》提出,要进一步落实税收等优惠政策,鼓励企业、个人参加商业健康保险及多种形式的补充保险。丰富健康保险产品,鼓励开发与健康管理服务相关的健康保险产品。促进商业保险公司与医疗、体检、护理等机构合作,发展健康管理组织等新型组织形式。到2030年,现代商业健康保险服务业进一步发展,商业健康保险赔付支出占卫生总费用比重显著提高。

---

[1] 参见《〈中国健康事业的发展与人权进步〉白皮书》,http://www.scio.gov.cn/ztk/dtzt/36048/37159/37161/Document/1565175/1565175.htm,2020年2月10日访问。

第三章 突发公共卫生事件应对法治

第一节 突发公共卫生事件概述

一、突发公共卫生事件

(一) 突发公共卫生事件的概念

公共卫生事件是突发事件的一种。我国 2007 年颁布《突发事件应对法》第 3 条规定,突发事件是指突然发生,造成或者可能造成严重社会危害,需要采取应急处置措施予以应对的自然灾害、事故灾难、公共卫生事件和社会安全事件。2003 年国务院公布的《突发公共卫生事件应急条例》第 2 条规定,突发公共卫生事件是指突然发生,造成或者可能造成社会公众健康严重损害的重大传染病疫情、群体性不明原因疾病、重大食物和职业中毒以及其他严重影响公众健康的事件。公共卫生事件是公共卫生风险在现代社会中的体现,可能给人民生命健康带来重大挑战,必须对其积极展开应对。

(二) 突发公共卫生事件的特征

突发公共卫生事件具有以下特征:

第一,发生的突然性。影响公众健康的因素和事件有很多,例如生存环境、生活习惯、慢性病、季节性传染病等,但此类因素和事件一般不具有突然性。而突发公共卫生事件一般发生突然,难以预测、预警和预防。

第二,性质上的限定性。突发事件包括自然灾害、事故灾害、社会安全事件等,涉及自然和社会的多种因素。突发公共卫生事件发生在公共卫生领域,限定为对于社会公众健康造成严重损害的重大传染病疫情、群体性不明原因疾病、重大食物和职业中毒以及其他严重影响公众健康的事件。

第三,成因上的复杂性。由于突发公共卫生事件可能因为各种原因引发,而人类对于健康和医学的认识仍然是有限的,因此对于其成因和处理都呈现出复杂性。

第四,后果上的危害性。突发公共卫生事件发生急、成因复杂、应对困难,往往对社会公众的健康造成较为严重的损害,为保障公民健康权利,国家需要通过建立卫生应急体系,积极应对突发公共卫生事件。

(三)公共卫生事件的分级

《突发事件应对法》第3条第2、3款规定:"按照社会危害程度、影响范围等因素,自然灾害、事故灾难、公共卫生事件分为特别重大、重大、较大和一般四级。法律、行政法规或者国务院另有规定的,从其规定。突发事件的分级标准由国务院或者国务院确定的部门制定。"

2006年国务院编制的《国家突发公共卫生事件应急预案》,根据突发公共卫生事件性质、危害程度、涉及范围,将突发公共卫生事件划分为特别重大(Ⅰ级)、重大(Ⅱ级)、较大(Ⅲ级)和一般(Ⅳ级)四级。其中,特别重大突发公共卫生事件主要包括:(1)肺鼠疫、肺炭疽在大、中城市发生并有扩散趋势,或肺鼠疫、肺炭疽疫情波及2个以上的省份,并有进一步扩散趋势。(2)发生传染性非典型肺炎、人感染高致病性禽流感病例,并有扩散趋势。(3)涉及多个省份的群体性不明原因疾病,并有扩散趋势。(4)发生新传染病或我国尚未发现的传染病发生或传入,并有扩散趋势,或发现我国已消灭的传染病重新流行。(5)发生烈性病菌株、毒株、致病因子等丢失事件。(6)周边以及与我国通航的国家和地区发生特大传染病疫情,并出现输入性病例,严重危及我国公共卫生安全的事件。(7)国务院卫生行政部门认定的其他特别重大突发公共卫生事件。其中,重大传染病疫情是指某种传染病在短时间内发生,波及范围广泛,出现大量的病人或死亡病例,其发病率远远超过常年的发病率水平的情况。群体性不明原因疾病是指在短时间内,某个相对集中的区域内同时或者相继出现具有共同临床表现病人,且病例不断增加,范围不断扩大,又暂时不能明确诊断的疾病。重大食物和职业中毒是指由于食品污染和职业危害的原因而造成的人数众多或者伤亡较重的中毒事件。新传染病是指全球首次发现的传染病。我国尚未发现传染病是指埃博拉、猴痘、黄热病、人变异性克雅氏病等在其他国家和地区已经发现,而在我国尚未发现过的传染病。我国已消灭传染病是指天花、脊髓灰质炎等传染病。

二、突发公共卫生事件应对是总体国家安全观的重要组成部分

突发公共卫生事件应对是对突发性公共卫生事件进行预防、准备、预警、处理等的全过程管理,又可以称为突发公共卫生事件应急管理。《突发事件

应对法》第 2 条规定:"突发事件的预防与应急准备、监测与预警、应急处置与救援、事后恢复与重建等应对活动,适用本法。"因此,突发公共卫生事件应对不仅是发生突发公共卫生事件后的处置工作,而是包括为预防、降低和消除突发公共卫生事件的危害,促进国民健康和生命财产安全,有效整合社会各方面资源和力量对突发公共卫生事件进行有效预警、控制和处置的全过程。

突发公共卫生事件对于人民群众的生命、健康、财产安全可能造成严重的损害。人民安全是整体国家安全观的重要组成部分,习近平总书记在论述总体国家安全观时始终把人民安全置于政治安全、经济安全、军事安全等其他安全要素之上,并强调国家安全要坚持"以人民安全为宗旨",从而确立了人民安全在整个国家安全工作中的首要地位、统领作用、价值旨归,而政治安全、经济安全、军事安全、文化安全、社会安全以及国际安全等都发挥着工具性作用并最终都服务于人民安全。习近平总书记强调:"既重视国土安全,又重视国民安全,坚持以民为本、以人为本,坚持国家安全一切为了人民、一切依靠人民,真正夯实国家安全的群众基础。"[1]

为了实现人民的安全,国家从整体安全观出发,认识和应对突发公共卫生事件。为此,《2030 纲要》明确提出必须提高突发事件应急能力:应当加强全民安全意识教育;完善突发事件卫生应急体系,提高早期预防、及时发现、快速反应和有效处置能力;建立包括军队医疗卫生机构在内的海陆空立体化的紧急医学救援体系,提升突发事件紧急医学救援能力;到 2030 年,建立起覆盖全国、较为完善的紧急医学救援网络,突发事件卫生应急处置能力和紧急医学救援能力达到发达国家水平;进一步健全医疗急救体系,提高救治效率。

同时,应对突发公共卫生事件是履行国家对人民健康权义务的重要内容。《经济、社会和文化权利国际公约》第 12 条第 1 款规定:"本公约缔约各国承认人人有权享有能达到的最高的体质和心理健康的标准。"为充分实现这一权利,该条第 2 款要求缔约国"预防、治疗和控制传染病、风土病、职业病以及其他的疾病"。联合国经济、社会和文化权利委员会《第 14 号一般性意见》指出,《经济、社会和文化权利国际公约》第 12 条规定的"享有能达到的最高健康标准的权利"包括"得到治疗的权利,包括在事故、流行病和类似健康危险的情况下,建立一套应急的医疗保健制度,及在紧急情况下提供救灾和人道

---

[1] 《坚持总体国家安全观 走中国特色国家安全道路》,载《人民日报》2014 年 4 月 16 日第 1 版。

主义援助"。该意见将"采取措施,防止环境和职业健康危险,和流行病资料显示的任何其他威胁"作为缔约国所负有的对健康权的实现义务之一。

中国政府高度重视突发卫生事件应对工作,通过长期的努力,中国已经初步构建起囊括各类突发事件应对和紧急医学救援的法规和预案体系,建立起20多个部门参加的联防联控工作机制,建立了一支具有较强战斗力的突发卫生事件应对专业队伍,建成了全球最大、最先进的传染病疫情和突发公共卫生事件网络直报系统,卫生应急综合实力明显增强,并如期实现了《国际卫生条例(2005)》要求的公共卫生应急核心能力建设目标。中国突发卫生事件应对工作获得了充分的物质保障和技术支持,卫生应急能力整体提升,突发公共卫生事件防控和应对能力显著提高,突发事件紧急医学救援能力明显增强,卫生应急规范化建设和组织管理能力不断加强,为人民生命健康权利提供了坚强屏障。

三、突发公共卫生事件应对的原则

根据《突发公共卫生事件应急条例》第5条及《国家突发公共卫生事件应急预案》的规定,突发公共卫生事件应对应当遵循下列原则:

第一,预防为主,常备不懈。突发公共卫生事件应对,应当将事前预防顶在前面,提高全社会对突发公共卫生事件的防范意识,落实各项防范措施,做好人员、技术、物资和设备的应急储备工作。对各类可能引发突发公共卫生事件的情况要及时进行分析、预警,做到早发现、早报告、早处理。

第二,统一领导,分级负责。突发性公共卫生事件对于社会生活的影响往往是全方位的,且各类不同范围和程度的事件影响与应对方式也各有不同。应当根据突发公共卫生事件的范围、性质和危害程度,对突发公共卫生事件实行分级管理。各级政府负责突发公共卫生事件应急处理的统一领导和指挥,各有关部门按照预案规定,在各自的职责范围内做好突发公共卫生事件应急处理的有关工作。《突发公共卫生事件应急条例》第3条规定:"突发事件发生后,国务院设立全国突发事件应急处理指挥部,由国务院有关部门和军队有关部门组成,国务院主管领导人担任总指挥,负责对全国突发事件应急处理的统一领导、统一指挥。国务院卫生行政主管部门和其他有关部门,在各自的职责范围内做好突发事件应急处理的有关工作。"第4条规定:"突发事件发生后,省、自治区、直辖市人民政府成立地方突发事件应急处理指挥部、省、自治区、直辖市人民政府主要领导人担任总指挥,负责领导、指挥本行政区域内突发事件应急处理工作。县级以上地方人民政府卫生行政主管部门,具体负责组织突发事件的调查、控制和医疗救治工作。县级以上地方人民政府有关部门,在各自的职责范围内做好突发事件应急处理的有关工作。"这些规定既体现了中央政府在突发公共卫生事件应对中统一领导的地位和作用,也对地方各级政府在分级管理中的职能做出了明确的界定。

第三,依法规范,措施果断。在突发公共卫生事件应急中,往往需要根据实际情况限制个体权利,或者增加个体义务。根据依法治国的精神,任何对于法定权利的限制必须有法律依据。因此,地方各级人民政府和卫生行政部门要按照相关法律、法规和规章的规定,完善突发公共卫生事件应急体系,建立健全系统、规范的突发公共卫生事件应急处理工作制度,对突发公共卫生事件和可能发生的公共卫生事件做出快速反应,及时、有效开展监测、报告和处理工作。

第四,依靠科学,加强合作。应对突发性公共卫生事件,必须依靠医学、公共卫生、伦理学、管理学、法学等学科的科学支持。因此,突发公共卫生事件应急工作要充分尊重和依靠科学,重视开展防范和处理突发公共卫生事件的科研和培训,为突发公共卫生事件应急处理提供科技保障。同时,突发性公共卫生事件应对具有广泛的社会性,各有关部门和单位要通力合作、资源共享,有效应对突发公共卫生事件,广泛组织、动员公众参与突发公共卫生事件的应急处理。

四、中国的突发公共卫生事件应对立法

应对突发公共卫生事件不能仅仅依靠经验,更重要的应当依靠法治,这是我国在处置各类突发事件的实践中总结出来的经验和教训。中国政府高度关注公共卫生应急立法建设。2003年5月,在抗击"非典"的战斗进程中,国务院制定并公布了《突发公共卫生事件应急管理条例》,开启了公共卫生应急立法建设进程。2007年8月30日,第十届全国人大常委会第二十九次会议通过了《突发事件应对法》,并于2007年11月1日起施行。10余年来,我国先后制定了70多部相关法律法规、10余个部门规章,形成了法律法规、行业规章、规范性标准、管理操作四个层级的突发公共卫生事件和其他突发事件紧急医学援助的立法和预案体系。

第二节 突发公共卫生事件预防法治

一、突发公共卫生事件应对预案制度

突发性公共卫生事件由于其突然性的特点,要做到"防患于未然",必须要制定行之有效的对应预案。《突发公共卫生事件应急条例》第10条规定:"国务院卫生行政主管部门按照分类指导、快速反应的要求,制定全国突发事件应急预案,报请国务院批准。省、自治区、直辖市人民政府根据全国突发事件应急预案,结合本地实际情况,制定本行政区域的突发事件应急预案。"第11条规定:"全国突发事件应急预案应当包括以下主要内容:(一)突发事件应急处理指挥部的组成和相关部门的职责;(二)突发事件的监测与预警;(三)突发事件信息的收集、分析、报告、通报制度;(四)突发事件应急处理技术和监测机构及其任务;(五)突发事件的分级和应急处理工作方案;(六)突发事件预防、现场控制,应急设施、设备、救治药品和医疗器械以及其他物资和技术的储备与调度;(七)突发事件应急处理专业队伍的建设和培训。"第12条规定:"突发事件应急预案应当根据突发事件的变化和实施中发现的问题及时进行修订、补充。"

(一)全国预案的制定与基本内容

根据上述立法要求,2006年1月国务院公布了《国家突发公共事件总体应急预案》,并逐步建立了国家级专项预案体系,包括国家防汛抗旱应急预案、国家自然灾害救助预案、国家破坏性地震救助预案等自然灾害类预案,国家安全生产事故应急预案、国家突发环境事件应急预案、国家核应急预案等事故灾难类预案,以及国家突发公共卫生事件应急预案、国家突发公共事件医学救援应急预案、国家食品安全事故应急预案等突发公共卫生事件专项预案,建立了在国务院统一领导下,各地方、各部门分级负责应急指挥体系,完善了监测、应急反应和报告体系,明确了应急事件处理的保障体制,成为构建我国公共卫生应急体系、应对各种公共卫生突发事件、保护人民健康权利的重要制度保障。

2006年2月,国务院根据《传染病防治法》《食品卫生法》《职业病防治法》《国境卫生检疫法》《突发公共卫生事件应急条例》《国内交通卫生检疫条例》

和《国家突发公共事件总体应急预案》，制定并公布了《国家突发公共卫生事件应急预案》，以"有效预防、及时控制和消除突发公共卫生事件及其危害，指导和规范各类突发公共卫生事件的应急处理工作，最大程度地减少突发公共卫生事件对公众健康造成的危害，保障公众身心健康与生命安全"。该预案适用于突然发生，造成或者可能造成社会公众身心健康严重损害的重大传染病、群体性不明原因疾病、重大食物和职业中毒，以及因自然灾害、事故灾难或社会安全等事件引起的严重影响公众身心健康的公共卫生事件的应急处理工作。该预案对于应急组织体系及职责，突发公共卫生事件的监测、预警与报告，突发公共卫生事件的应急反应和终止、技术保障，以及预案管理与更新等内容，作出了规定。

（二）突发公共卫生事件应对组织体系

《突发公共卫生事件应急条例》第 14 条规定："国家建立统一的突发事件预防控制体系。县级以上地方人民政府应当建立和完善突发事件监测与预警系统。县级以上各级人民政府卫生行政主管部门，应当指定机构负责开展突发事件的日常监测，并确保监测与预警系统的正常运行。"据此，《国家突发公共卫生事件应急预案》对于突发公共卫生事件应急指挥体系提出了具体要求。其中，卫生部依照职责和本预案的规定，在国务院统一领导下，负责组织、协调全国突发公共卫生事件应急处理工作，并根据突发公共卫生事件应急处理工作的实际需要，提出成立全国突发公共卫生事件应急指挥部。全国突发公共卫生事件应急指挥部负责对特别重大突发公共卫生事件的统一领导、统一指挥，作出处理突发公共卫生事件的重大决策。指挥部成员单位根据突发公共卫生事件的性质和应急处理的需要确定。国务院卫生行政部门设立卫生应急办公室（突发公共卫生事件应急指挥中心），负责全国突发公共卫生事件应急处理的日常管理工作。

地方各级人民政府卫生行政部门依照职责和本预案的规定，在本级人民政府统一领导下，负责组织、协调本行政区域内突发公共卫生事件应急处理工作，并根据突发公共卫生事件应急处理工作的实际需要，向本级人民政府提出成立地方突发公共卫生事件应急指挥部的建议。省级突发公共卫生事件应急指挥部由省级人民政府有关部门组成，实行属地管理的原则，负责对本行政区域内突发公共卫生事件应急处理的协调和指挥，作出处理本行政区域内突发公共卫生事件的决策，决定要采取的措施。各省、自治区、直辖市人民政府卫生行政部门及军队、武警系统要参照国务院卫生行政部门突发公共卫生事件日常管理机构的设置及职责,结合各自实际情况,指定突发公共卫生事件的日常管理机构,负责本行政区域或本系统内突发公共卫生事件应急的协调、管理工作。各市(地)级、县级卫生行政部门要指定机构负责本行政区域内突发公共卫生事件应急的日常管理工作。

此外,国务院卫生行政部门和省级卫生行政部门负责组建突发公共卫生事件专家咨询委员会。市(地)级和县级卫生行政部门可根据本行政区域内突发公共卫生事件应急工作需要,组建突发公共卫生事件应急处理专家咨询委员会。

医疗机构、疾病预防控制机构、卫生监督机构、出入境检验检疫机构是突发公共卫生事件应急处理的专业技术机构。应急处理专业技术机构要结合本单位职责开展专业技术人员处理突发公共卫生事件能力培训,提高快速应对能力和技术水平,在发生突发公共卫生事件时,要服从卫生行政部门的统一指挥和安排,开展应急处理工作。

根据上述预案的规定,中国卫生应急体系和核心能力建设成为卫生应急体系建设"一体两翼"的思维发展中的"一体"。2017年1月,国务院办公厅印发的《国家突发事件应急体系建设"十三五"规划》提出:"到2020年,建成与有效应对公共安全风险挑战相匹配、与全面建成小康社会要求相适应、覆盖应急管理全过程、全社会共同参与的突发事件应急体系,应急管理基础能力持续提升,核心应急救援能力显著增强,综合应急保障能力全面加强,社会协同应对能力明显改善,涉外应急能力得到加强,应急管理体系进一步完善,应急管理水平再上新台阶。"该规划要求,要"健全公共卫生、食品药品安全检验检测和风险防控体系,提高突发急性传染病、重大动植物疫情、食品安全突发事件、药品不良反应和医疗器械不良事件、农产品质量安全突发事件等早期预防和及时发现能力,强化风险沟通"。该规划指出,要"强化突发急性传染病预防预警措施,不断改进监测手段,健全风险评估和报告制度,推进突发急性传染病快速检测技术平台建设,提高及时发现和科学预警能力"。[①]

(三)突发公共卫生事件应对基础建设

突发公共卫生事件应对离不开物质保障。《突发公共卫生事件应急条

---

① 参见《国务院办公厅关于印发国家突发事件应急体系建设"十三五"规划的通知》,http://www.gov.cn/zhengce/content/2017-07/19/content_5211752.htm,2017年12月5日访问。

例》对于应对突发公共卫生事件所需的物质保障、医疗条件、人员能力等提出了具体的要求。《突发公共卫生事件应急条例》第 16 条对于物资储备提出了具体要求,即"国务院有关部门和县级以上地方人民政府及其有关部门,应当根据突发事件应急预案的要求,保证应急设施、设备、救治药品和医疗器械等物资储备"。中国政府不断加强卫生应急基础建设,建设了 17 个国家级和省级核辐射损伤治疗基地、32 个化学中毒救治基地,启动了 7 个国家级紧急医疗救援基地建设,探索建立海(水)上、航空紧急医疗救援网络,并持续推进国家紧急医学救援基地和区域紧急医学救援中心建设,构建陆海空立体化、综合与专科救援兼顾的紧急医学救援网络。广大科技人员根据卫生应急工作的需要,积极开展科学研究,近年来在世界范围内率先研发了 H1N1 流感疫苗、H5N1 高致病性禽流感快速诊断试剂盒、H7N9 禽流感病毒快速检验试剂等应急医疗成果,为应对相关公共卫生紧急事件发挥了重大作用。2014 年,中国疾控中心病毒病所成功研制埃博拉病毒核酸、抗原和抗体检测试剂,并利用该试剂在塞拉利昂开展病毒检测任务。[1] 2015 年,由中国企业研发生产的埃博拉病毒核酸检测试剂盒被世界卫生组织批准正式列入其官方采购名录,并作为埃博拉病毒的检测手段之一向全世界推荐。[2]

《突发公共卫生事件应急条例》第 17 条要求建立相应的医疗服务能力,县级以上各级人民政府应当加强急救医疗服务网络的建设,配备相应的医疗救治药物、技术、设备和人员,提高医疗卫生机构应对各类突发事件的救治能力;设区的市级以上地方人民政府应当设置与传染病防治工作需要相适应的传染病专科医院,或者指定具备传染病防治条件和能力的医疗机构承担传染病防治任务。伴随着医疗体制改革的步伐,中国不断推进公共卫生应急体制与医疗服务体制的共同发展。在城市建立以社区卫生服务机构与医院相衔接的医疗服务体系,农村形成了县乡村三级医疗保健网。在公立医院改革中,公立医院在卫生应急工作中所发挥的物质条件和人员保障基础的作用被不断强调。2015 年 9 月,国家卫计委发布了《关于进一步加强公立医院卫生应急工作的通知》,提出"卫生应急实践彰显了公立医院的公益性,公立医院

---

[1] 参见董子畅:《中国成功研制埃博拉病毒检测试剂盒》,http://news.sciencenet.cn/htmlnews/2014/9/303796.shtm,2017 年 12 月 2 日访问。

[2] 参见王琳琳:《中国国产埃博拉病毒检测试剂盒获世卫组织批准和推介》,http://www.chinanews.com.cn/gn/2015/05-14/7276851.shtml,2017 年 12 月 2 日访问。

卫生应急工作是其公益性的具体体现之一",公立医院是卫生应急医疗救治的主体力量和专业技术机构;公立医院卫生应急工作是城乡公共卫生安全和紧急医疗救援体系的重要组成部分。① 该通知要求公立医院在突发公共事件紧急医学救援方面,重点开展伤病员的接诊、收治工作,为伤病员提供医疗救护和现场救援等专业服务。

《突发公共卫生事件条例》第 18 条规定,县级以上地方人民政府卫生行政主管部门,应当定期对医疗卫生机构和人员开展突发事件应急处理相关知识、技能的培训,定期组织医疗卫生机构进行突发事件应急演练,推广最新知识和先进技术。这是对于突发公共卫生事件应对有关的人力资源储备要求。对此,《国家突发事件应急体系建设"十三五"规划》要求要健全各级紧急医学救援队伍,优化国家卫生应急队伍布局,建立队伍运维保障长效机制;推进帐篷化现场卫生应急处置中心建设,强化远程航空投送能力和极端条件下的自我保障能力;完善国家卫生应急现场处置指导专家库,逐步建设国家和省级突发事件心理干预救援队伍。鼓励加强航空医疗救援和转运能力建设。加强突发急性传染病防控队伍建设;推广实验室快速检测,推动生物安全四级实验室建设,完善国家级突发急性传染病检测平台和高等级生物安全实验室网络,强化对突发急性传染病已知病原体全面检测和未知病原体快速筛查能力。② "十二五"期间,我国中央和地方政府加大卫生应急现场处置能力建设,累计投入近 5 亿元,在全国 23 个省份分区域建成紧急医学救援、突发急性传染病防控、突发中毒事件处置、核和辐射突发事件卫生应急等 4 大类 37 支国家卫生应急队伍,和近 2 万支、20 多万人的地方卫生应急处置队伍,形成了卫生应急专业队伍的拳头力量。③

随着中国公共卫生应急能力的不断提升,2014 年中国达到了《国际卫生条例(2005)》的标准。该条例要求,各缔约国应当发展、加强和保持其快速有效应对国际关注的突发公共卫生事件的应急核心能力,在发现、评估、报告、通报和处置突发公共卫生事件的能力方面全部达标。经过中央和地方各级

---

① 参见《解读〈关于进一步加强公立医院卫生应急工作的通知〉》,http://www.nhfpc.gov.cn/yjb/s3581/201509/652be4c529524b7a842b47f576d3f10d.shtm,2017 年 12 月 1 日访问。
② 参见《国务院办公厅关于印发国家突发事件应急体系建设"十三五"规划的通知》,http://www.gov.cn/zhengce/content/2017-07/19/content_5211752.htm,2017 年 12 月 5 日访问。
③ 参见刘延东:《进一步加强国家卫生应急队伍能力建设 为保护人民群众身体健康和生命安全提供有力支撑》,http://www.nhfpc.gov.cn/yjb/pqt/new_list_5.shtml,2017 年 12 月 1 日访问。

政府的共同努力,到2014年,我国突发公共卫生事件监测及应对、实验室能力和生物安全管理、出入境口岸核心能力、人畜共患病防控、食品药品安全事故防控能力、化学性和核辐射事件防控等公共卫生核心能力均达到了《国际卫生条例(2005)》的要求。2013年各相关部门开展的公共卫生应急核心能力评估结果显示,达标率已升到91.5%,超过了全球平均水平(70%)和2012年已达标西太区国家的平均水平(86.4%)。[①]

二、突发公共卫生事件的监测、预警与报告制度

《突发公共卫生事件应急条例》第19条第1款规定:"国家建立突发事件应急报告制度。"2003年,卫生部颁布了《突发公共卫生事件与传染病疫情监测信息报告管理办法》,对监测、预警和报告制度作出具体的规定。

(一)监测制度

《国家突发公共卫生事件应急预案》规定:"国家建立统一的突发公共卫生事件监测、预警与报告网络体系。各级医疗、疾病预防控制、卫生监督和出入境检疫机构负责开展突发公共卫生事件的日常监测工作。省级人民政府卫生行政部门要按照国家统一规定和要求,结合实际,组织开展重点传染病和突发公共卫生事件的主动监测。国务院卫生行政部门和地方各级人民政府卫生行政部门要加强对监测工作的管理和监督,保证监测质量。"

所谓监测,是指对于突发公共卫生风险所进行的长期性、连续性的原始数据收集行为。此种数据收集是为了对公共卫生状况和可能存在的风险因素保持常态化了解,以便在出现突发公共卫生风险因素时及时发现并做出预警。根据《国家突发公共卫生事件应急预案》的上述规定,监测包括日常监测和主动监测。日常监测的实施主体包括各级医疗、疾病预防控制、卫生监督和出入境检疫机构,主动监测则是对特定突发公共卫生风险所采取的定向监测措施。《传染病防治法》第17条规定,各级疾病预防控制机构对传染病的发生、流行以及影响其发生、流行的因素,进行监测;对国外发生、国内尚未发生的传染病或者国内新发生的传染病,进行监测。

(二)预警制度

所谓预警,就是要在收集、分析、评估相关风险因素的基础上,在危险发

---

① 参见《我国达到〈国际卫生条例(2005)〉履约标准》,http://www.nhfpc.gov.cn/yjb/s7860/201407/e9d32c8306a8494981d10ddbf2bede3a.shtml,2017年12月5日访问。

生之前或早期发出警报,以便及时作出反应,预防或减少事件的损害。[①]《传染病防治法》第 19 条规定:"国家建立传染病预警制度。国务院卫生行政部门和省、自治区、直辖市人民政府根据传染病发生、流行趋势的预测,及时发出传染病预警,根据情况予以公布。"从《突发公共卫生事件应急条例》和《国家突发公共卫生事件应急预案》的规定来看,当前我国的预警机制主要包括两种机制,即基于日常监测所做出的预警和基于突发事件举报所产生的预警。

基于日常监测的预警是指,根据《国家突发公共卫生事件应急预案》的要求,各级人民政府卫生行政部门根据医疗机构、疾病预防控制机构、卫生监督机构提供的监测信息,按照公共卫生事件的发生、发展规律和特点,及时分析其对公众身心健康的危害程度、可能的发展趋势,及时做出预警。此种预警的依据是日常监测活动。新冠疫情发生以来,对于监测和预警制度的研究发现,监测和预警制度本身虽然相互联系,但在性质、理论基础和价值目标上仍有重大区别,应当进行区分。应当遵循科学不确定原则构建预警机制,即不需要以扎实、充分的科学依据作为支撑,而是基于概率性预测,即可发布预测信息。[②] 此观点值得在将来的修法中予以重视。

除了基于日常监测的预警外,为了避免因人为因素影响预警的实效,《突发公共卫生事件应急条例》建立了基于举报发生的预警,即"吹哨人"制度。该条例第 24 条规定:"国家建立突发事件举报制度,公布统一的突发事件报告、举报电话。任何单位和个人有权向人民政府及其有关部门报告突发事件隐患,有权向上级人民政府及其有关部门举报地方人民政府及其有关部门不履行突发事件应急处理职责,或者不按照规定履行职责的情况。接到报告、举报的有关人民政府及其有关部门,应当立即组织对突发事件隐患、不履行或者不按照规定履行突发事件应急处理职责的情况进行调查处理。对举报突发事件有功的单位和个人,县级以上各级人民政府及其有关部门应当予以奖励。"

(三) 报告制度

根据《突发公共卫生事件应急条例》的规定,国家建立突发事件应急报告制度。国务院卫生行政主管部门制定突发事件应急报告规范,建立重大、紧急疫情信息报告系统。县级以上各级人民政府卫生行政部门指定的突发公

[①] 参见解志勇:《公共卫生预警原则和机制构建研究》,载《中国法学》2021 年第 5 期。

[②] 同上。

共卫生事件监测机构、各级各类医疗卫生机构、卫生行政部门、县级以上地方人民政府和检验检疫机构、食品药品监督管理机构、环境保护监测机构、教育机构等有关单位为突发公共卫生事件的责任报告单位。执行职务的各级各类医疗卫生机构的医疗卫生人员、个体开业医生为突发公共卫生事件的责任报告人。

根据突发公共卫生事件性质的不同,《突发公共卫生事件应急条例》规定了不同的程序和时间要求。当发生或者可能发生传染病暴发、流行的,发生或者发现不明原因的群体性疾病的,发生传染病菌种、毒种丢失的,发生或者可能发生重大食物和职业中毒事件的,省、自治区、直辖市人民政府应当在接到报告1小时内,向国务院卫生行政主管部门报告。国务院卫生行政主管部门对可能造成重大社会影响的突发事件,应当立即向国务院报告。

突发事件监测机构、医疗卫生机构和有关单位发现上述情形之一的,应当在2小时内向所在地县级人民政府卫生行政主管部门报告;接到报告的卫生行政主管部门应当在2小时内向本级人民政府报告,并同时向上级人民政府卫生行政主管部门和国务院卫生行政主管部门报告。县级人民政府应当在接到报告后2小时内向设区的市级人民政府或者上一级人民政府报告;设区的市级人民政府应当在接到报告后2小时内向省、自治区、直辖市人民政府报告。接到报告的地方人民政府、卫生行政主管部门依照《突发公共卫生事件应急条例》规定报告的同时,应当立即组织力量对报告事项调查核实、确证,采取必要的控制措施,并及时报告调查情况。

《突发公共卫生事件与传染病疫情监测信息报告管理办法》第18条规定,责任报告单位对甲类传染病、传染性非典型肺炎和乙类传染病中艾滋病、肺炭疽、脊髓灰质炎的病人、病原携带者或疑似病人,城镇应于2小时内、农村应于6小时内通过传染病疫情监测信息系统进行报告。对其他乙类传染病病人、疑似病人和伤寒副伤寒、痢疾、梅毒、淋病、乙型肝炎、白喉、疟疾的病原携带者,城镇应于6小时内、农村应于12小时内通过传染病疫情监测信息系统进行报告。对丙类传染病和其他传染病,应当在24小时内通过传染病疫情监测信息系统进行报告。《突发公共卫生事件应急条例》第21条明确要求,任何单位和个人对突发事件,不得隐瞒、缓报、谎报或者授意他人隐瞒、缓报、谎报。

同时,为及时动员全社会力量,加强各部门之间的协调,《突发公共卫生事件应急条例》规定了通报制度,其第23条规定,国务院卫生行政主管部门应当根据发生突发事件的情况,及时向国务院有关部门和各省、自治区、直辖市人民政府卫生行政主管部门以及军队有关部门通报。突发事件发生地的省、自治区、直辖市人民政府卫生行政主管部门,应当及时向毗邻省、自治区、直辖市人民政府卫生行政主管部门通报。接到通报的省、自治区、直辖市人民政府卫生行政主管部门,必要时应当及时通知本行政区域内的医疗卫生机构。县级以上地方人民政府有关部门,已经发生或者发现可能引起突发事件的情形时,应当及时向同级人民政府卫生行政主管部门通报。

第三节 突发公共卫生事件反应法治

发生突发公共卫生事件时,各级政府及其有关部门、各相关社会组织应当及时依法作出反应,采取必要措施减少和消除突发公共卫生事件对于人民生命财产安全所造成的危害。

一、反应的原则

《国家突发公共卫生事件应急预案》指出,发生突发公共卫生事件时,事发地的县级、市(地)级、省级人民政府及其有关部门应当作出的应急反应原则包括:

(一)分级响应原则

《国家突发公共卫生事件应急预案》指出,各级政府应当按照分级响应的原则,作出相应级别应急反应。要遵循突发公共卫生事件发生发展的客观规律,结合实际情况和预防控制工作的需要,及时调整预警和反应级别,以有效控制事件,减少危害和影响。要根据不同类别突发公共卫生事件的性质和特点,注重分析事件的发展趋势,对事态和影响不断扩大的事件,应及时升级预警和反应级别;对范围局限、不会进一步扩散的事件,应相应降低反应级别,及时撤销预警。

同时,《国家突发公共卫生事件应急预案》规定,国务院有关部门和地方各级人民政府及有关部门对在学校、区域性或全国性重要活动期间等发生的突发公共卫生事件,要高度重视,可相应提高报告和反应级别,确保迅速、有效控制突发公共卫生事件,维护社会稳定。

(二)及时处理原则

《国家突发公共卫生事件应急预案》要求,突发公共卫生事件应急处理要采取边调查、边处理、边抢救、边核实的方式,以有效措施控制事态发展。

（三）协调配合原则

对于突发公共卫生事件的应急处理,除了事发地的及时处理之外,《国家突发公共卫生事件应急预案》还要求,事发地之外的地方各级人民政府卫生行政部门接到突发公共卫生事件情况通报后,要及时通知相应的医疗卫生机构,组织做好应急处理所需的人员与物资准备,采取必要的预防控制措施,防止突发公共卫生事件在本行政区域内发生,并服从上一级人民政府卫生行政部门的统一指挥和调度,支援突发公共卫生事件发生地区的应急处理工作。

二、反应程序和措施

突发公共卫生事件发生后,政府有关部门应当及时启动反应措施。《突发事件应对法》第48条规定:"突发事件发生后,履行统一领导职责或者组织处置突发事件的人民政府应当针对其性质、特点和危害程度,立即组织有关部门,调动应急救援队伍和社会力量,依照本章的规定和有关法律、法规、规章的规定采取应急处置措施。"

（一）启动调查和评估

《突发公共卫生事件应急条例》第26条规定:"突发事件发生后,卫生行政主管部门应当组织专家对突发事件进行综合评估,初步判断突发事件的类型,提出是否启动突发事件应急预案的建议。"第29条规定:"省级以上人民政府卫生行政主管部门或者其他有关部门指定的突发事件应急处理专业技术机构,负责突发事件的技术调查、确证、处置、控制和评价工作。"《国家突发公共卫生事件应急预案》要求卫生行政部门组织医疗机构、疾病预防控制机构和卫生监督机构,开展突发公共卫生事件的调查与处理;组织突发公共卫生事件专家咨询委员会,对突发公共卫生事件进行评估,提出启动突发公共卫生事件应急处理的级别。

通过评估,对于新发现的传染病,《突发公共卫生事件应急条例》第30条规定,由国务院卫生行政主管部门对新发现的突发传染病,根据危害程度、流行强度,依照《传染病防治法》的规定及时宣布为法定传染病;宣布为甲类传染病的,由国务院决定。

《突发公共卫生事件应急条例》第31条第1款规定:"应急预案启动前,县级以上各级人民政府有关部门应当根据突发事件的实际情况,做好应急处理准备,采取必要的应急措施。"在经过调查和评估后,确认需要启动突发公共卫生事件紧急预案和应对措施的,应当根据《突发公共卫生事件应急条例》第27条的规定,在全国范围或者省级范围内启动应对程序:在全国范围内或者跨省、自治区、直辖市范围内启动全国突发事件应急预案,由国务院卫生行政主管部门报国务院批准后实施;省、自治区、直辖市启动突发事件应急预案,由省、自治区、直辖市人民政府决定,并向国务院报告。《突发公共卫生事件应急条例》第31条第2、3款规定:"应急预案启动后,突发事件发生地的人民政府有关部门,应当根据预案规定的职责要求,服从突发事件应急处理指挥部的统一指挥,立即到达规定岗位,采取有关的控制措施。医疗卫生机构、监测机构和科学研究机构,应当服从突发事件应急处理指挥部的统一指挥,相互配合、协作,集中力量开展相关的科学研究工作。"

(二)应急处置措施

应急预案启动后,为保障人民健康与生活所需,维护社会秩序,《突发事件应对法》第49条赋予履行统一领导职责的人民政府采取应急处置措施的权力,包括:(1)组织营救和救治受害人员,疏散、撤离并妥善安置受到威胁的人员以及采取其他救助措施;(2)迅速控制危险源,标明危险区域,封锁危险场所,划定警戒区,实行交通管制以及其他控制措施;(3)立即抢修被损坏的交通、通信、供水、排水、供电、供气、供热等公共设施,向受到危害的人员提供避难场所和生活必需品,实施医疗救护和卫生防疫以及其他保障措施;(4)禁止或者限制使用有关设备、设施,关闭或者限制使用有关场所,中止人员密集的活动或者可能导致危害扩大的生产经营活动以及采取其他保护措施;(5)启用本级人民政府设置的财政预备费和储备的应急救援物资,必要时调用其他急需物资、设备、设施、工具;(6)组织公民参加应急救援和处置工作,要求具有特定专长的人员提供服务;(7)保障食品、饮用水、燃料等基本生活必需品的供应;(8)依法从严惩处囤积居奇、哄抬物价、制假售假等扰乱市场秩序的行为,稳定市场价格,维护市场秩序;(9)依法从严惩处哄抢财物、干扰破坏应急处置工作等扰乱社会秩序的行为,维护社会治安;(10)采取防止发生次生、衍生事件的必要措施。

(三)物资保障措施

物资保障是应对突发公共卫生事件的基础。《突发事件应对法》第52条规定:"履行统一领导职责或者组织处置突发事件的人民政府,必要时可以向单位和个人征用应急救援所需设备、设施、场地、交通工具和其他物资,请求其他地方人民政府提供人力、物力、财力或者技术支援,要求生产、供应生活必需品和应急救援物资的企业组织生产、保证供给,要求提供医疗、交通等公共服务的组织提供相应的服务。履行统一领导职责或者组织处置突发事件的人民政府,应当组织协调运输经营单位,优先运送处置突发事件所需物资、设备、工具、应急救援人员和受到突发事件危害的人员。"

对于上述条文中对于财产的征用,根据《民法典》第245条规定,因抢险救灾、疫情防控等紧急需要,依照法律规定的权限和程序可以征用组织、个人的不动产或者动产。被征用的不动产或者动产使用后,应当返还被征用人。组织、个人的不动产或者动产被征用或者征用后毁损、灭失的,应当给予补偿。

《突发公共卫生事件应急条例》第32条也规定,突发事件发生后,国务院有关部门和县级以上地方人民政府及其有关部门,应当保证突发事件应急处理所需的医疗救护设备、救治药品、医疗器械等物资的生产、供应;铁路、交通、民用航空行政主管部门应当保证及时运送。

(四)调查检验

《突发公共卫生事件应急条例》第36条规定,国务院卫生行政主管部门或者其他有关部门指定的专业技术机构,有权进入突发事件现场进行调查、采样、技术分析和检验,对地方突发事件的应急处理工作进行技术指导,有关单位和个人应当予以配合;任何单位和个人不得以任何理由予以拒绝。

(五)限制交通

必要时,可以采取限制交通的方式。《突发公共卫生事件应急条例》第38条规定,交通工具上发现根据国务院卫生行政主管部门的规定需要采取应急控制措施的传染病病人、疑似传染病病人,其负责人应当以最快的方式通知前方停靠点,并向交通工具的营运单位报告。交通工具的前方停靠点和营运单位应当立即向交通工具营运单位行政主管部门和县级以上地方人民政府卫生行政主管部门报告。卫生行政主管部门接到报告后,应当立即组织有关人员采取相应的医学处置措施。交通工具上的传染病病人密切接触者,由交通工具停靠点的县级以上各级人民政府卫生行政主管部门或者铁路、交通、民用航空行政主管部门,根据各自的职责,依照传染病防治法律、行政法规的规定,采取控制措施。涉及国境口岸和入出境的人员、交通工具、货物、集装箱、行李、邮包等需要采取传染病应急控制措施的,依照国境卫生检疫法律、行政法规的规定办理。

(六) 食物、水源和现场控制措施

《突发公共卫生事件应急条例》第 34 条授权突发事件应急处理指挥部根据突发事件应急处理的需要,对食物和水源采取控制措施。县级以上地方人民政府卫生行政主管部门应当对突发事件现场等采取控制措施,宣传突发事件防治知识,及时对易受感染的人群和其他易受损害的人群采取应急接种、预防性投药、群体防护等措施。

(七) 隔离治疗措施

《突发公共卫生事件应急条例》第 39 条第 3、4 款规定:"医疗卫生机构应当对传染病病人密切接触者采取医学观察措施,传染病病人密切接触者应当予以配合。医疗机构收治传染病病人、疑似传染病病人,应当依法报告所在地的疾病预防控制机构。接到报告的疾病预防控制机构应当立即对可能受到危害的人员进行调查,根据需要采取必要的控制措施。"第 41 条规定:"对传染病暴发、流行区域内流动人口,突发事件发生地的县级以上地方人民政府应当做好预防工作,落实有关卫生控制措施;对传染病病人和疑似传染病病人,应当采取就地隔离、就地观察、就地治疗的措施。对需要治疗和转诊的,应当依照本条例第三十九条第一款的规定执行。"

在突发事件中需要接受隔离治疗、医学观察措施的病人、疑似病人和传染病病人密切接触者,根据《突发公共卫生事件应急条例》第 44 条的规定,在卫生行政主管部门或者有关机构采取医学措施时应当予以配合;拒绝配合的,由公安机关依法协助强制执行。

(八) 自救与互助

应急处理离不开群众自治组织、有关单位及群众的自救、互助和配合。《突发事件应对法》第 55 条规定:"突发事件发生地的居民委员会、村民委员会和其他组织应当按照当地人民政府的决定、命令,进行宣传动员,组织群众开展自救和互救,协助维护社会秩序。"第 56 条规定:"受到自然灾害危害或者发生事故灾难、公共卫生事件的单位,应当立即组织本单位应急救援队伍和工作人员营救受害人员,疏散、撤离、安置受到威胁的人员,控制危险源,标明危险区域,封锁危险场所,并采取其他防止危害扩大的必要措施,同时向所在地县级人民政府报告;对因本单位的问题引发的或者主体是本单位人员的社会安全事件,有关单位应当按照规定上报情况,并迅速派出负责人赶赴现场开展劝解、疏导工作。突发事件发生地的其他单位应当服从人民政府发布的决定、命令,配合人民政府采取的应急处置措施,做好本单位的应急救援工作,并积极组织人员参加所在地的应急救援和处置工作。"第57条规定:"突发事件发生地的公民应当服从人民政府、居民委员会、村民委员会或者所属单位的指挥和安排,配合人民政府采取的应急处置措施,积极参加应急救援工作,协助维护社会秩序。"《突发公共卫生事件应急条例》第40条也规定,传染病暴发、流行时,街道、乡镇以及居民委员会、村民委员会应当组织力量,团结协作,群防群治,协助卫生行政主管部门和其他有关部门、医疗卫生机构做好疫情信息的收集和报告、人员的分散隔离、公共卫生措施的落实工作,向居民、村民宣传传染病防治的相关知识。

(九)信息发布与管理

《突发事件应对法》第53条规定了突发事件应对中对相关信息的发布制度,要求履行统一领导职责或者组织处置突发事件的人民政府,应当按照有关规定统一、准确、及时发布有关突发事件事态发展和应急处置工作的信息。同时,《突发事件应对法》第54条规定,任何单位和个人不得编造、传播有关突发事件事态发展或者应急处置工作的虚假信息。

三、法律责任

在突发公共卫生事件应对中,未能依法履行上述职责,或者对于履行职责行为不予配合的,根据《突发公共卫生事件应急条例》的相关规定,应当承担以下法律责任:

(一)未完成物资储备的责任

《突发公共卫生事件应急条例》第46条规定,国务院有关部门、县级以上地方人民政府及其有关部门未依照本条例的规定,完成突发事件应急处理所需要的设施、设备、药品和医疗器械等物资的生产、供应、运输和储备的,对政府主要领导人和政府部门主要负责人依法给予降级或者撤职的行政处分;造成传染病传播、流行或者对社会公众健康造成其他严重危害后果的,依法给予开除的行政处分;构成犯罪的,依法追究刑事责任。

(二)不配合调查的责任

《突发公共卫生事件应急条例》第47条规定,突发事件发生后,县级以上地方人民政府及其有关部门对上级人民政府有关部门的调查不予配合,或者采取其他方式阻碍、干涉调查的,对政府主要领导人和政府部门主要负责人依法给予降级或者撤职的行政处分;构成犯罪的,依法追究刑事责任。

(三)采取措施不当的责任

《突发公共卫生事件应急条例》第48条规定,县级以上各级人民政府卫生行政主管部门和其他有关部门在突发事件调查、控制、医疗救治工作中玩忽职守、失职、渎职的,由本级人民政府或者上级人民政府有关部门责令改正、通报批评、给予警告;对主要负责人、负有责任的主管人员和其他责任人员依法给予降级、撤职的行政处分;造成传染病传播、流行或者对社会公众健康造成其他严重危害后果的,依法给予开除的行政处分;构成犯罪的,依法追究刑事责任。第49条规定,县级以上各级人民政府有关部门拒不履行应急处理职责的,由同级人民政府或者上级人民政府有关部门责令改正、通报批评、给予警告;对主要负责人、负有责任的主管人员和其他责任人员依法给予降级、撤职的行政处分;造成传染病传播、流行或者对社会公众健康造成其他严重危害后果的,依法给予开除的行政处分;构成犯罪的,依法追究刑事责任。

(四)医疗机构的责任

《突发公共卫生事件应急条例》第50条规定,医疗卫生机构有下列行为之一的,由卫生行政主管部门责令改正、通报批评、给予警告;情节严重的,吊销《医疗机构执业许可证》;对主要负责人、负有责任的主管人员和其他直接责任人员依法给予降级或者撤职的纪律处分;造成传染病传播、流行或者对社会公众健康造成其他严重危害后果,构成犯罪的,依法追究刑事责任:(1)未依照本条例的规定履行报告职责,隐瞒、缓报或者谎报的;(2)未依照本条例的规定及时采取控制措施的;(3)未依照本条例的规定履行突发事件监测职责的;(4)拒绝接诊病人的;(5)拒不服从突发事件应急处理指挥部调度的。

(五)单位和个人隐瞒、缓报或者谎报的责任

《突发公共卫生事件应急条例》第51条规定,在突发事件应急处理工作中,有关单位和个人未依照本条例的规定履行报告职责,隐瞒、缓报或者谎报,阻碍突发事件应急处理工作人员执行职务,拒绝国务院卫生行政主管部门或者其他有关部门指定的专业技术机构进入突发事件现场,或者不配合调查、采样、技术分析和检验的,对有关责任人员依法给予行政处分或者纪律处分;触犯《治安管理处罚条例》,构成违反治安管理行为的,由公安机关依法予

以处罚;构成犯罪的,依法追究刑事责任。

(六) 扰乱社会秩序的责任

《突发公共卫生事件应急条例》第 52 条规定,在突发事件发生期间,散布谣言、哄抬物价、欺骗消费者,扰乱社会秩序、市场秩序的,由公安机关或者工商行政管理部门依法给予行政处罚;构成犯罪的,依法追究刑事责任。

第四章　生物安全概论

　　生物安全是人民健康、社会安定、国家利益的重要保障。当前,生物安全已成为我国面临的重大安全问题和重要挑战。人类社会长期面临生物威胁,特别是传染性疾病和生物武器的威胁。在长期的历史进程中,人类一直在与各种传染性疾病进行斗争,鼠疫、霍乱、麻疹、天花等传染性疾病曾经给人类社会造成巨大损失。14世纪中后期,鼠疫席卷欧洲,夺走了2500万欧洲人的性命,占当时欧洲总人口的三分之一。① 至于生物武器,中国是最早的受害国之一,据美国麻省理工学院生物武器史专家珍妮·吉耶曼研究,早在1932年,九一八事变发生后不久,日本就在中国东北哈尔滨建立了生物武器的研究基地——中马监管所。到了1941年,日本将哈尔滨的细菌战部队改名为臭名昭著的731部队。② 在1939年日苏诺门坎战役、1940—1942年侵华战争期间,日本均大规模使用细菌战,使得苏联和中国军民受到霍乱、痢疾、炭疽热、鼠疫、伤寒等疾病的侵害。③ 第二次世界大战结束后,以石井四郎为代表的细菌战骨干又通过将人体试验资料与美国交易,获得赦免,全身而退。④ 尽管美国自身也遭受过生物恐怖主义袭击,但其国会至今也不愿批准《禁止细菌(生物)及毒素武器的发展、生产及储存以及销毁这类武器的公约》(简称《禁止生物武器公约》)。

　　聚焦当下,世界生物安全形势严峻,生物战和以新型冠状病毒肺炎、非典、埃博拉病毒、非洲猪瘟等为代表的重大新发突发传染病以及动植物疫情等传统生物威胁依然存在,生物恐怖袭击、生物技术误用谬用、实验室生物泄漏等非传统生物威胁凸显。特别是到了21世纪,经过半个多世纪的积淀,合

---

　　① 参见罗亚文:《总体国家安全观视域下生物安全概念及思考》,载《重庆社会科学》2020年第7期。
　　② 参见〔美〕珍妮·吉耶曼:《生物武器:从国家赞助的研制计划到当代生物恐怖活动》,周子平译,生活·读书·新知三联书店2009年版,第73页。
　　③ 同上书,第75—76页。
　　④ 同上书,第80页。

成生物学取得了革命性的进展,给生物安全及生命伦理带来重大挑战。2010年,第一个人造生命体"辛西娅"(Synthia)的出现,引发了学界关于合成生物学伦理问题的广泛探讨。辛西娅是以文特尔(Venter)为首的美国科学家团队创造的世界上第一个可以自我复制的"合成细菌细胞",是把经电脑修改过的丝状支原体丝状种 DNA 植入到山羊支原体中而得到的。对于这一研究成果,美国政府的反应十分迅速,时任美国总统奥巴马关注并指派了美国生物伦理问题研究总统委员会(Presidential Commission for the Study of Bioethical Issues),探讨包括合成生物学在内的新兴技术发展可能存在的风险及未来发展原则。① 人们突然发现,用无机物创造生命不再是神话,而是活生生的现实。虽然有不少观点认为,人类可能因此可以改造甚至重新设计器官,达到根本上延寿的目的,但是谁也无法绝对保证这项技术不会被滥用,比如恐怖主义分子用此技术来制造超级病毒,毁灭全人类。可以说,生物科学的革命性发展已使整个人类文明走到一个十字路口,该何去何从,已经是摆在各国政府和人民面前的重大抉择。

在我国,面对生物技术日新月异的发展,以及全球化带来的生物安全风险的加速扩散,生物安全得到了党和国家的高度重视,尤其是在2020年后,生物安全在国家安全体系中的地位不断提升。2020年2月14日,习近平总书记在中央全面深化改革委员会第十二次会议上发表讲话时首次指出,要把生物安全纳入国家安全体系,并尽快推动出台生物安全法。2020年10月17日,全国人大常委会通过了《生物安全法》,自2021年4月15日起施行。这是我国构建国家生物安全制度保障体系的重要里程碑。同时,生物安全学也逐步得到学界乃至社会各界的关注。作为一门横跨生物学、医学、农学、环境学、计算机与信息科学、数学等自然科学以及哲学、法学、伦理学、管理学、安全学、国际关系学等社会科学的高度交叉、高度复合的学科,生物安全学的研究不是任何单一学科、学术机构可以完成的,但又因其所在领域的重大影响,而被赋予重要的独立学科地位。

---

① 参见张慧、李秋甫、李正风:《合成生物学的伦理争论:根源、维度与走向》,载《科学学研究》2021年第12期。

第一节 生物安全的概念

一、生物安全的学术概念

生物安全是一个新兴领域,其概念在不断发展之中。从国内学界的研究看,生物安全的概念有广义和狭义之分。最狭义的生物安全聚焦转基因技术安全、外来入侵物种风险等领域,譬如有学者就认为,生物安全是指通过人类的科学实验以及其他人为操作改变生物体内在功能和结构,从而可能对人类自身产生潜在或者现实危害的安全风险,主要指转基因技术和外来物种入侵引发的安全问题。[①] 次狭义的生物安全则关注包括转基因技术在内的整个生物技术安全以及其他人类开发活动的安全,譬如有观点就认为,生物安全指生物的正常生存和发展、人类的生命和健康不受人类的生物技术活动及其他开发利用活动侵害和损害的状态。[②] 广义的生物安全泛指与生物有关的各种因素对国家、社会、经济、生态环境和人体健康产生的影响和威胁,即生物安全面临的风险与问题,以及保持安全的状态和维护安全的能力。[③] 有学者尤其强调生物安全不能等同于转基因技术安全,认为影响人类及有益生物安全的因子是多方面的,转基因生物产品是较安全的,但社会上对它们仍比较担心,其中有些关于转基因食品方面的问题是某些人推测或臆想出来的,并未得到实践证实。相反,很多外来入侵物种、农药残留和各种食品污染因子才是实实在在给人类造成巨大危害和损失的生物安全破坏因子。[④]

国外学界对生物安全同样存在广义和狭义的不同解读。学者克布伦茨(Koblentz)认为,生物安全"在不同的学科中有其特定的含义":第一种定义是对动植物健康和生物多样性的威胁,他认为这种威胁在最坏的情况下可能只会对人类健康产生间接影响。第二种定义出现在20世纪90年代,他认为是"为了应对生物恐怖主义的威胁"。第三种定义涉及监测两用生物学研究,即具有合法科学目的的研究(比如疫苗研究)可能会被滥用,从而对公共卫生安

[①] 参见祝光耀、张塞主编:《生态文明建设大辞典》(第二册),江西科学技术出版社2016年版,第1164—1165页。
[②] 参见王灿发、于文轩:《生物安全国际法导论》,中国政法大学出版社2006年版,第8页。
[③] 参见黄宏主编:《生物安全——疫情之下的思考》,江苏人民出版社2021年版,第2页。
[④] 参见谭万忠、彭于发主编:《生物安全学导论》,科学出版社2015年版,第1页。

全和国家安全构成生物威胁。克布伦茨列出的对生物安全的第四种定义是由美国国家科学院(US National Academies of Science)提出的,是对其他三种定义的合并。美国国家科学院将生物安全定义为:"针对无意、不当、蓄谋恶意或恶意使用具有潜在危险的生物制剂或生物技术威胁所采取的安全保障措施,包括生物武器的研制、生产、储存或使用,以及新兴的疾病和流行病的暴发。"①

为何学界对生物安全的定义有如此分歧?笔者以为,最狭义的定义——转基因技术安全和外来物种安全,显然受到了国际公约的影响。《〈生物多样性公约〉的卡塔赫纳生物安全议定书》第1条规定了议定书的目标:"本议定书的目标是依循《关于环境与发展的里约宣言》原则15所订立的预先防范办法,协助确保在安全转移、处理和使用凭借现代生物技术获得的、可能对生物多样性的保护和可持续使用产生不利影响的改性活生物体领域内采取充分的保护措施,同时顾及对人类健康所构成的风险并特别侧重越境转移问题。"②从议定书的制定目的看,主要防范的是"现代生物技术获得的""改性活生物体"的风险,简单来说就是转基因生物风险,议定书尤其关注转基因生物跨境转移导致的风险扩散。

广义概念的外延超出了转基因生物技术安全的范畴,拓展至人类、动植物和生物多样性的安全,其所防范的风险既有生物技术风险,又有其他人类开发活动风险,还有自然界的危险生物因子如传染病风险、外来入侵物种风险。就其中的生物技术风险而言,不但包括合法的生物技术研究风险,而且包括为国际法所不容的生物恐怖主义风险、生物武器风险。之所以出现这样的变化,是因为随着时代变迁,各种新型生物安全风险层出不穷,对人类健康、动植物健康和生物多样性造成的威胁日渐突出,并呈现交叉性、复合型的态势,需要多学科系统研究和应对。

二、生物安全的法定概念

2020年10月17日,全国人大常委会通过了《生物安全法》,自2021年4月15日起施行。该法第2条第1款规定:"本法所称生物安全,是指国家有效

---

① 〔澳〕帕特里克·沃尔什:《生物安全情报》,王磊译,金城出版社,第10页。
② 《〈生物多样性公约〉的卡塔赫纳生物安全议定书》,https://www.un.org/zh/documents/treaty/files/cartagenaprotocol.shtml,2021年10月1日访问。

防范和应对危险生物因子及相关因素威胁,生物技术能够稳定健康发展,人民生命健康和生态系统相对处于没有危险和不受威胁的状态,生物领域具备维护国家安全和持续发展的能力。"自此,生物安全已不再只是一个学术概念,而是上升为法定概念。

生物安全的法定概念的形成不是一步到位的,《生物安全法》一审稿的定义为:"生物安全是指国家有效应对生物因子及相关因素威胁,确保自身安全与利益相对处于没有危险和不受内外威胁状态以及保障持续安全的能力和行为。"二审稿的定义为:"生物安全是指国家有效应对生物因子及相关因素威胁,在生物领域能够保持稳定健康发展,利益相对处于没有危险和不受威胁的状态,具备保障持续发展和持续安全的能力。"

由此可知,生物安全最终的法定概念有以下要素:

第一,生物安全是国家安全的一部分。在一审稿和二审稿中,均未点出"国家安全",实则反映出立法者对生物安全地位认知的变化。生物安全包括生态安全、国土安全、军事安全等多方面内容,而这几类安全都是最先被纳入习近平同志 2014 年 4 月 15 日提出的"总体国家安全观"范畴之中的。2020 年 2 月 14 日,习近平同志在中央全面深化改革委员会第十二次会议上发表重要讲话,指出"要从保护人民健康、保障国家安全、维护国家长治久安的高度,把生物安全纳入国家安全体系,系统规划国家生物安全风险防控和治理体系建设,全面提高国家生物安全治理能力。要尽快推动出台生物安全法,加快构建国家生物安全法律法规体系、制度保障体系"[①]。讲话明确赋予生物安全独立地位,并将之纳入国家安全体系,按照国家安全的整体逻辑规划生物安全立法。

第二,防范和应对的安全威胁是危险生物因子及相关因素。所谓危险生物因子,按照《生物安全法》第 2 条第 2 款的列举来看,至少包括:传染病风险、生物技术风险、人遗和生物资源管理风险、外来物种入侵风险、微生物耐药风险、生物武器和生物恐怖主义风险。当然,上述列举是不完全的,随着时代的发展,危险生物因子的外延还有扩张的可能性,因而在列举之后还规定了"其他与生物安全相关的活动"。从法律规定看,生物安全的法定概念采取的是广义概念,生物技术安全只是其中的一种,各种自然的、人为的生物安全类型都囊括其中。

第三,保护的对象是人民生命健康和生态系统安全。《生物安全法》一审

[①] 《完善重大疫情防控体制机制 健全国家公共卫生应急管理体系》,载《人民日报》2020 年 2 月 15 日第 1 版。

稿关于保护对象的表述是"自身安全与利益",二审稿所保护则是模糊的"利益"。如果按照一审稿的定位,那么"生态系统"是不在其中的,安全也不仅局限于"人民生命健康",而且还突出"利益"导向。但是,法律最终的表述超出了人类"自身"的范畴,将之纳入生态系统之中;突出了"人民生命健康",而非泛泛而谈的"安全";淡化了"利益"导向。这一调整,实则反映了立法者在价值观上由"人类中心主义"转变为"生态系统正义观"。而后者实际上是符合马克思主义的自然辩证法的。在著名的《1844年经济学哲学手稿》中,马克思揭示了人与自然万物之间的辩证关系,他说道:"一个存在物如果在自身之外没有自己的自然界,就不是自然存在物,就不能参加自然界的生活。一个存在物如果在自身之外没有对象,就不是对象性的存在物……非对象性的存在物是非存在物。"[①]实际上,如果人类对非人类世界不负有道德责任,可以根据自己的需要决定非人类世界的存废,就等同于可以任意消灭自己的对象性存在,这是背离辩证法的,无法实现的;相反,因为人类和非人类世界互为对象性存在,所以不管是人类世界,还是非人类世界,人类都负有道德责任。将保护对象限定为"人民生命健康和生态系统",也是避免"安全"的范围失之过宽,法律列举的危险生物因子先直接威胁的是人类及其生态系统的安全,而非经济安全、国土安全等其他安全类型。

第四,秉持积极的生物安全观。《生物安全法》最终稿与一审稿和二审稿相比,还有两个突出的变化:一是在"应对危险生物因子及相关因素威胁"之前加上"防范"一词;二是加入"生物技术能够稳定健康发展"。这两点变化表明,《生物安全法》坚持预防优先、兼顾发展和安全,本质上反映了立法者的生物安全观由"消极安全观"向"积极安全观"的转变。《生物安全法》要想实现对人民生命健康和生态系统的有效保护,不能只消极应对生物安全事件,而应建立一套监测预警体系、标准体系、名录清单管理体系、信息共享体系、风险评估体系、应急体系、决策技术咨询体系;坚持防范为先、审慎监管,及时采取预防措施,应对影响国家生物安全的隐患,有效管控生物安全风险。同时,维护生物安全也不能放弃生物技术的发展,应认识到虽然生物技术的发展本身有风险,但生物安全的维护最终还是要依托生物技术的发展。譬如,要有效应对疫情,严防严控固然重要,但是如果不能建设高等级实验室,不能快速

---

① 《马克思恩格斯全集》(第三卷),人民出版社2002年版,第325页。

实现对病原体的全基因组测序,不能研发出病原体检测试剂盒、疫苗和特效药,那么疫情这类生物安全事件是无法在根本上得到控制的。

第二节 总体国家安全经纬中的生物安全

一、生物安全为总体国家安全之最新发展

"备豫不虞,为国常道。"①一种流行的观点认为,生物安全之所以成为总体国家安全的组成部分,是因为2019年年底的新型冠状病毒肺炎疫情。实际上,该观点是不成立的。十八大以来,以习近平同志为核心的党中央就高度重视生物安全工作,把生物安全纳入国家安全战略,提出建立健全生物安全法律法规体系。习近平总书记多次就生物安全问题作出重要指示,并要求加快立法步伐。中央国家安全委员会就生物安全作出顶层设计,生物安全立法是通过法律形式贯彻落实党中央的战略部署,把党的主张转化为国家意志。全国人大常委会坚决贯彻落实习近平总书记指示精神,把《生物安全法》纳入十三届全国人大常委会立法规划和2019年度立法工作计划,交由全国人大环境与资源保护委员会负责牵头起草和提请审议。栗战书委员长就加快生物安全立法多次作出批示,提出具体要求,并于2019年7月在北京主持召开生物安全立法座谈会。可以说,即使没有发生新冠疫情,《生物安全法》也会顺利起草通过,生物安全在总体国家安全中也有一席之地。

新冠疫情引起了全社会对生物安全工作的关注,党中央也顺应社会关切,进一步强调生物安全在国家安全体系中的重要地位。2020年2月14日,习近平总书记在中央全面深化改革委员会第十二次会议上发表讲话时指出:"要从保护人民健康、保障国家安全、维护国家长治久安的高度,把生物安全纳入国家安全体系,系统规划国家生物安全风险防控和治理体系建设,全面提高国家生物安全治理能力。要尽快推动出台生物安全法,加快构建国家生物安全法律法规体系、制度保障体系。"②从这段话中,我们可以清晰地解读出:我国生物安全的逻辑基础是保护人民健康和国家安全,实现生物安全的

---

① (唐)吴兢:《贞观政要·纳谏》。
② 《完善重大疫情防控体制机制 健全国家公共卫生应急管理体系》,载《人民日报》2020年2月15日第1版。

基本路径是构建国家生物安全风险防控和治理体系,以及提高国家生物安全治理能力。

构建生物安全治理体系,立法是首要的一环。在2020年10月17日全国人大常委会通过的《生物安全法》中,我们可以看出这部法律贯彻了中国特色的生物安全观。该法第1条开宗明义:"为了维护国家安全,防范和应对生物安全风险,保障人民生命健康,保护生物资源和生态环境,促进生物技术健康发展,推动构建人类命运共同体,实现人与自然和谐共生,制定本法。"由此可知,生物安全是以保障人民生命健康为根本目的,以保护生物资源、促进生物技术健康发展、防范生物威胁为主要任务。通过实现生物安全,促进人类命运共同体建设,是新时代中国特色社会主义外交方略的具体内容之一,体现和表达了我国寻求人类和谐共生的良好愿望和主张。

二、总体国家安全观系构建生物安全之经纬

2014年4月15日,在召开中央国家安全委员会第一次会议时,习近平总书记首次提出了总体国家安全观,即"以人民安全为宗旨,以政治安全为根本,以经济安全为基础,以军事、文化、社会安全为保障,以促进国际安全为依托,走出一条中国特色国家安全道路"[1]。

总体国家安全观是将马克思主义基本原理运用于中国国家安全领域的最新思想理论成果。建立总体国家安全体系的思想主要是对唯物辩证法普遍联系原理的运用,统筹社会经济发展与国家安全关系的思想主要是对生产力与生产关系辩证关系原理的运用,以人民安全为宗旨的思想主要是对人民群众是历史创造者原理的运用,以政治安全为根本的思想主要是对重点论原理的运用,科学统筹内部安全与国际安全则主要是对内因与外因辩证关系原理的运用。[2] 生物安全体系的构建离不开马克思主义原理及其指导下的总体国家安全观。

1. 生物安全须以维护人民生命健康为宗旨,依靠人民力量的支持

在《路易波拿巴的雾月十八日》一文中,马克思写道:"人们自己创造自己的历史,但他们并不是随心所欲地创造,并不是在他们自己选定的条件下创

---

[1] 《坚持总体国家安全观 走中国特色国家安全道路》,载《人民日报》2014年4月16日第1版。
[2] 参见柏坤、张伟:《浅析总体国家安全观对马克思主义基本原理的运用》,载《当代世界》2019年第6期。

造,而是在直接碰到的、既定的、从过去承继下来的条件下创造。"①这句话强调历史不是由少数英雄人物的主观意志创造的,而是由广大人民群众整体的合力创造的,英雄人物的主观能动性受到这一"合力"的制约。生物安全所维护的人民健康同样不是个别人物的健康,而是全体人民的健康;所依靠的也不只是个别人物的"单打独斗",而是在党的领导下分工明确、配合有序的生物安全防控和治理体系。以抗击新冠疫情为例,中国之所以在世界主要大国中能率先有效控制疫情,与人民健康安全优先的生物安全观是分不开的:为了避免疫情向世界各国蔓延,中国及时向世卫组织通报疫情,并管控本国边境;为了避免疫情向全国扩散,先行将疫情严重的城市划入疫区;为了保障生命健康优先,依法采取疫区封锁、隔离等限制公民迁徙自由、人身自由的措施。从中央到地方,科学的抗疫措施能够在法治保障下得到严格贯彻,最大程度地集中了全民抗疫"合力",避免了无序抗疫引发的内耗。

2. 保障生物安全应当维护安全和发展的辩证关系

习近平总书记指出:"安全和发展是一体之两翼、驱动之双轮。安全是发展的保障,发展是安全的目的。"②在中央政治局集体学习时,他也强调,一方面,只有"加快推进生物科技创新和产业化应用""健全生物安全科研攻关机制",才能"推进生物安全领域科技自立自强,打造国家生物安全战略科技力量";另一方面,只有"严格生物技术研发应用监管,加强生物实验室管理,严格科研项目伦理审查和科学家道德教育",才能"促进生物技术健康发展"。③

习近平总书记的上述讲话高度符合马克思主义原理,是平衡生物产业发展和生物安全维护的法宝。在著名的《〈政治经济学批判〉序言》中,马克思提出了经典的"经济基础—上层建筑"原理,即"人们在自己生活的社会生产中发生一定的、必然的、不以他们的意志为转移的关系,即同他们的物质生产力的一定发展阶段相适合的生产关系。这些生产关系的总和构成社会的经济结构,即有法律的和政治的上层建筑竖立其上并有一定的社会意识形式与之

---

① 《马克思恩格斯选集》(第一卷),人民出版社 2012 年版,第 669 页。
② 《在第二届世界互联网大会开幕式上的讲话》,载《人民日报》2015 年 12 月 17 日第 2 版。
③ 参见《加强国家生物安全风险防控和治理体系建设 提高国家生物安全治理能力》,载《人民日报》2021 年 9 月 30 日第 1 版。

相适应的现实基础"①。毛泽东则进一步发展了马克思主义,他在《矛盾论》中强调:"经济基础和上层建筑的矛盾,经济基础是主要的;它们的地位并不互相转化。这是机械唯物论的见解,不是辩证唯物论的见解。"②由此可知,毛泽东认为,上层建筑对经济基础有反作用。

聚焦到生物产业发展与生物安全维护的关系上,如果没有生物产业的发展,那么生物安全将失去经济和科技基础;但如果没有一套完善的生物安全维护体制,那么生物产业发展可能因为生物安全事件而中断。生物科技支撑下的生物产业对生物安全至关重要,这方面的例子不胜枚举。科学界一个众所周知的事实是,对于防治传染病而言,最关键的是对病原体完成全基因测试,唯有跨出这一步,才能开发检测试剂、疫苗和特效生物制药。2003年SARS爆发,率先完成SARS病毒基因组测序的是加拿大不列颠哥伦比亚省的癌症防治署,最先在电子显微镜下发现SARS病毒的是香港大学的研究团队。二者都率先在各国申请专利,这对当时深陷SARS危机中的我国是十分不利的。③ 到了2019年年底,SARS-CoV-2(新型冠状病毒)疫情暴发,当年12月26日,上海市公共卫生临床中心科研项目常规收集到武汉市中心医院和武汉市疾控中心的不明原因发热患者标本一份。2020年1月5日凌晨,研究团队就从标本中检测出一种新型SARS样冠状病毒,并通过高通量测序获得了该病毒的全基因组序列(GenBank:MN908947);1月11日,研究团队在"病毒学组织"网站(virological.org)发布了所获得的新型冠状病毒全基因组序列,系全球最早公布该病毒序列的团队,此举对后续新型冠状病毒的溯源以及鉴定至关重要;1月14日,世界卫生组织(WHO)正式将引发此轮肺炎的病毒命名为2019新型冠状病毒(2019-nCoV)。④ 2020年9月23日,上海团队的带头人张永振教授登上了美国《时代》周刊全球100位最具影响力人物名单。⑤在率先完成测序后,中国在新冠病毒检测、疫苗方面,都走在了世界前列。这

---

① 《马克思恩格斯文集》(第二卷),人民出版社2009年版,第591页。
② 《毛泽东选集》(第一卷),人民出版社1991年版,第325页。
③ 参见杨靖:《SARS国际专利之战引发争论愈演愈烈 知识产权制度对撞公共健康理念》,载《发明与创新(大科技)》2003年第8期。
④ 参见《武汉病毒所石正丽和上海公卫中心张永振背靠背在Nature发表关于新型冠状病毒的研究论文》,https://www.sohu.com/a/370653120_653813,2021年10月1日访问。
⑤ See Exclusive: The Chinese Scientist Who Sequenced the First COVID-19 Genome Speaks Out About the Controversies Surrounding His Work, https://time.com/5882918/zhang-yongzhen-interview-china-coronavirus-genome/, Accessed 11 January, 2021.

充分证明,只有如习近平总书记所说的,发展生物产业,率先掌握生物领域的核心技术,推进生物安全领域科技自立自强,才能掌握从根本上维护生物安全的战略主动权。

当然,生物产业发展如果没有以确保生物安全为前提,同样可能陷入危机。2003年,美国著名科学家克雷格·文特尔团队关于3个星期完成从头合成病毒的报道刊出后不久,美国中央情报局就发表了一份简短文件,题为《生物武器更加黑暗的未来》。报告提供了来自美国国家科学院的生命科学专家的研究结论,文中指出:"伴随着生物技术的发展,探测有害生物的难度也在增加,存在发生更加危险的生物战的威胁。工程改造的生物试剂可能造成比任何已知的人类疾病都更加严重的影响。传统的针对大规模杀伤性武器的情报监测手段可能不足以应对先进的生物武器所造成的威胁。"2004年,《科学(Science)》杂志刊登的文章指出,合成生物学所具有的潜在威胁性已经超过遗传工程和纳米技术。同年,《新科学家(New Scientist)》杂志的社论提出:"希望明天的恐怖分子中不包括那些具有分子遗传学博士头衔的人。"[1]

在我国,著名的"基因编辑婴儿"事件一度也引发各界对于生物技术安全和生物伦理的关注。2018年11月26日,时任南方科技大学副教授的生物学家贺建奎向全世界宣布,他利用一种名叫CRISPR/cas9的基因编辑技术,修改了一些人类胚胎当中一个名为CCR5的基因序列,而且两位接受了基因编辑操作的人类女婴"露露"和"娜娜"已经诞生。贺建奎宣称,他进行这项操作是为了创造天生对艾滋病毒免疫的孩子,帮助这些孩子摆脱被艾滋病威胁的命运。然而,"基因编辑婴儿"招致了全世界科学共同体和监管部门的猛烈批评。人们普遍认为,这项操作的好处非常可疑,反而给被试者造成了完全不必要的健康风险,违背了科学研究和医学的基本伦理要求。[2]

对于这起事件,有学者指出,这不只是一个单纯的违反伦理的问题,还是一个违法的问题。早在2003年,卫生部制定的《人类辅助生殖技术规范》就已经否定基因编辑行为的合法性,在"三、实施技术人员的行为准则"部分的第(九)项中,明确"禁止以生殖为目的对人类配子、合子和胚胎进行基因操作"。贺建奎的实验不仅对胚胎采用基因操作,还让其顺利发育成人并出生,

---

[1] 中国科协学会学术部编:《合成生物学的伦理问题与生物安全》,中国科学技术出版社2010年版,第9页。

[2] 参见《贺建奎被追究刑事责任》,载《健康之家》2020年第1期。

完全越过了《人类辅助生殖技术规范》中禁止"以生殖为目的"的红线,是不容置疑的违法行为。①

2019年12月30日,举世瞩目的"基因编辑婴儿"案件在深圳市南山区人民法院一审公开宣判。根据新华社的报道,贺建奎等3名被告人,因共同非法实施以生殖为目的的人类胚胎基因编辑和生殖医疗活动,构成非法行医罪,分别被依法追究刑事责任。其中,"基因编辑婴儿"事件的始作俑者贺建奎,被判处有期徒刑三年,并处罚金人民币三百万元。②

但是,尘埃并未落地,贺建奎之所以被定罪,是因为其明明没有行医资格,却实施了一个人工辅助生殖手术,与"基因编辑"的生物技术和伦理风险无任何关联。当然,《生物安全法》和《刑法修正案(十一)》对此作了回应。在《生物安全法》一审稿中,不仅规定了伦理审查和违反生物伦理行为的行政处罚,还规定了刑事责任条款。一审稿第7条第2款规定:"禁止从事违反伦理道德等危害国家生物安全的生物技术研究、开发、应用活动。"第64条规定:"违反本法第七条第二款的规定从事生物技术研究、开发、应用活动的,县级以上人民政府卫生健康、科学技术、农业农村主管部门依据职责分工有权予以警告、责令其停止违法行为;情节严重的,处一百万元以上一千万元以下的罚款,并查封、扣押其用于违法活动的工具、设备、原材料等物品;有违法所得的,没收其违法所得;违法所得在一百万元以上的,处违法所得五倍以上十倍以下的罚款;造成严重危害后果或者严重不良社会影响的,处五年以上十年以下有期徒刑,终身不得从事生物技术研究、开发、应用活动。"

对一个违反伦理的行为处以刑罚,事实上打破了伦理和法律的绝对界限。自《生物安全法》一审稿出台后,不乏质疑之声。有人就认为,伦理不能取代法律,法律与伦理有区别,伦理具有相当大的不确定性,将不确定的伦理标准作为判定刑事责任的标准,是法治的倒退,也不利于前沿科学的进步。还有人认为,根据《宪法》,刑法属于基本法律,只能由全国人大而非全国人大常委会制定,全国人大常委会至多只能修改刑法。《生物安全法》如果由全国人大常委会制定,就不能规定刑事责任。这些意见对《生物安全法》的制定产生了影响,在二审稿中,刑事责任未被列入这部法律。但是,《刑法修正案(十一)》还是规定了违反生物伦理的刑事责任:"在刑法第三百三十六条后增加

---

① 参见韩大元等:《基因编辑的法律与伦理问题》,载《法律与伦理》2019年第1期。
② 参见《贺建奎被追究刑事责任》,载《健康之家》2020年第1期。

一条,作为第三百三十六条之一:'将基因编辑、克隆的人类胚胎植入人体或者动物体内,或者将基因编辑、克隆的动物胚胎植入人体内,情节严重的,处三年以下有期徒刑或者拘役,并处罚金;情节特别严重的,处三年以上七年以下有期徒刑,并处罚金。'"值得注意的是,刑法没有接受高度不确定的"生物伦理"概念,而是仅将出于生殖目的之基因编辑入罪。这几乎是对"贺建奎事件"一对一式的回应,十分具体而易于把握。

3. 维护生物安全不能均衡用力,而应抓住安全风险突出、紧迫的领域,重点监管,改善生物安全的总体局面

习近平总书记指出:"要坚持'两点论'和'重点论'的统一,善于厘清主要矛盾和次要矛盾、矛盾的主要方面和次要方面,区分轻重缓急,在兼顾一般的同时紧紧抓住主要矛盾和矛盾的主要方面,以重点突破带动整体推进,在整体推进中实现重点突破。"① 关于重点论在生物安全领域的运用,习近平总书记指出:"要盯牢抓紧生物安全重点风险领域,强化底线思维和风险意识。要强化生物资源安全监管,制定完善生物资源和人类遗传资源目录。要加强入境检疫,强化潜在风险分析和违规违法行为处罚,坚决守牢国门关口。对已经传入并造成严重危害的,要摸清底数,'一种一策'精准治理,有效灭除。要加强对国内病原微生物实验室生物安全的管理,严格执行有关标准规范,严格管理实验样本、实验动物、实验活动废弃物。要加强对抗微生物药物使用和残留的管理。"②

又以《生物安全法》为例,该法列举的生物安全领域主要包括七类:(1) 防控重大新发突发传染病、动植物疫情;(2) 生物技术研究、开发与应用;(3) 病原微生物实验室生物安全管理;(4) 人类遗传资源与生物资源安全管理;(5) 防范外来物种入侵与保护生物多样性;(6) 应对微生物耐药;(7) 防范生物恐怖袭击与防御生物武器威胁。这七类都有专章规范,是生物安全的重点领域。实际上,生物安全的领域远不止这七类,而且随着时代的发展,其外延也是不断发展的;但眼下最急迫、风险系数较高、影响面较广的领域,主要就集中在这些方面。

---

① 《习近平谈治国理政》(第二卷),外文出版社 2017 年版,第 221 页。
② 《加强国家生物安全风险防控和治理体系建设 提高国家生物安全治理能力》,载《人民日报》2021 年 9 月 30 日第 1 版。

4. 维护生物安全也需要认识到内部安全是基础,外部安全是重要条件

习近平总书记在中央集体学习时强调:"现在,传统生物安全问题和新型生物安全风险相互叠加,境外生物威胁和内部生物风险交织并存,生物安全风险呈现出许多新特点,我国生物安全风险防控和治理体系还存在短板弱项。"①

近年来,外来物种入侵问题已经日渐突出。《2020中国生态环境状况公报》显示,全国已发现660多种外来入侵物种,其中71种对自然生态系统造成或具有潜在威胁,并被列入《中国外来入侵物种名单》,219种入侵国家级自然保护区。② 另一个值得关注的领域是传染病特别是人畜共患病的传播。WHO报告显示,目前世界上70%传染病为虫媒传染病,每年造成数亿人感染,死亡200余万人,由此造成的全球疾病负担和经济损失达数千亿美元。我国《国境卫生检疫法》规定的"检疫传染病"中的鼠疫和黄热病,均是虫媒或鼠传传染病。近年来,国际上很多重大新发突发传染病如西尼罗热、寨卡病毒病、拉沙热、尼帕病毒病,都是媒介传染病。随着国际交通和贸易的迅速发展,病媒生物及其宿主很容易由交通工具、货物、集装箱等携带进行跨境远距离散播、定殖甚至改变当地的种属构成,使原本局限在某一地域的媒介传染病在全球更大范围流行。③

不管是外来物种入侵,还是人畜共患病的跨境传播,都必须依靠构筑境外、口岸、境内三道口岸卫生检疫防线,一方面要构筑口岸卫生检疫防控体系,对进入境人员、病媒生物、进出境货物加强检疫,强化境内国际旅行健康服务体系,完善进出入旅客监测体检、疫苗接种、健康宣教;另一方面要关口前移,构筑境外传染病监测体系,譬如近年来我国已经在安哥拉、尼日利亚等多个非洲国家建立境外传染病监测哨点,并在与我国友好的国家中逐步增加监测点数量,促使监管由单纯口岸严防向境内外协同防御转变。④

---

① 《加强国家生物安全风险防控和治理体系建设 提高国家生物安全治理能力》,载《人民日报》2021年9月30日第1版。

② 参见本报评论员:《打好生物安全风险防控人民战争》,载《中国国门时报》2021年10月11日第1版。

③ 参见陈卫军、李力军、郎少伟、刘斯文:《筑牢口岸卫生检疫防线 防范和应对国门生物安全风险》,载《口岸卫生控制》2021年第3期。

④ 同上。

第五章 人遗资源和生物资源安全

2021年9月29日,中共中央政治局就加强我国生物安全建设进行第三十三次集体学习。中共中央总书记习近平在主持学习时强调:"生物安全关乎人民生命健康,关乎国家长治久安,关乎中华民族永续发展,是国家总体安全的重要组成部分,也是影响乃至重塑世界格局的重要力量。要深刻认识新形势下加强生物安全建设的重要性和紧迫性,贯彻总体国家安全观,贯彻落实生物安全法,统筹发展和安全,按照以人为本、风险预防、分类管理、协同配合的原则,加强国家生物安全风险防控和治理体系建设,提高国家生物安全治理能力,切实筑牢国家生物安全屏障。"[①]在生物技术高度发达的社会背景下,人类遗传资源和生物资源是重要的战略资源,其一方面可以用于研究开放新药或新医疗技术,另一方面也事关人格尊严乃至国家安全。基于此,我国高度重视人类遗传资源和生物资源保护的立法,至今已形成较为完备的法律体系。

第一节 人遗资源安全和生物资源安全概述

一、人遗资源安全和生物资源安全

所谓人类遗传资源,是指与人体紧密相关的生物信息资源。科学技术部和卫生部于1998年制定的《人类遗传资源管理暂行办法》界定了人类资源的定义,其第2条规定:"本办法所称人类遗传资源是指含有人体基因组、基因及其产物的器官、组织、细胞、血液、制备物、重组脱氧核糖核酸(DNA)构建体等遗传材料及相关的信息资料。"人类资源有以下特征:其一是在表现形式上,人类遗传资源包括遗传材料及相关的信息资料。遗传材料一般指包含有人类遗传信息的材料,如毛发、人体组织等。信息资料则是记载人类遗传信息的材料,包括有形的书籍和无形的数据等。其二是人类遗传资源与人的生物

---

① 《加强国家生物安全风险防控和治理体系建设 提高国家生物安全治理能力》,载《人民日报》2021年9月30日第1版。

属性紧密相关。并不是一切有关人体的信息和材料都可以构成人类遗传资源,只有与人的生物属性紧密相关的信息材料才可构成人类遗传资源。其三是人类遗传资源具有国家战略属性,与国家安全紧密相关。"《生物安全法》明确规定国家享有我国人类遗传资源的主权,有助于从中华民族的整体利益维度来维护人类遗传资源安全。"[①] 其四是人类遗传资源与人的尊严紧密相关。从生物学的层面而言,人类遗传资源是体现人的生物属性的资源。当然,从社会层面而言,人类遗传资源又与人的尊严紧密相关,只有运用法律严加保护,人之为人的尊严方得到保障。

生物资源是比人类遗传资源更为广泛的概念,是指生物圈中对人类具有一定经济价值的动物、植物、微生物有机体以及由它们所组成的生物群落。也就是说,人类遗传资源仅限于与人体相关的遗传材料及其信息材料,而生物资源就不限于"与人体相关"这一领域,自然界中由有机物组成的生物群体都属于生物资源的范畴。一方面,生物资源具有价值性,即生物资源经加工或分析研究之后,既可以成为可以流通的商品,又可以为生物技术的发展提供帮助。另一方面,生物资源同样具有国家战略性。也就是说,我国地域辽阔、物产丰富,这是我国在生物资源方面的巨大优势,这一优势同样与维护我国的生物安全紧密相关,需要通过立法强化保护。

二、人类遗传资源和生物资源主权和权利

人类遗传资源和生物资源上存在两种权利形态:其一为国家享有和行使的主权,其二为公民个人享有的权利。就国家主权而言,《生物安全法》第53条明确规定,国家对我国人类遗传资源和生物资源享有主权。人类遗传资源和生物资源的国家主权构成了国家对人类遗传资源和生物资源进行监管的法理基础,而国家主权包括管辖权、独立权、自卫权、平等权等。具体到人类遗传资源和生物资源而言,国家对人类遗传资源和生物资源享有国家主权,就意味着国家对人类遗传资源和生物资源有进行管辖的权力;而人类遗传资源和生物资源中的独立权,意味着我国对人类遗传资源和生物资源的管理不受他国干预。在此基础上,《生物安全法》第56条规定,境外组织、个人及其设立或者实际控制的机构不得在我国境内采集、保藏我国人类遗传资源,不得

---

① 徐明:《实施〈生物安全法〉保护人类遗传资源》,载《中国社会科学报》2021年5月19日第4版。

向境外提供我国人类遗传资源。这就是人类遗传资源和生物资源独立权的体现。

就人类遗传资源和生物资源中的权利而言,人类遗传资源和生物资源指向的内容不同,其中存在的权利内容也不相同。一方面,人类遗传资源上存在隐私、人格尊严等权利。"个人遗传信息的泄露,不仅会影响个人的隐私、生命特征信息的秘密性,还会对其亲属造成影响。"[①]依我国《人类遗传资源管理条例》第9条规定,采集、保藏、利用、对外提供我国人类遗传资源,应当符合伦理原则,并按照国家有关规定进行伦理审查;采集、保藏、利用、对外提供我国人类遗传资源,应当尊重人类遗传资源提供者的隐私权,取得其事先知情同意,并保护其合法权益。据此,人类遗传资源存在以下权利:其一是人格尊严。人格尊严所指向的是人被当作人看待的权利,其要求在社会交往活动中,人的地位只能是主体而非客体。具体到人类遗传资源法律制度而言,伦理原则的确立,在很大程度上就是指向人格尊严的保护。也就是说,采集、保藏、利用、对外提供我国人类遗传资源的过程,本质上是对人体组织及其相关资料的处理,这个过程中只有符合伦理原则,人的尊严才能得到最大限度的保护。其二是隐私权。由于人类遗传资源的处理与人的生物特征紧密相关,决定了人在生物学上的属性,同时能在相当大程度上反映人的健康状况,因此与人的隐私紧密相关。在此意义上而言,对人类遗传资源的处理需要保障隐私权。其三是知情同意。知情同意是人格尊严的延伸。[②]也就是说,既然人格尊严的保障要求人类遗传资源处理过程中确保人的主体地位,不能将人作为客体对待,这就应以人的知情同意为前提,只有知情并明确予以同意,人的主体地位方得到体现。另一方面,由于生物资源并非一律与人体紧密相关,在不涉及人体属性的生物资源处理中,公民享有的权利就较为有限。《生物安全法》规定了举报权,该法第8条规定,任何单位和个人有权举报危害生物安全的行为,接到举报的部门应当及时依法处理。

三、我国人类遗传资源和生物资源的保护现状

关于人类遗传资源和生物资源的保护,我国建立了较为完备的保护体

---

① 王玥:《新技术条件下我国人类遗传资源安全的法律保障研究——兼论我国生物安全立法中应注意的问题》,载《上海政法学院学报(法治论丛)》2021年第2期。
② 参见吴秀云:《人类遗传资源惠益分享法律机制探析》,载《南京医科大学学报(社会科学版)》2018年第2期。

系,也实施了强有力的保护。

一方面是形成了完善的人类遗传资源和生物资源法律保护体系。人类遗传资源和生物资源保护方面的主要立法是《生物安全法》,该法由十三届全国人大常委会于2020年10月17日通过,自2021年4月15日起施行。该法共十章88条,分别规定了生物安全风险防控体制、生物技术研究、开发与应用安全、防控重大新发突发传染病、动植物疫情等内容,其中第六章专门规定人类遗传资源与生物资源安全。行政法规主要有《人类遗传资源管理条例》,该条例经2019年3月20日国务院第41次常务会议通过,自2019年7月1日起施行。该条例共六章47条,分别规定了人类遗传资源的采集和保藏、利用和对外提供、服务和监督等内容,是我国人类遗传资源监管的主要立法。除此之外,国家质量监督检验检疫总局于2003年制定了《进境动物遗传物质检疫管理办法》,该办法自2003年7月1日起施行,设定了完备的进境动物遗传物质检疫管理制度。科技部作为人类遗传资源的管理部门,在此方面也制定了诸多法律规范,主要有《人类遗传资源采集、收集、买卖、出口、出境审批行政许可事项服务指南》《科技部、卫生部、人口计生委关于加强人类遗传资源保护管理工作的通知》《科技部办公厅关于开展全国人类遗传资源行政许可管理专项检查有关工作的通知》等规范性文件。

另一方面是明确了人类遗传资源和生物资源的管理机构。依《人类遗传资源管理条例》第4条的规定,国务院科学技术行政部门负责全国人类遗传资源管理工作;国务院其他有关部门在各自的职责范围内,负责有关人类遗传资源管理工作。省、自治区、直辖市人民政府科学技术行政部门负责本行政区域人类遗传资源管理工作;省、自治区、直辖市人民政府其他有关部门在各自的职责范围内,负责本行政区域有关人类遗传资源管理工作。据此,人类遗传资源管理的主管部门是各级科学技术行政部门。在此基础上,科技部设立了中国人类遗传资源管理办公室,负责人类遗传资源的管理。《生物安全法》第54条先是明确了科学技术主管部门对人类遗传资源的管理,在此基础上,该条进一步规定,国务院科学技术、自然资源、生态环境、卫生健康、农业农村、林业草原、中医药主管部门根据职责分工,组织开展生物资源调查,制定重要生物资源申报登记办法。据此明确了自然资源、生态环境、卫生健康等部门在各自领域内负责生物资源调查工作,这实际上也同时表明,上述部门在各自职权范围内负责生物资源管理工作。

四、人类遗传资源和生物资源保护的战略意义

《生物安全法》第 1 条明确了其立法目的。该条规定,为了维护国家安全,防范和应对生物安全风险,保障人民生命健康,保护生物资源和生态环境,促进生物技术健康发展,推动构建人类命运共同体,实现人与自然和谐共生,制定本法。根据这一条款,人类遗传资源和生物资源保护的战略意义就包括维护国家主权、保护生物安全和公共安全、保护生态环境等。

1. 维护国家主权

我国《宪法》第 9 条明确规定,矿藏、水流、森林、山岭、草原、荒地、滩涂等自然资源,都属于国家所有,即全民所有;由法律规定属于集体所有的森林和山岭、草原、荒地、滩涂除外。生物资源是附着于水流、森林、山岭、草原、荒地上的有机物的总称,由此也应当由全民所有。更为重要的是,人类遗传资源和生物资源是重要的国家战略资源,生物安全更是非传统国家安全领域的一部分[1],这一资源的开发保护事关国家安全。据此,保护人类遗传资源和生物资源有利于维护我国的国家主权。

2. 保护生物安全和公共安全

2020 年 5 月 24 日,习近平总书记在参加湖北代表团审议时发表的重要讲话强调,坚持以人民为中心立场、站在国家发展战略高度,强调筑牢人民健康公共卫生安全防线、防范化解重大疫情和突发公共卫生风险的重要性和紧迫性。习近平总书记这一重要讲话的背景是新冠肺炎疫情给湖北省乃至全国带来了重大损失。由此可见,只有加强人类遗传资源和生物资源的保护,尤其是规范生物资源的开发利用,才能最大限度防范生物安全事件和公共卫生事件的发生。[2]

3. 维护和保障我国在生物资源方面的优势

人类遗传资源关涉知识产权和经济利益[3],而我国幅员辽阔、物产丰富,这是我国在生物资源方面的独特优势。因此,只有建立起完备的生物资源保护制度,严格控制生物资源的对外交易,才能维护和保障我国的生物资源优势。更为重要的是,在生物技术高度发达的背景下,诸多医疗手段和产品的

---

[1] 参见宋颖:《我国国家安全立法的不足与完善》,载《甘肃社会科学》2021 年第 5 期。
[2] 参见孙佑海:《生物安全法:国家生物安全的根本保障》,载《环境保护》2020 年第 22 期。
[3] 参见董妍:《人类遗传资源领域的风险规制》,载《科技管理研究》2021 年第 3 期。

研发生产都需要以生物资源的有效利用为前提，只有充分保护我国的生物资源，才能为生物产业发展提供坚实基础。

4. 保护生态系统平衡

生物资源是一定范围内的有机物的总称，这些有机物在一定的阳光、水等外部条件作用下，形成稳定的生态系统。对生态系统的保护，就需要落实到对这一系统内诸多组成部分的保护上，只有对组成生态系统的每一物种予以严密保护，生态平衡才能最终得以维持。

5. 保障和规范生物技术科研和教育活动的有序开展[①]

一方面，生物技术科研和教育活动的开展需要以一定的生物资源为基础，没有足够的生物资源作为保障，生物技术科研和教育活动将可能失去赖以发展的物质基础。另一方面，生物技术科研和教育活动的开展也可能同时造成生物资源的破坏。因此，只有通过严加保护生物资源，生物技术科研和教育活动才有足够的科学实验材料，才能保障生物技术科研和教育活动的过程符合科研伦理要求，避免对生物资源和生态环境的过度索取和损坏。

第二节 人类遗传资源的保护

基于人类遗传资源的重要性，我国建立了相对完备的人类遗传资源保护法律体系，从采集、保藏、利用、新药（器械）上市国际合作临床试验、境外主体采集和保藏等多个方面加以保护。

一、人类遗传资源管理的原则

1. 伦理原则

科技伦理是科技工作者及科技工作相关人员在从事与科学研究相关工作的过程中应当遵循的价值观念和行为准则。在现代科技发展当中，科技伦理之所以重要，其缘由在于：一方面，科学技术既可以转化为生产力，也可能释放巨大的破坏力，如病毒编辑、转基因等技术可能存在的风险更使人们谈虎色变。据此，在某种程度上而言，科学技术是人类智慧驯服的巨兽，其只有掌握在人类手中才不至于发生吞噬人类的风险，而科技伦理是贯穿于创意提

---

① 参见郭仕捷、吴菁敏：《我国〈生物安全法〉的困境与突破》，载《河北工业大学学报（社会科学版）》2021年第2期。

出、项目设计、研发、成果转化、应用等环节的控制这一巨兽的工具。另一方面,科研自由是文明社会所尊崇的基本价值,它提倡人所享有的自由探索未知世界的权利,这也是人类文明得以不断推陈出新的动力之所在。科研自由同样是我国宪法和法律所保护的公民基本权利。在公民享有科研自由的情况下,针对现代人类遗传技术发展"可能发生"而非"已然暴露"的风险,国家权力需要保持基本的谦抑态度,不宜随意动用强制力加以干预。此时,科技伦理就有必要从幕后走向台前。科技伦理一方面强调科研人员的自律,要求其严守科研活动所应当遵循的基本规则;另一方面也突出行业自律,调动行业力量形成对科研人员的外部制约。[1] 具体到人类遗传资源管理而言,人类遗传资源是重要的科学研究资源,也是生物技术得以发展和广泛应用的基础,这一过程从根本上而言属于科技研发和成果转化应用的过程。据此,人类遗传资源的使用就必须遵守伦理原则。

2. 不得危害公众健康、国家安全和社会公共利益原则

人类遗传资源并不是一种单纯的物,所以不能够像物一样被任意处分和利用,而必须要遵循特定的法律规则,以保障人类自身的人格利益与人性尊严。[2]《人类遗传资源管理条例》第 8 条规定,采集、保藏、利用、对外提供我国人类遗传资源,不得危害我国公众健康、国家安全和社会公共利益。这一条规定即是不得危害公众健康原则的直观体现。人类遗传资源管理相关立法之所以要明确不得危害公众健康原则,其缘由即在于:一方面,人类遗传资源涉及的不仅是个人的生物特征,个人的生物特征在很大范围内等同于同类人甚至全人类的生物特征。在此基础上,对人类遗传资源的利用,尤其是立足于人类遗传资源从事疫苗、病毒等方面的研究,研究的过程不规范或成果使用不当,就有可能使公众安全处于受威胁的状态。因此,只有明确人类遗传资源的管理不得危害公众健康,并立足于这一原则建构相应的制度机制,人类遗传资源的使用才能够最大限度地规避负面效应。另一方面,如上所述,人类遗传资源和生物资源是重要的国家战略资源,这一资源的开发保护事关国家安全。只有严加防范人类遗传资源对外提供,才能从根本上防止境外敌

---

[1] 参见周海源:《科技伦理审查:让科技伦理"长出牙齿"的制度安排》,载《上海法治报》2020 年 8 月 5 日 B06 版。

[2] 参见刘长秋、马彦:《论人类遗传资源的国际法律地位——兼对中国立法之启示》,载《中国科技论坛》2016 年第 9 期。

对势力利用我国人类遗传资源制造针对我国国民群体的生物武器,才能维系我国立基于生物多样性而具有的生物资源优势。

二、人类遗传资源的调查、申报登记、采集和保藏制度

人类遗传资源作为新兴领域,且该领域还属于高科技、高风险领域,涉及法律伦理与风险控制,必须予以强有力的行政监管。① 在我国,人类遗传资源的调查、采集等需要相应的行政监管制度。

(一)人类遗传资源的调查制度

所谓人类遗传资源的调查,是指由特定机关组织对一定地域范围内的人类遗传资源采集、保藏、利用、对外提供活动以及管理等方面的总体情况进行调查和调研的活动,其目的在于加强人类遗传资源的监督和管理,保障人类遗传资源安全,促进人类遗传资源合理利用。依《生物安全法》的规定,国务院科学技术主管部门组织开展我国人类遗传资源调查,制定重要遗传家系和特定地区人类遗传资源申报登记办法。而《人类遗传资源管理条例》规定,省、自治区、直辖市人民政府科学技术行政部门负责本行政区域人类遗传资源管理工作。据此,人类遗传资源的调查应由国务院科学技术主管部门及省级科学技术主管部门负责。需要注意的是,人类遗传资源涉及国家安全和生物安全,因此对人类遗传资源的调查职权应依"法无明文授予不可为"的原则,只能由省级以上科学技术主管部门实施。人类遗传资源调查的方式一般有两种:一种是全面普查,即全面调查特定行政区域内各有关单位采集、保藏、利用、对外提供人类遗传资源的基本情况;另一种是重点调查,即重点调查特定区域涉及重要遗传家系、特定地区人群、罕见病和大型队列研究等人类遗传资源分布情况。

(二)重要遗传家系和特定地区人类遗传资源申报登记

《生物安全法》规定,国务院科学技术主管部门制定重要遗传家系和特定地区人类遗传资源申报登记办法。实际上,在《生物安全法》出台之前,科学技术部就依《人类遗传资源管理条例》制定了《科学技术部重要遗传家系和特定地区人类遗传资源申报登记办法(暂行)》。该办法界定的"重要遗传家系"是指患有遗传性疾病或具有遗传性特殊体质或生理特征的有血缘关系的群

---

① 参见魏健馨、熊文钊:《人类遗传资源的公法保护》,载《法学论坛》2020年第6期。

体,患病家系或具有遗传性特殊体质或生理特征成员五人以上,涉及三代;"特定地区人类遗传资源"指在隔离或特殊环境下长期生活,并具有特殊体质特征或在生理特征方面有适应性性状发生的人群遗传资源。特定地区不以是否为少数民族聚居区为划分依据。登记的启动程序有二:一是主动申报登记,即单位或个人发现重要遗传家系和特定地区人类遗传资源的,按照该办法向科学技术部进行申报登记。二是科学技术部每五年组织开展全国重要遗传家系和特定地区人类遗传资源调查。登记的主要信息有申报登记单位或个人基本信息;重要遗传家系名称、临床表现、遗传性状及家系遗传谱图、居住地等;特点地区人群地理位置、地理特征、适应性性状等。

(三)人类遗传资源的采集制度

在人类遗传资源的采集方面,《生物安全法》和《人类遗传资源管理条例》建立了行政许可制度。当然,依《生物安全法》和《人类遗传资源管理条例》的规定,并非所有人类遗传资源的采集工作都需要经许可,只有采集我国重要遗传家系、特定地区人类遗传资源或者采集国务院科学技术行政部门规定种类、数量的人类遗传资源才需获得许可。另外,《生物安全法》还特别规定,以临床诊疗、采供血服务、查处违法犯罪、兴奋剂检测和殡葬等为目的的采集也不需要经过许可。《人类遗传资源管理条例》明确了获得许可的条件,主要有:具有法人资格;采集目的明确、合法;采集方案合理;通过伦理审查;具有负责人类遗传资源管理的部门和管理制度;具有与采集活动相适应的场所、设施、设备和人员等。另外,在获得许可的前提下,相关主体开展人类遗传资源的采集工作还需要遵循告知和同意规则。[①] 也就是说,相关主体在采集前应明确告知人类遗传资源提供者采集目的、采集用途、对健康可能产生的影响、个人隐私保护措施及其享有的自愿参与和随时无条件退出的权利,并需要获得提供者的书面同意后方可开展采集。

(四)人类遗传资源的保藏制度

第一,人类遗传资源保藏的许可制度。依《人类遗传资源管理条例》的规定,相关主体拟开展人类遗传资源保藏工作的,同时需要办理行政许可手续,获得许可的条件与采集的条件基本相同,包括:具有法人资格;采集目的明确、合法;采集方案合理;通过伦理审查。当然,除上述条件之外,《人类遗传

---

① 参见伍春艳、焦洪涛、范建得:《论人类遗传资源立法中的知情同意:现实困惑与变革路径》,载《自然辩证法通讯》2016年第2期。

资源管理条例》还特别增设了一项许可条件,具体为拟保藏的人类遗传资源来源合法。

第二,人类遗传资源保藏单位的监测管理制度。依《人类遗传资源管理条例》的规定,保藏单位应当对所保藏的人类遗传资源加强管理和监测,采取安全措施,制定应急预案,确保保藏、使用安全。保藏单位应当完整记录人类遗传资源保藏情况,妥善保存人类遗传资源的来源信息和使用信息,确保人类遗传资源的合法使用。同时,该条例还规定了保藏单位的年度报告制度,即保藏单位应当就本单位保藏人类遗传资源的情况向国务院科学技术行政部门提交年度报告。

第三,人类遗传资源保藏平台和数据共享制度。人类遗传资源是重要的科学研究资料,这些资料在采集上需要经严格的审批,这在一定程度上限制了相关科研机构获得和利用人类遗传资源。为最大限度减轻此种限制,《人类遗传资源管理条例》建立了人类遗传资源保藏平台和数据的共享制度。其一是基础平台的强制共享,依《人类遗传资源管理条例》的规定,国家人类遗传资源保藏基础平台和数据库有义务向有关科研机构、高等学校、医疗机构、企业开放。其二是其他平台和资源的鼓励共享制度。《人类遗传资源管理条例》规定,国家鼓励科研机构、高等学校、医疗机构、企业根据自身条件和相关研究开发活动需要开展人类遗传资源保藏工作,并为其他单位开展相关研究开发活动提供便利。

三、人类遗传资源的利用制度

(一)境内机构对人类遗传资源的利用制度

在人类遗传资源利用方面,我国相关法律规范采取了激励与规制并重的态度。具体而言,一方面,《人类遗传资源管理条例》第19条规定,国家鼓励科研机构、高等学校、医疗机构、企业根据自身条件和相关研究开发活动需要,利用我国人类遗传资源开展国际合作科学研究,提升相关研究开发能力和水平。这体现了对人类遗传资源利用的激励。另一方面,《人类遗传资源管理条例》第20条规定,利用我国人类遗传资源开展生物技术研究开发活动或者开展临床试验的,应当遵守有关生物技术研究、临床应用管理法律、行政法规和国家有关规定。这体现了对人类遗传资源利用的规制。人类遗传资源利用的相关立法之所以采取激励与规制并重原则,其缘由在于:一方面,人类遗传资源利用的本质是创新的过程,即人类遗传资源多用于生物技术的研究开发,这一过程有利于医疗健康等相关技术的发展,因此有必要采取激励机制。另一方面,人类遗传资源与人的生物属性紧密相关,人类遗传资源的使用不当,轻则可能侵害提供者的隐私,重则危害公共卫生安全,因此使用的过程需严加规范。

(二) 人类遗传资源利用的国际合作制度

我国对人类遗传资源利用采取了内外有别的态度。[①] 不同于境内机构利用人类遗传资源中的鼓励态度,《生物安全法》和《人类遗传资源管理条例》对人类遗传资源利用的国际合作进行了较多限制,主要有:一是在利用方式上,境外机构利用我国人类遗传资源必须与国内的科研机构等进行合作。也就是说,境外组织不得单独利用我国人类遗传资源,只能寻求与国内的科研机构、高等学校、医疗机构或企业进行合作,在此基础上,基于合作研究项目方可利用我国人类遗传资源。二是人类遗传资源利用国际合作的行政许可制度。依《人类遗传资源管理条例》的规定,利用我国人类遗传资源开展国际合作科学研究的,应由合作双方向国务院科学技术行政部门申请并经其批准,且需要符合诸多条件,包括对我国公众健康、国家安全和社会公共利益没有危害、合作双方为具有法人资格的中方单位、外方单位,并具有开展相关工作的基础和能力等。不仅如此,在合作过程中,合作方、研究目的、研究内容、合作期限等重大事项发生变更,也需要向国务院科学技术行政部门申请变更审批。当然,例外情况在于,为获得相关药品和医疗器械在我国上市许可,在临床机构利用我国人类遗传资源开展国际合作临床试验、不涉及人类遗传资源材料出境的,不需要审批。但是,合作双方在开展临床试验前应当将拟使用的人类遗传资源种类、数量及其用途向国务院科学技术行政部门备案。国务院科学技术行政部门和省、自治区、直辖市人民政府科学技术行政部门加强对备案事项的监管。三是合作过程中,应当保证中方单位及其研究人员在合作期间全过程、实质性地参与研究,研究过程中的所有记录以及数据信息等完全向中方单位开放并向中方单位提供备份,且产生的知识产权应由合作双方共同享有。

---

① 参见田野:《生物科技时代的立法因应——〈人类遗传资源管理条例〉要点解读》,载《上海法治报》2019 年 6 月 19 日 B06 版。

四、人类遗传资源及其信息出境之限制

在人类遗传资源及其信息的出境方面,我国相关立法同样设定了诸多限制举措,主要有:一是禁止境外主体采集和保藏人类遗传资源。《生物安全法》明确规定,境外组织、个人及其设立或者实际控制的机构不得在我国境内采集、保藏我国人类遗传资源,不得向境外提供我国人类遗传资源。之所以禁止境外组织采集人类遗传资源,其缘由在于:人类遗传资源与我国国民的生物特征紧密相关,任由境外组织采集,可能使人类遗传资源提供者的人格尊严受到侵犯,严重情况下,将可能使人类遗传资源被用于研发专门针对我国的生物武器,进而威胁我国国家安全和公共安全。二是人类遗传资源出境的行政许可。在禁止境外组织采集人类遗传资源的基础上,《生物安全法》和《人类遗传资源管理条例》允许境外组织通过与境内组织合作的方式使用人类遗传资源,这就涉及合作过程中的人类遗传资源出境问题。针对这一问题,《人类遗传资源管理条例》建立了行政许可制度,规定利用我国人类遗传资源开展国际合作科学研究,或者因其他特殊情况确需将我国人类遗传资源材料运送、邮寄、携带出境的,在实体上应当具备对我国公众健康、国家安全和社会公共利益没有危害、具有法人资格等条件,在程序上需要取得国务院科学技术行政部门出具的人类遗传资源材料出境证明。当然,申请人类遗传资源出境的方式有两种:一种是境内组织与境外组织在合作开展人类遗传资源研究项目的过程中,在开展国际合作科学研究申请中列明出境计划一并提出申请;另一种是国际合作科学研究申请书中没有列出境计划的,在研究过程中合作双方也可以另行提出出境申请。三是人类遗传信息出境的备案。人类遗传资源与人类遗传资源信息具有关联性,但二者的表现形式截然不同,前者以器官、组织、细胞等形式出现,后者则以视频音频、书面、电子信息等形式出现。基于二者表现形式及其在生物技术研究方面的价值不同,相关立法对其出境进行了不同规定。就人类遗传资源信息出境而言,《人类遗传资源管理条例》设定的规制手段相对宽松,仅要求进行安全审查和备案。也就是说,依《人类遗传资源管理条例》的规定,人类遗传资源信息的出境不得危害我国公众健康、国家安全和社会公共利益,可能存在上述危害的,由国务院科学技术行政部门进行安全审查;将相关信息向境外组织提供之后,还需向国务院科学技术行政部门备案并提交信息备份。

第三节 珍贵、濒危、特有物种及其遗传资源的保护

"生物资源"是指对人类具有实际或潜在用途或价值的遗传资源、生物体或其部分、生物群体或者生态系统中任何其他生物组成部分。"遗传材料"是指来自植物、动物、微生物或其他来源的任何含有遗传功能单位的材料。"遗传资源"是指具有实际或潜在价值的遗传材料。[①] 综上,"生物遗传资源"是指具有遗传功能、具有实际或潜在价值的生物材料及衍生品,包括动物、植物、微生物及相关生物体的器官、组织、基因和DNA、DNA片段。生物及遗传资源和人类遗传资源并立,二者互不包含。《生物安全法》第六章专章规定,对人类遗传资源与生物资源的安全分别进行保护。

《生物安全法》作为生物安全机制和基本制度的一般法律,关于野生动植物遗传资源管理两部分内容仅作原则表述。《生物安全法(草案)》专门就此作了重点说明,仅作原则表述乃基于以下三点考量:一是这两部分内容虽然也是生物安全的组成部分,但关注的主要是由生物导致的生态安全问题,而"草案"重点关注以生物技术为核心的生物安全问题;二是这两部分内容相对独立,可以形成一部完整的单行法;三是"草案"的立法出发点是为了制定一部具有基础性、系统性、综合性和统领性的生物安全一般法,既要重视法律的完整性和系统性,又要突出重点,也要为生物安全的其他相关立法留出空间。在《生物安全法》三审稿修改意见报告中,全国人大宪法和法律委员会再次强调,《生物安全法》是生物安全领域的基础性法律,主要对生物安全体制机制和基本制度作出规定,有的内容可在相关专门法律、行政法规和规章中予以细化。综上,《生物安全法》虽然有专章对生物资源的安全进行法律保护,但仍是原则性表述,有待专门的单行法或条例出台。在《生物安全法》之前,我国已发布实施了一系列与生物资源相关的法律法规,如《野生动物保护法》《野生植物保护条例》等,而《畜牧法》《种子法》纳入了畜禽遗传资源和农作物种质资源惠益分享相关内容,要求遗传资源的涉外利用应当提出国家共享惠益的方案。但总体而言,尚无一部单行法或行政法规针对生物遗传资源的获取利用和惠益分享制度作出规定。

---

① 参见《生物多样性公约》第2条。

一、采集、保藏、利用、运输出境之限制

《生物安全法》第 53 条规定,国家加强对我国人类遗传资源和生物资源采集、保藏、利用、对外提供等活动的管理和监督,保障人类遗传资源和生物资源安全;国家对我国人类遗传资源和生物资源享有主权。在草案中,对于生物资源的采集、保藏、利用、对外提供等活动最初只有原则性的规定,并没有明确具体要求。在草案修改过程中,根据有关部门和专家的意见,保障人类遗传资源与生物资源安全是维护国家生物安全的重要方面,应当进一步加强人类遗传资源与生物资源管理,明确采集、保藏、利用、对外提供等活动的要求,全国人大宪法和法律委员会对草案作出修改。在二审稿中确立了国家加强对人类遗传资源和生物资源采集、保藏、利用、对外提供等活动的管理和监督,保障人类遗传资源和生物资源安全,从而有了《生物安全法》第 58、59 条的规定。《生物安全法》第 58 条第 1 款规定,采集、保藏、利用、运输出境我国珍贵、濒危、特有物种及其可用于再生或者繁殖传代的个体、器官、组织、细胞、基因等遗传资源,应当遵守有关法律法规;第 53 条第 2 款则确认了生物资源的国家主权原则。这是在二审稿的修改过程中,全国人大宪法和法律委员会听取了常委会组成人员、部门和专家的建议,在三审稿中新增的内容。正是基于生物资源的国家主权原则,生物资源及其遗传资源的采集、保藏、利用和出境才需要获得国家的行政许可,否则予以行政处罚。

(一)生物及遗传资源采集的限制

关于生物及遗传资源采集限制方面的规定,我国现有法律法规主要见于《野生植物保护条例》《种子法》以及与种子法相关的《农作物种质资源管理办法》《林木种质资源管理办法》和《畜牧法》。

1.《野生植物保护条例》关于野生植物采集限制的规定

分级制度和名录制度。国家将野生植物分为国家重点保护野生植物和地方重点保护野生植物,分别由相关部门制定国家重点保护野生植物名录和地方重点保护野生植物名录。(第 10 条)对于不同级的野生植物的采集也有不同规定。

采集的行政许可制度。国家禁止任何单位和个人非法采集野生植物或者破坏其生长环境。(第 9 条)国家禁止采集国家一级保护野生植物。因科学研究、人工培育、文化交流等特殊需要,采集国家一级保护野生植物的,应当

按照管理权限向国务院林业主管部门或者其授权的机构申请采集证;或者向采集地的省、自治区、直辖市人民政府农业行政主管部门或者其授权的机构申请采集证。(第 16 条)采集国家二级保护野生植物的,必须经采集地的县级人民政府野生植物行政主管部门签署意见后,向省、自治区、直辖市人民政府野生植物行政主管部门或者其授权的机构申请采集证。采集城市园林或者风景名胜区内的国家一级或者二级保护野生植物的,须先征得城市园林或者风景名胜区管理机构同意,分别依照前两款的规定申请采集证。采集珍贵野生树木或者林区内、草原上的野生植物的,依照森林法、草原法的规定办理。(第 16 条)采集国家重点保护野生植物的单位和个人,必须按照采集证规定的种类、数量、地点、期限和方法进行采集。(第 17 条)

外国人禁止采集原则。外国人不得在中国境内采集或者收购国家重点保护野生植物。外国人在中国境内对农业行政主管部门管理的国家重点保护野生植物进行野外考察的,应当经农业行政主管部门管理的国家重点保护野生植物所在地的省、自治区、直辖市人民政府农业行政主管部门批准。(第 21 条)

违法采集的法律责任。未取得采集证或者未按照采集证的规定采集国家重点保护野生植物的,由野生植物行政主管部门没收所采集的野生植物和违法所得,可以并处违法所得 10 倍以下的罚款;有采集证的,并可以吊销采集证。(第 23 条)外国人在中国境内采集、收购国家重点保护野生植物,或者未经批准对农业行政主管部门管理的国家重点保护野生植物进行野外考察的,由野生植物行政主管部门没收所采集、收购的野生植物和考察资料,可以并处 5 万元以下的罚款。(第 27 条)

2.《种子法》对种质资源采集限制的规定

种质资源名录制度。国家有计划地普查、收集、整理、鉴定、登记、保存、交流和利用种质资源,定期公布可供利用的种质资源目录。具体办法由国务院农业、林业主管部门规定。(第 9 条)

采集的行政许可制度。禁止采集或者采伐国家重点保护的天然种质资源。因科研等特殊情况需要采集或者采伐的,应当经国务院或省、自治区、直辖市人民政府的农业、林业主管部门批准。(第 8 条)

采集标准。在林木种子生产基地内采集种子的,由种子生产基地的经营者组织进行,采集种子应当按照国家有关标准进行。(第 35 条)

违法采集的法律责任。违反采集行政许可制度,侵占、破坏种质资源,私自采集或者采伐国家重点保护的天然种质资源的,由县级以上人民政府农业、林业主管部门责令停止违法行为,没收种质资源和违法所得,并处五千元以上五万元以下罚款;造成损失的,依法承担赔偿责任。(第81条)

3.《农作物种质资源管理办法》对农作物种质资源采集限制的规定

分级制度和名录制度。农作物种植资源采用野生植物保护名录制度,即《野生植物保护条例》里的国家重点保护野生植物名录和地方重点保护野生植物名录。

采集的行政许可制度。禁止采集或者采伐列入国家重点保护野生植物名录的野生种、野生近缘种、濒危稀有种和保护区、保护地、种质圃内的农作物种质资源。因科研等特殊情况需要采集或者采伐列入国家重点保护野生植物名录的野生种、野生近缘种、濒危稀有种种质资源的,应当按照国务院及农业部有关野生植物管理的规定,办理审批手续;需要采集或者采伐保护区、保护地、种质圃内种质资源的,应当经建立该保护区、保护地、种质圃的农业行政主管部门批准。(第8条)

采集的限制。农作物种质资源的采集数量应当以不影响原始居群的遗传完整性及其正常生长为标准。(第9条)

境外采集的限制和行政许可制。未经批准,境外人员不得在中国境内采集农作物种质资源。中外科学家联合考察我国农作物种质资源的,应当提前6个月报经农业部批准。采集的农作物种质资源需要带出境外的,应当按照本办法的规定办理对外提供农作物种质资源审批手续。(第10条)

4.《林木种质资源管理办法》对林木种质资源采集限制的规定

采集的行政许可制度。禁止采集或者采伐国家重点保护的天然林木种质资源。因科学研究、良种选育、文化交流、种质资源更新等特殊情况需要采集或者采伐的,按照有关法律、法规的规定办理采集或者采伐批准文件、办理审批手续。(第19条)申请行政许可,申请人应当向国家林业主管部门提交《采集或者采伐林木种质资源申请表》及申请说明,说明内容应当包括采集或者采伐的理由、用途、方案等;采集或者采伐国家林木种质资源库以外的,应当经省、自治区、直辖市人民政府林业主管部门批准,批准结果报国家林业主管部门备查。(第19条)

5.《畜牧法》对畜禽遗传资源采集限制的规定

畜禽遗传资源的采集是为了建立畜禽遗传资源基因库,一般个人和组织无权采集。畜禽遗传资源基因库应当按照国务院畜牧兽医行政主管部门或者省级人民政府畜牧兽医行政主管部门的规定,定期采集和更新畜禽遗传材料。有关单位、个人应当配合畜禽遗传资源基因库采集畜禽遗传材料,并有权获得适当的经济补偿。畜禽遗传资源保种场、保护区和基因库的管理办法由国务院畜牧兽医行政主管部门制定。(第13条)

(二) 生物及遗传资源保藏的限制

关于生物资源及生物遗传资源保藏的限制规定,在我国现有的法规范体系中,都与微生物有关,主要见于四个部门规章——《中国微生物菌种保藏管理条例》《动物病原微生物菌(毒)种保藏管理办法》《人间传染的病原微生物菌(毒)种保藏机构管理办法》《用于专利程序的生物材料保藏办法》。

1. 微生物菌种保藏的限制

《中国微生物菌种保藏管理条例》的制定是为了做好菌种的分离筛选、收集保藏、鉴定编目、供应交流,因而该条例主要分为收集与保藏、命名与编目、供应与交流三章。各保藏管理中心有向国内有关单位收集和索取有一定价值的菌种的权力。(第4条)各保藏管理中心所保藏的菌种,必须具有该菌种的详细历史及有关实验资料;应采取妥善、可靠的方法保藏,避免菌种的污染或死亡;应制定安全、严密的保管制度,并指定专人负责;应尊重申请保藏单位或个人的劳动成果,不擅自扩散。(第5条)委员会学术组协同有关方面负责微生物菌种的分类命名和统一译名等事宜。(第6条)菌种目录是国家掌握生物资源的主要依据,委员会领导组织编制或修订若干种目录。(第7条)保藏机构向有需要用菌种的单位进行国内供应。(第8条)在国际交流方面,国内尚未保藏的菌种可由国外引进;单位或个人可向国外索取或交换的菌种;从国外引进致病性强的及我国尚未发现的医学、动物及植物病原微生物菌种时,应事先经主管部门批准;国外向我国索取菌种,按照《生物资源出口管理办法》规定办理。(第9条)

2. 动物病原微生物菌(毒)种保藏的限制

《动物病原微生物菌(毒)种保藏管理办法》的制定是为了加强动物病原微生物菌(毒)种和样本保藏管理,适用于境内菌(毒)种和样本的保藏活动及其监督管理。农业部主管全国菌(毒)种和样本保藏管理工作;县级以上地方人民政府兽医主管部门负责本行政区域内的菌(毒)种和样本保藏监督管理工作。(第 4 条)国家对实验活动用菌(毒)种和样本实行集中保藏,保藏机构以外的任何单位和个人不得保藏菌(毒)种或者样本。(第 5 条)保藏机构分为国家级保藏中心和省级保藏中心;保藏机构由农业部指定;保藏机构保藏的菌(毒)种和样本的种类由农业部核定。(第 6 条)该办法对保藏机构的条件和职责予以规定。(第 7、8 条)该办法对菌(毒)种和样本的保藏、供应分别予以规定。(第 22—27 条)国家对菌(毒)种和样本对外交流实行认定审批制度。(第 28 条)从国外引进和向国外提供菌(毒)种或者样本的,应当经所在地省、自治区、直辖市人民政府兽医主管部门审核后,报农业部批准。(第 29 条)

3. 人间传染的病原微生物菌(毒)种保藏的限制

《人间传染的病原微生物菌(毒)种保藏机构管理办法》的制定是为了加强菌(毒)种保藏机构的管理,保护和合理利用我国菌(毒)种或样本资源,防止菌(毒)种或样本在保藏和使用过程中发生实验室感染或者引起传染病传播。保藏机构及其保藏范围由卫生部组织专家评估论证后指定,并由卫生部颁发《人间传染的病原微生物菌(毒)种保藏机构证书》。保藏机构的申请和指定实行行政许可制。(第 12—14 条)保藏机构以外的机构和个人不得擅自保藏菌(毒)种或样本。必要时,卫生部可以根据疾病控制和科研、教学、生产的需要,指定特定机构从事保藏活动。(第 4 条)保藏机构履行保密义务。(第 6 条)保藏机构分为菌(毒)种保藏中心和保藏专业实验室。菌(毒)种保藏中心分为国家级和省级两级。该办法对该两级保藏机构的职责分别予以规定。(第 7—9 条)卫生部主管保藏机构生物安全监督工作,建立明确的责任制和责任追究制度,确保实验室生物安全。(第 28 条)

4. 用于专利程序的生物材料保藏的限制

《用于专利程序的生物材料保藏办法》的制定是为了规范用于专利程序的生物材料的保藏和提供样品的程序。生物材料保藏单位负责保藏用于专利程序的生物材料以及向有权获得样品的单位或者个人提供所保藏的生物材料样品。(第 2 条)在保藏期间内,应保藏生物材料的专利申请人或者专利权人或者经其允许的任何单位或者个人的请求,保藏单位应当向其提供该生物材料的样品。(第 12 条)

(三) 生物及遗传资源利用的限制

关于生物及遗传资源利用限制的规定,我国现有法律法规主要见于《野生动物保护法》《畜牧法》《种子法》等法律。

1.《野生动物保护法》对野生动物利用限制的规定

国家对野生动物实行保护优先、规范利用、严格监管的原则。(第 4 条)禁止出售、购买、利用国家重点保护野生动物及其制品。出售、利用非国家重点保护野生动物的,应当提供狩猎、进出口等合法来源证明。(第 27 条)

名录制度和标识制度。对人工繁育技术成熟稳定的国家重点保护野生动物,经科学论证,纳入国务院野生动物保护主管部门制定的人工繁育国家重点保护野生动物名录。对列入名录的野生动物及其制品,可以凭人工繁育许可证,按照省、自治区、直辖市人民政府野生动物保护主管部门核验的年度生产数量直接取得专用标识,凭专用标识出售和利用,保证可追溯。(第 28 条)

野生动物利用的用途限制。利用野生动物及其制品的,应当以人工繁育种群为主,有利于野外种群养护,符合生态文明建设的要求,尊重社会公德,遵守法律法规和国家有关规定。野生动物及其制品作为药品经营和利用的,还应当遵守有关药品管理的法律法规。(第 29 条)

野生动物利用的监管制度。县级以上人民政府野生动物保护主管部门应当对科学研究、人工繁育、公众展示展演等利用野生动物及其制品的活动进行监督管理。县级以上人民政府其他有关部门,应当按照职责分工对野生动物及其制品出售、购买、利用、运输、寄递等活动进行监督检查。(第 34 条)

境外利用我国野生动物的限制。外国人在我国对国家重点保护野生动物进行野外考察或者在野外拍摄电影、录像,应当经省、自治区、直辖市人民政府野生动物保护主管部门或者其授权的单位批准,并遵守有关法律法规规定。(第 40 条)

违法利用的法律责任。未经批准、未取得或者未按照规定使用专用标识,或者未持有、未附有人工繁育许可证、批准文件的副本或者专用标识利用国家重点保护野生动物及其制品或者本法第 28 条第 2 款规定的野生动物及其制品的,由县级以上人民政府野生动物保护主管部门或者市场监督管理部门按照职责分工没收野生动物及其制品和违法所得,并处野生动物及其制品价值二倍以上十倍以下的罚款;情节严重的,吊销人工繁育许可证、撤销批准文件、收回专用标识;构成犯罪的,依法追究刑事责任。未持有合法来源证明利用非国家重点保护野生动物的,由县级以上地方人民政府野生动物保护主

管部门或者市场监督管理部门按照职责分工没收野生动物,并处野生动物价值一倍以上五倍以下的罚款。(第48条)

2.《畜牧法》对畜禽遗传资源利用限制的规定

国家建立畜禽遗传资源保护制度。畜禽遗传资源保护以国家为主,鼓励和支持有关单位、个人依法发展畜禽遗传资源保护事业。(第9条)

分级和名录制度。国务院畜牧兽医行政主管部门根据畜禽遗传资源分布状况,制定全国畜禽遗传资源保护和利用规划,制定并公布国家级畜禽遗传资源保护名录,对原产我国的珍贵、稀有、濒危的畜禽遗传资源实行重点保护。省级人民政府畜牧兽医行政主管部门根据全国畜禽遗传资源保护和利用规划及本行政区域内畜禽遗传资源状况,制定和公布省级畜禽遗传资源保护名录,并报国务院畜牧兽医行政主管部门备案。(第12条)

境外利用畜禽遗传资源的行政许可制度。在境内与境外机构、个人合作研究利用列入保护名录的畜禽遗传资源的,应当向省级人民政府畜牧兽医行政主管部门提出申请,同时提出国家共享惠益的方案;受理申请的畜牧兽医行政主管部门经审核,报国务院畜牧兽医行政主管部门批准。向境外输出畜禽遗传资源的,还应当依照《进出境动植物检疫法》的规定办理相关手续并实施检疫。新发现的畜禽遗传资源在国家畜禽遗传资源委员会鉴定前,不得与境外机构、个人合作研究利用。(第16条)畜禽遗传资源的进出境和对外合作研究利用的审批办法由国务院规定。(第17条)

3.《种子法》对种质资源利用限制的规定

名录制度。国家有计划地普查、收集、整理、鉴定、登记、保存、交流和利用种质资源,定期公布可供利用的种质资源目录。具体办法由国务院农业、林业主管部门规定。(第9条)

公共资源开放利用。国务院农业、林业主管部门应当建立种质资源库、种质资源保护区或者种质资源保护地。省、自治区、直辖市人民政府农业、林业主管部门可以根据需要建立种质资源库、种质资源保护区、种质资源保护地。种质资源库、种质资源保护区、种质资源保护地的种质资源属公共资源,依法开放利用。占用种质资源库、种质资源保护区或者种质资源保护地的,需经原设立机关同意。(第10条)

其他制度。在利用授权品种进行育种及其他科研活动或者农民自繁自用授权品种的繁殖材料的情况下使用授权品种的,可以不经植物新品种权所

有人许可,不向其支付使用费,但不得侵犯植物新品种权所有人依照本法、有关法律、行政法规享有的其他权利。(第29条)

(四)生物及遗传资源运输出境的限制

关于生物及遗传资源运输出境限制的规定,现有法规范体系主要见于《野生动物保护法》《濒危野生动植物进出口管理条例》《畜牧法》《种子法》等法律法规。

1.《野生动物保护法》对野生动物运输出境限制的规定

分类分级保护制度和名录制度。国家对野生动物实行分类分级保护,分别为国家重点保护野生动物(一级和二级)、地方重点保护野生动物、有重要生态、科学、社会价值的陆生野生动物。国家对珍贵、濒危的野生动物实行重点保护。国家重点保护的野生动物分为一级保护野生动物和二级保护野生动物。国务院制定国家重点保护野生动物名录。地方重点保护野生动物,是指国家重点保护野生动物以外,由省、自治区、直辖市重点保护的野生动物,相应由地方制定地方重点保护野生动物名录。有重要生态、科学、社会价值的陆生野生动物名录,由国务院野生动物保护主管部门制定。(第10条)

野生动物运输出境的法定要求。根据野生动物的保护级别不同,法定要求略有差别。运输、携带、寄递国家重点保护野生动物及其制品、本法第28条第2款规定的野生动物及其制品出县境的,应当持有或者附有许可证、批准文件的副本或者专用标识,以及检疫证明。运输非国家重点保护野生动物出县境的,应当持有狩猎、进出口等合法来源证明,以及检疫证明。(第33条)

监管和法律责任。县级以上人民政府其他有关部门,应当按照职责分工对野生动物及其制品出售、购买、利用、运输、寄递等活动进行监督检查。(第34条)违反本法第27条第1款和第2款、第28条第1款、第33条第1款规定,未经批准、未取得或者未按照规定使用专用标识,或者未持有、未附有人工繁育许可证、批准文件的副本或者专用标识运输、携带、寄递国家重点保护野生动物及其制品或者本法第28条第2款规定的野生动物及其制品的,由县级以上人民政府野生动物保护主管部门或者市场监督管理部门按照职责分工没收野生动物及其制品和违法所得,并处野生动物及其制品价值二倍以上十倍以下的罚款;情节严重的,吊销人工繁育许可证、撤销批准文件、收回专用标识;构成犯罪的,依法追究刑事责任。未持有合法来源证明运输非国家重点保护野生动物的,由县级以上地方人民政府野生动物保护主管部门或者市场监督管理部门按照职责分工没收野生动物,并处野生动物价值一倍以上五倍以下的罚款。运输、携带、寄递有关野生动物及其制品未持有或者未附有检疫证明的,依照《动物防疫法》的规定处罚。(第48条)

2.《濒危野生动植物进出口管理条例》对濒危野生动植物出境限制的规定

该条例的制定是为了加强对濒危野生动植物及其产品的进出口管理,保护和合理利用野生动植物资源,履行《濒危野生动植物种国际贸易公约》(后称"公约")。禁止进口或者出口"公约"禁止以商业贸易为目的进出口的濒危野生动植物及其产品,因科学研究、驯养繁殖、人工培育、文化交流等特殊情况,需要进口或者出口的,应当经国务院野生动植物主管部门批准;按照有关规定由国务院批准的,应当报经国务院批准。禁止出口未定名的或者新发现并有重要价值的野生动植物及其产品以及国务院或者国务院野生动植物主管部门禁止出口的濒危野生动植物及其产品。(第6条)进口或者出口"公约"限制进出口的濒危野生动植物及其产品,出口国务院或者国务院野生动植物主管部门限制出口的野生动植物及其产品,应当经国务院野生动植物主管部门批准。(第7条)

行政许可制度。出口濒危野生动植物及其产品的,必须具备下列条件:(1)符合生态安全要求和公共利益;(2)来源合法;(3)申请人提供的材料真实有效;(4)不属于国务院或者国务院野生动植物主管部门禁止出口的;(5)国务院野生动植物主管部门公示的其他条件。(第9条)申请人应向其所在地的省、自治区、直辖市人民政府农业(渔业)主管部门提出申请,或者向国务院林业主管部门提出申请,并提交下列材料:(1)进口或者出口合同;(2)濒危野生动植物及其产品的名称、种类、数量和用途;(3)活体濒危野生动物装运设施的说明资料;(4)国务院野生动植物主管部门公示的其他应当提交的材料。(第10条)

违法或犯罪的法律责任。非法进口、出口或者以其他方式走私濒危野生动植物及其产品的,由海关依照海关法的有关规定予以处罚;情节严重,构成犯罪的,依法追究刑事责任。罚没的实物移交野生动植物主管部门依法处理;罚没的实物依法需要实施检疫的,经检疫合格后,予以处理。罚没的实物需要返还原出口国(地区)的,应当由野生动植物主管部门移交国家濒危物种进出口管理机构依照公约规定处理。我国《刑法》第151条第2款规定了走私珍贵动物、珍贵动物制品罪,走私国家禁止进出口的珍贵动物及其制品的,处五年以上十年以下有期徒刑,并处罚金;情节特别严重的,处十年以上有期徒刑或者无期徒刑,并处没收财产;情节较轻的,处五年以下有期徒刑,并处罚金。《刑法》第 341 条第 1 款规定了危害珍贵、濒危野生动物罪,非法运输国家重点保护的珍贵、濒危野生动物及其制品的,处五年以下有期徒刑或者拘役,并处罚金;情节严重的,处五年以上十年以下有期徒刑,并处罚金;情节特别严重的,处十年以上有期徒刑,并处罚金或者没收财产。同条第 3 款还规定了非法猎捕、收购、运输、出售陆生野生动物罪,违反野生动物保护管理法规,以食用为目的非法运输第一款规定以外的在野外环境自然生长繁殖的陆生野生动物,情节严重的,依照前款的规定处罚。《刑法》第 344 条规定了危害国家重点保护植物罪,违反国家规定,非法运输珍贵树木或者国家重点保护的其他植物及其制品的,处三年以下有期徒刑、拘役或者管制,并处罚金;情节严重的,处三年以上七年以下有期徒刑,并处罚金。

3.《畜牧法》对畜禽遗传资源运输出境限制的规定

行政许可制度。向境外输出列入保护名录的畜禽遗传资源的,应当向省级人民政府畜牧兽医行政主管部门提出申请,同时提出国家共享惠益的方案;受理申请的畜牧兽医行政主管部门经审核,报国务院畜牧兽医行政主管部门批准。向境外输出畜禽遗传资源的,还应当依照《进出境动植物检疫法》的规定办理相关手续并实施检疫。新发现的畜禽遗传资源在国家畜禽遗传资源委员会鉴定前,不得向境外输出。(第 16 条)畜禽遗传资源的进出境的审批办法由国务院规定。(第 17 条)

4.《种子法》对种质资源运输出境限制的规定

检疫制度。进口种子和出口种子必须实施检疫,防止植物危险性病、虫、杂草及其他有害生物传入境内和传出境外,具体检疫工作按照有关植物进出境检疫法律、行政法规的规定执行。(第 57 条)从事种子进出口业务的,除具备种子生产经营许可证外,还应当依照国家有关规定取得种子进出口许可。(第 58 条)未取得农业、林业主管部门的批准文件携带、运输种质资源出境的,海关应当将该种质资源扣留,并移送省、自治区、直辖市人民政府农业、林业主管部门处理。(第 82 条)

二、境外主体获取和利用我国生物资源许可制度

（一）境外主体获取和利用我国生物资源的原则和基本制度

境外主体获取和利用我国生物资源的法规范，可总结归纳为国家主权原则、行政许可制度、国家惠益分享制度。

生物资源的国家主权原则。《生物安全法》第53条第2款规定，国家对我国人类生物资源享有主权。这是对《宪法》第9条我国的自然资源属于国家所有的规定的细化。正是基于生物资源的国家主权原则，境外主体获取和利用我国的生物资源，必须申请行政许可，依法获得批准。此外，利用我国生物资源，需依法分享相关权益，体现惠益分享原则。可以说，国家主权原则是生物资源管理制度的法定基石，也是行政许可制度、惠益分享制度的前提。

境外主体获取和利用我国生物资源的行政许可制度。《生物安全法》第58条第2款规定，境外主体（组织、个人及其设立或者实际控制的机构）想要获取或利用我国生物资源，应当依法取得批准。第59条第1款规定，利用我国生物资源开展国际科学研究合作，应当依法取得批准。因此，无论是获取还是利用我国生物资源进行科学研究活动，都必须申请行政许可。

基于国家主权原则的国家惠益分享制度。《生物安全法》第59条第2款规定，利用我国人类遗传资源和生物资源开展国际科学研究合作，应当保证中方单位及其研究人员全过程、实质性地参与研究，依法分享相关权益。

由于《生物安全法》作为生物安全机制和基本制度的一般法律，关于野生动植物遗传资源管理的内容仅作原则表述，暂无专门的生物资源管理法律制度，已有的相关法律和行政法规中，《畜牧法》《种子法》对畜禽遗传资源和农作物种质资源进行规范。

（二）《畜牧法》及相关法规对境外主体获取和利用我国畜禽遗传资源的规定

关于畜禽的遗传资源，由《畜牧法》和《畜禽遗传资源进出境和对外合作研究利用审批办法》（以下简称《审批办法》）进行规制。为了加强对畜禽遗传资源进出境和对外合作研究利用的管理，保护和合理利用畜禽遗传资源，防止畜禽遗传资源流失，促进畜牧业持续健康发展，根据《畜牧法》，国务院2008年公布了《审批办法》。

名录管理制度。畜禽遗传资源是指畜禽及其卵子（蛋）、胚胎、精液、基因物质等遗传材料。我国的畜禽遗传资源信息，包括重要的畜禽遗传家系和特

定地区遗传资源及其数据、资料、样本等。《畜牧法》第 11 条规定,国务院畜牧兽医行政主管部门负责公布经国务院批准的畜禽遗传资源目录;《审批办法》第 3 条也规定,整个行政法规的适用范围是前述的畜禽遗传资源目录。2020 年 5 月 29 日,国家畜禽遗传资源委员会办公室颁发了《国家畜禽遗传资源品种名录(2021 年版)》,共包含 33 种畜禽的地方品种、培育品种及配套系、引入品种及配套系,共计 897 个。目录管理制度是基础,国家先通过目录整合,对生物资源进行更系统、更规范的管理,以便于后续具体措施的开展。

境外主体获取畜禽遗传资源的行政许可制度。《审批办法》第 6 条规定,向境外输出列入畜禽遗传资源保护名录的畜禽遗传资源,应当具备以下四个条件:(1) 用途明确;(2) 符合畜禽遗传资源保护和利用规划;(3) 不对以境内畜牧业生产和畜禽产品出口构成威胁;(4) 国家共享惠益方案合理。同时,《审批办法》第 7 条还规定,拟向境外输出列入畜禽遗传资源保护名录的畜禽遗传资源的单位,应当向其所在地的省、自治区、直辖市人民政府畜牧兽医行政主管部门提出申请,并提交两项资料:(1) 畜禽遗传资源买卖合同或者赠予协议;(2) 与境外进口方签订的国家共享惠益方案。不过,向境外输出畜禽遗传资源也有禁止事项,《审批办法》第 10 条规定,禁止向境外输出或者在境内与境外机构、个人合作研究利用我国特有的、新发现未经鉴定的畜禽遗传资源以及国务院畜牧兽医行政主管部门禁止出口的其他畜禽遗传资源。向境外输出畜禽遗传资源的,还应当依照《进出境动植物检疫法》的规定办理相关手续并实施检疫。

境外主体利用畜禽遗传资源的行政许可制度。《审批办法》第 8 条规定,在境内与境外机构、个人合作研究利用列入畜禽遗传资源保护名录的畜禽遗传资源,应当具备六个条件:(1) 研究目的、范围和合作期限明确;(2) 符合畜禽遗传资源保护和利用规划;(3) 知识产权归属明确、研究成果共享方案合理;(4) 不对境内畜禽遗传资源和生态环境安全构成威胁;(5) 国家共享惠益方案合理;(6) 在境内与境外机构、个人合作研究利用畜禽遗传资源的单位,应当是依法取得法人资格的中方教育科研机构、中方独资企业。申请行政许可所需要的材料由《审批办法》第 9 条规定,拟在境内与境外机构、个人合作研究利用列入畜禽遗传资源保护名录的畜禽遗传资源的单位,应当向其所在地的省、自治区、直辖市人民政府畜牧兽医行政主管部门提出申请,并提交三份资料:(1) 项目可行性研究报告;(2) 合作研究合同;(3) 与境外合作者签订的国家共享惠益方案。

(三)《种子法》及相应法规对境外主体获取和利用我国种质资源的规定

1.《种子法》的规定

《种子法》是专门保护和合理利用种质资源的法律,在总则后,其第二章专章规定种质资源的保护,其中第11条规定了境外主体获取我国种质资源的内容。首先,种质资源的国家主权原则。国家对种质资源享有主权。其次,境外主体获取种质资源的行政许可制。任何单位和个人向境外提供种质资源,应当向省、自治区、直辖市人民政府农业、林业主管部门提出申请,并提交国家共享惠益的方案;受理申请的农业、林业主管部门经审核,报国务院农业、林业主管部门批准。最后,境外主体利用种质资源的行政许可制。任何单位和个人与境外机构、个人开展合作研究利用种质资源的,应当向省、自治区、直辖市人民政府农业、林业主管部门提出申请,并提交国家共享惠益的方案;受理申请的农业、林业主管部门经审核,报国务院农业、林业主管部门批准。

2.《林木种质资源管理办法》的规定

《林木种质资源管理办法》对境外获取和利用林木种质资源的规定,首先是国家主权原则,国家对林木种质资源享有主权,任何单位和个人向境外提供林木种质资源的,应当经国家林业主管部门批准。(第21条)其次是行政许可制度,向境外提供或者从境外引进林木种质资源的,应向国家林业主管部门提交《向境外提供林木种质资源申请表》及其说明、相关的项目或者协议文本,经审批后获得《向境外提供林木种质资源许可表》。(第22条)

3.《农作物种质资源管理办法》的规定

《农作物种质资源管理办法》对境外获取和利用农作物种质资源的规定,首先是国家主权原则,国家对农作物种质资源享有主权,任何单位和个人向境外提供种质资源,应当经所在地省、自治区、直辖市农业行政主管部门审核,报农业部审批。(第27条)其次是名录管理制度,对外提供农作物种质资源实行分类管理制度,农业部定期修订分类管理目录。(第28条)最后是行政许可制度,对外提供种质资源的单位和个人按规定的格式及要求填写《对外提供农作物种质资源申请表》提交对外提供种质资源说明,向农业部提出申请。获审批后持《对外提供农作物种质资源准许证》到检疫机关办理检疫审批手续。(第29条)

第四节 外来物种入侵的防范和应对

"生物资源"是指对人类具有实际或潜在用途或价值的遗传资源、生物体或其部分、生物群体、生态系统中任何其他生物组成部分。① 地球的生物资源对人类的经济和社会发展至关重要，人们越来越认识到，生物多样性是对今世后代具有巨大价值的全球资产。"生物多样性"是指所有来源的形形色色生物体，这些来源包括陆地、海洋和其他水生生态系统及其所构成的生态综合体，它包括物种内部、物种之间和生态系统的多样性。② 生物多样性是人类赖以生存和发展的基础，是地球生命共同体的血脉和根基，为人类提供了丰富多样的生产生活必需品、健康安全的生态环境和独特别致的景观文化。鉴于生物多样性的内在价值，生物多样性及其组成部分的生态、遗传、社会、经济、科学、教育、文化、娱乐和美学价值，以及生物多样性对进化和保持生物圈的生命维持系统的重要性，确认生物多样性的保护是全人类的共同关切事项。③ 鉴于上述生物多样性的必要性和重要性，意识到人类活动正在导致生物多样性严重减少，生物多样性的保护迫在眉睫，意义重大而深远。

一、生物多样性的国际保护和国内保护

(一)生物多样性的国际保护

自1972年起，国际组织在全球范围召开多次国际会议讨论生物多样性保护事宜。作为一项保护地球生物资源的国际性公约，《生物多样性公约》(Convention on Biological Diversity, CBD)④于1992年6月5日开放签署，于1993年12月29日正式生效。截至2021年11月，已有196个缔约方。《生物多样性公约》涵盖了所有层面的生物多样性，即生态系统、物种和遗传资源。《生物多样性公约》有三项主要目标：保护生物多样性、可持续利用生物多样性及公正合理分享由利用遗传资源所产生的惠益。三项目标的实现手段包

---

① 参见《生物多样性公约》第2条。
② 同上。
③ 参见《生物多样性公约》序言。
④ 《生物多样性公约》多语种文本可参见生物多样性公约官网：https://www.cbd.int/convention/text/，2021年11月7日访问。公约中文版可参见联合国官网：https://www.un.org/zh/documents/treaty/files/cbd.shtml，2021年11月7日访问。

括遗传资源的适当取得及有关技术的适当转让,但需顾及对这些资源和技术的一切权利,以及提供适当资金。① 公约所秉承的原则包括主权原则、预先防范原则、就地保护为主、移地保护为辅原则、国际合作原则。②

《生物多样性公约》本身是一个框架性的国际条约,缺乏具体实施机制。此后通过两个附属议定书来扩大实施范围,制定具体实施机制。第一个附属议定书《〈生物多样性公约〉卡塔赫纳生物安全议定书》(Cartagena Protocol on Biosafety to the Convention on Biological Diversity,简称《生物安全议定书》或《卡塔赫纳议定书》)③,是为保护生物多样性与人体健康而控制和管理生物技术改性活体物体(Living Modified Organism,LMO)跨境转移的国际法律文件,于2003年9月11日生效。第二个附属议定书《关于获取遗传资源与公平公正分享〈生物多样性公约〉适用所产生惠益的名古屋议定书》(Nagoya Protocol on Access to Genetic Resources and the Fair and Equitable Sharing of Benefits Arising from Their Utilization to the Convention on Biological Diversity,简称《名古屋议定书》)④,是关于获取遗传资源与公平和公正分享适用公约所产生惠益的国际法律文件,于2014年10月12日生效,包括事前知情同意、共同商定条件、利益相关方参与、惠益分享机制、传统知识保护等内容。

我国于1992年6月11日签署《生物多样性公约》,1993年1月5日核准,1993年12月29日正式成为缔约方,适用于香港和澳门特别行政区;2000年8月8日签署《生物安全议定书》,2005年6月8日核准,2005年9月6日正式成为缔约方,2011年4月6日起适用于香港特别行政区,暂不适用于澳门特别行政区;2016年6月8日批准《名古屋议定书》,2016年9月6日正式成为缔约方,暂不适用于香港和澳门特别行政区。

(二)生物多样性的国内保护

我国是世界上生物多样性最丰富的国家之一,也是因人类活动多样性遭

---

① 《生物多样性公约》第1条。
② 《生物多样性公约》序言、第3条、第8条、第9条。
③ 《生物安全议定书》多语种文本可参见生物多样性公约官网:http://bch.cbd.int/protocol/text/,2021年11月7日访问。公约中文版可参见联合国官网:https://www.un.org/zh/documents/treaty/files/cartagenaprotocol.shtml,2021年11月7日访问。
④ 《名古屋议定书》多语种文本可参见生物多样性公约官网:https://www.cbd.int/abs/text/,2021年11月7日访问。

到最大损失的国家之一,面临诸多挑战。在国际法层面,我国已加入生物多样性相关的国际条约和议定书,并主办了 CBD 2020 年第 15 次缔约方大会(COP15)。2010 年,联合国大会把 2011—2020 年确定为"联合国生物多样性十年",我国国务院随即成立了"2010 国际生物多样性年中国国家委员会",召开会议审议通过了《国际生物多样性年中国行动方案》和《中国生物多样性保护战略与行动计划(2011—2030 年)》。2011 年 6 月,国务院决定将前述委员会更名为"中国生物多样性保护国家委员会",统筹协调全国生物多样性保护工作,指导"联合国生物多样性十年中国行动"。在国内法层面,我国已积极采取一系列措施,保护生物多样性,并取得一定成效。

我国《宪法》规定了自然资源归属国有或集体所有,国家保障自然资源的合理利用,保护珍贵的动物和植物,保护和改善生活环境和生态环境,防治污染和其他公害。[①] 这从根本法上确立了生物多样性保护的宪法地位。

《生物安全法》是我国第一部由全国人大常委会通过的专门关于生物安全的一般法律。《生物安全法》有专章规定人类遗传资源与生物资源安全(第六章),其第 53 条规定了生物资源在采集、保藏、利用、对外提供等方面的国家监管制度,并确认了国家主权原则;第 54 条确立了国家对生物资源的调查制度;第 58、59 条规定了我国珍贵、濒危、特有物种及生物遗传资源的采集、保藏、利用、运输出境制度,以及境外获取和利用我国生物资源、开展国际科学研究合作等情形的行政许可制度;第 60 条规定了外来入侵物种的管理机构和名录管理制度,并规定了擅自引进、释放或者丢弃外来物种的法律责任。

《生物安全法》作为生物安全机制和基本制度的一般法律,关于外来物种入侵和野生动植物遗传资源管理两部分内容仅作原则表述。《生物安全法(草案)》专门就此作了重点说明,仅作原则表述乃基于以下三点考量:一是这两部分内容虽然也是生物安全的组成部分,但关注的主要是由生物导致的生态安全问题,而"草案"重点关注以生物技术为核心的生物安全问题;二是这两部分内容相对独立,可以形成一部完整的单行法;三是"草案"的立法出发点是为了制定一部具有基础性、系统性、综合性和统领性的生物安全一般法,既要重视法律的完整性和系统性,又要突出重点,也要为生物安全的其他相关立法留出空间。在《生物安全法》三审稿修改意见报告中,全国人大宪法和

[①] 参见《宪法》第 9 条和第 26 条。

法律委员会再次强调,生物安全法是生物安全领域的基础性法律,主要对生物安全体制机制和基本制度作出规定,有的内容可在相关专门法律、行政法规和规章中予以细化。

从《生物安全法》审慎的立法、修改过程可以看出,该法的设计为生物多样性(外来物种入侵和野生动植物遗传资源管理两部分内容)留出单行法立法空间。不过,《生物安全法》于 2020 年 10 月 17 日通过并颁布,自 2021 年 4 月 15 日起才施行,至今尚无专门的单行法,关于生物多样性的规定仍散见于《农业法》《渔业法》《畜牧法》《种子法》《环境保护法》《海洋环境保护法》《森林法》《草原法》《野生动物保护法》《传染病防治法》等多项法律以及相关的行政法规、部门规章、规范性文件。

二、外来入侵物种名录和管理

(一) 外来入侵物种的概念和特征

外来物种入侵是指对生态系统、栖境、物种带来威胁或危害的非本地物种,经自然或人为的途径从境外传入,影响到本地生态环境,损害农林牧渔业可持续发展和生物多样性。生物入侵(bio-invasion)主要有两种途径:一种是自然入侵,即入侵物种随着气候变化、伴随风、水流、动物迁徙等侵入;另一种是人为活动,伴随贸易、旅游、迁徙移民等出入境活动带入,人为活动是生物入侵的主要途径。入侵物种根据区域可分为本地种和外来种,只有外来种的入侵才是所谓外来物种入侵。外来入侵物种往往跨越较大空间,具有较强的适应能力,造成相当严重的生态损害。外来物种入侵往往体现为入侵种和侵入地各自不同的特质:外来入侵物种具备生态适应能力强、繁殖能力强、传播能力强等特征,在适应后能很快成为优势物种,而侵入地则具有可利用的资源条件、缺乏自然控制机制、人类进入频率高等特征。[1] 外来物种入侵往往具有时滞效应,需经过一段时间适应性进化后才能出现大规模扩展,因此难以被人类察觉。[2]

(二) 外来入侵物种的国际名录

1999 年,国际自然保护联盟(International Union for Conservation of Nature,IUCN)的入侵物种专家团队(ISSG)发布了 100 个世界上最严重的外

---

[1] 参见李宏、许惠:《外来物种入侵科学导论》,科学出版社 2016 年版,第 28 页。
[2] 同上书,第 2 页。

来入侵物种(Invasive Alien Species，IAS)。① 这份名录仅是选出了威胁最严重的外来入侵物种,并不代表未在名列的物种威胁不大。在名录所列的100种外来入侵物种外,可在国际自然保护联盟官网上的全球入侵物种数据库(Global Invasive Species Database)进行更广泛的查阅。②

(三) 外来入侵物种的国内名录

《生物安全法》第18条规定,国家建立生物安全名录和清单制度,国务院及其有关部门根据生物安全工作需要,对涉及生物安全的材料、设备、技术、活动、重要生物资源数据、传染病、动植物疫病、外来入侵物种等制定、公布名录或者清单,并动态调整。其中提到国家制定外来入侵物种名录或清单。《生物安全法》第六章人类遗传资源与生物资源安全中,第60条进一步规定了外来入侵物种名录和管理办法,国务院农业农村主管部门会同国务院其他有关部门制定外来入侵物种名录和管理办法。

其实在《生物安全法》出台前,进入21世纪以来我国已陆续发布多批外来入侵物种名单,并随着实践的演变和认识的深入,不断增补名单。原环境保护部共发布过四批名单,共计61种重大外来入侵物种:2003年1月10日《中国第一批外来入侵物种名单》(16种)、2010年1月7日《中国第二批外来入侵物种名单》(9种)、2014年8月15日《中国外来入侵物种名单(第三批)》(18种)、2016年12月20日《中国自然生态系统外来入侵物种名单(第四批)》(18种)。农业部于2013年2月1日颁布了《国家重点管理外来入侵物种名录(第一批)》,共收录52种外来入侵物种。生态环境部颁布的《2020中国生态环境状况公报》显示,全国已发现660种外来入侵物种,其中71种对自然生态系统已造成或具有潜在威胁并被列入《中国外来入侵物种名单》;69个国家级自然保护区外来入侵物种调查结果显示,2918种外来入侵物种已侵入国家级自然保护区,其中48种被列入《中国外来入侵物种名单》。③ 此外,实施的与生物入侵防治有关的名录包括1997年《进境植物检疫禁止进境物名录》、2001年《水产苗种管理办法》、2007年《进境植物检疫性有害生物名录》和2012年修

---

① 100个世界上最严重的外来入侵物种可在入侵物种专家团队的官网查阅:http://www.issg.org/worst100_species.html,2021年11月7日访问。
② 国际自然保护联盟官网:http://www.iucngisd.org/gisd/,2021年11月7日访问。
③ 参见《2020中国生态环境状况公报》,https://www.mee.gov.cn/hjzl/sthjzk/zghjzkgb/,2021年11月7日访问。

订的《禁止携带、邮寄进境的动植物及其产品名录》等。一些地方也制定了相应的名录,如云南省于2019年制定了《云南省外来入侵物种名录(2019版)》,这也是我国首个省级外来入侵物种名录。

三、外来入侵物种的监控和处置

(一)现有法规范状况

《生物安全法》在管理体制上明确实行"协调机制下的分部门管理体制",国家生物安全工作协调机制由国务院卫生健康、农业农村、科学技术、外交等主管部门和有关军事机关组成,根据职责分工;设立办公室负责协调机制的日常工作,设立专家委员会提供决策咨询。《生物安全法》第60条第2款规定,国务院有关部门根据职责分工,加强对外来入侵物种的调查、监测、预警、控制、评估、清除以及生态修复等工作。显然,《生物安全法》作为生物安全机制和基本制度的一般法律,关于外来物种入侵方面仅作了原则性的表述,这在《生物安全法(草案)》及其三审稿修改意见报告中都有体现。而专门的有关外来物种入侵的单行法或条例尚未出台,现有涉及外来物种入侵的法规范散见于各部门法中。

法律层面主要包括《野生动物保护法》《环境保护法》《进出境动植物检疫法》《动物防疫法》《海洋环境保护法》《草原法》《农业法》《种子法》《渔业法》以及《畜牧法》等。究其立法目的,这些法律并不以外来物种入侵的规制防范为目的,而只是对外来物种实行监督、控制和管理。行政法规层面包括《进出境动植物检疫法实施条例》《森林病虫害防治条例》《植物检疫条例》《野生植物保护条例》《陆生野生动物保护实施条例》《农业转基因生物安全管理条例》《货物进出口管理条例》《濒危野生动植物进出口管理条例》等,主要通过检疫检验制度对外来入侵物种进行监管。此外还有一些部门规章和规范性文件。以上均是国家层面的法规范,在地方层面也有外来物种入侵的相关地方性法规,例如2011年湖南省人大常委会《湖南省外来物种管理条例》、2018年云南省人大常委会《云南省生物多样性保护条例》等,但总体而言数量过少,且仅针对当地的几种外来入侵物种。

综上所述,我国虽然缺乏专门的单行法或条例,但已初步建立起防范外来物种入侵的体系框架,包括外来物种名录管理、风险监测、环境影响评价、入境检疫检验、引种许可等法律制度,有待日后更成熟更健全的单行立法出台。

(二) 外来入侵物种的各项法律制度

1. 生物资源调查制度

《生物安全法》第 54 条规定,国家开展生物资源调查;国务院科学技术、自然资源、生态环境、卫生健康、农业农村、林业草原、中医药主管部门根据职责分工,组织开展生物资源调查,制定重要生物资源申报登记办法。在此之前,原环境保护部发布了《全国植物物种资源调查技术规定(试行)》《全国动物物种资源调查技术规定(试行)》《全国淡水生物物种资源调查技术规定(试行)》《全国微生物资源调查技术规定(试行)》和《全国海洋生物物种资源调查技术规定(试行)》。

2. 检疫检验制度

《进出境动植物检疫法》第二章"进境检疫"专门规定了外来动植物的检疫检验:输入动物、动物产品、植物种子、种苗及其他繁殖材料的,必须事先提出申请,办理检疫审批手续。若经检疫发现有《一类、二类动物传染病、寄生虫病的名录》和《植物危险性病、虫、杂草的名录》之外有严重危害的其他病虫害,需要作除害、退回或者销毁处理。

3. 引种许可制度

我国目前引种许可制度涵盖了(濒危)野生动植物和种质资源外来物种的引进许可。《野生动物保护法》规定,从境外引进野生动物物种的,应当经国务院野生动物保护主管部门批准,获得行政许可。《引进陆生野生动物外来物种种类及数量审批管理办法》规定,引进陆生野生动物外来物种,应当对物种的种类和数量等事项实施行政许可。《畜牧法》规定,从境外引进畜禽遗传资源的,应当向省级人民政府畜牧兽医行政主管部门提出申请,获得行政许可。《濒危野生动植物进出口管理条例》规定,进口濒危野生动植物及其产品的,应当经国务院野生动植物主管部门批准,且应符合以下条件:(1) 对濒危野生动植物及其产品的使用符合国家有关规定;(2) 具有有效控制措施并符合生态安全要求;(3) 申请人提供的材料真实有效;(4) 国务院野生动植物主管部门公示的其他条件。同时,需提交下列材料:(1) 进口或者出口合同;(2) 濒危野生动植物及其产品的名称、种类、数量和用途;(3) 活体濒危野生动物装运设施的说明资料;(4) 国务院野生动植物主管部门公示的其他应当提交的材料。《种子法》规定,从境外引进种质资源的,依照国务院农业、林业主管部门的有关规定办理。《农作物种质资源管理办法》规定,单位和个人从境外引进种质资源,应当依照有关植物检疫法律、行政法规的规定,办理植物检疫手续。引进的种质资源,应当隔离试种,经植物检疫机构检疫,证明确实不带危险性病、虫及杂草的,方可分散种植。《林木种质资源管理办法》规定,从境外引进林木种质资源的,应当按照以下程序办理审批手续:(1)向国家林业局提交《从境外引进林木种质资源申请表》及其说明;(2)提交引进林木种质资源的用途证明和试验方案材料;(3)提交对外制种协议文本。《水产苗种管理办法》规定,单位和个人从事水产苗种进口和出口,应当经农业部或省级人民政府渔业行政主管部门批准。

4. 影响评估制度

在原环境保护部发布的《外来物种环境风险评估技术导则》基础上,我国准备出台《外来入侵植物对自然保护区植物多样性影响评估技术导则》,当下处于征求意见过程中。从已公开的文件显示,对外来物种入侵的影响评估将根据科学性原则、系统性原则、预先防范原则,进行三个阶段的影响评估:评估准备阶段、现场调查阶段、评估结果阶段。

5. 物种监测制度

我国拟出台《生物物种监测技术指南》,当下处于征求意见过程中。从已公开的文件来看,生物物种检测技术指南预计产出一系列标准。该技术标准描述不同形态、不同生活型或不同发育阶段的生物群体;将定义多度、盖度、频度、密度、物种多样性等监测指标;将介绍样方法、样线法、总体计数法、标记重捕法、指数估计法、红外相机陷阱法、无线电追踪法、非损伤性取样法、围栏陷阱法、人工隐蔽物法、人工避难所法等监测方法。

四、非法处置外来入侵物种的法律责任

(一)行政违法责任

《生物安全法》规定了非法处置外来入侵物种的法律责任,第60条第3款规定,任何单位和个人未经批准,不得擅自引进、释放或者丢弃外来物种。第81条规定,未经批准,擅自引进外来物种的,由县级以上人民政府有关部门根据职责分工,没收引进的外来物种,并处五万元以上二十五万元以下的罚款;未经批准,擅自释放或者丢弃外来物种的,由县级以上人民政府有关部门根据职责分工,责令限期捕回、找回释放或者丢弃的外来物种,处一万元以上五

万元以下的罚款。《生物安全法》对非法处置外来入侵物种行为规定了行政法律责任,由行政机关对违法行为予以行政处罚,处罚类型包括罚款、没收非法财物以及其他行政处罚(责令限期捕回、找回释放或者丢弃的外来物种)等。

(二)刑事法律责任

《生物安全法》第81条是根据第60条的规定所设置的法律责任。显而易见,《生物安全法》直接就非法处置外来入侵物种行为作出了刑事量刑的规定,立法机关主要出于如下考虑:一是随着新型犯罪手段和方式不断出现,生物犯罪作为新型犯罪行为,刑法中没有相关规定,需要作为刑法重要补充的其他刑事法律规范发挥应有的作用;二是在生物安全法中直接作出刑事量刑的规定,有利于社会公众更完整、充分地理解法律规定的含义,有利于法律的实施;三是在生物安全法中直接作出刑事量刑规定,有利于体现犯罪与刑罚的统一,避免将犯罪与刑罚分割在两个不同的法律中;四是部分参照了国际上有关国家立法中刑事处罚规定的通行做法。同时,立法机关考虑到刑法规范的统一性,并不在《生物安全法》中规定具体的刑事责任,只作衔接性规定,明确违反本法规定构成犯罪的,依法追究刑事责任。

2020年10月17日《生物安全法》颁布后,同年12月26日《刑法修正案(十一)》出台,其第43条增加了新的罪名,即《刑法》第344条之一,归纳为"非法引进、释放、丢弃外来入侵物种罪",违反国家规定,非法引进、释放或者丢弃外来入侵物种,情节严重的,处三年以下有期徒刑或者拘役,并处或者单处罚金。至此,关于非法处置外来入侵物种的行为分别由《生物安全法》规定行政违法责任、由《刑法》规定刑事犯罪法律责任。

(三)法律适用问题

1. 行刑适用梯度问题

值得注意的是,当刑法与行政法同时对某一行为作出否定性评价时,对该行为究竟是适用刑罚还是行政处罚就会存在界分的问题。胡云腾等学者提出要注意行刑适用的递进梯度,认为在我国实行刑罚与行政罚二元结构的特殊立法体系下,刑罚所要求的"罪量"与行政罚所要求的"违法量"之间应呈梯度关系;刑罚作为最为严厉的法律制裁必须是针对具有严重社会危害性的行为,而行政处罚作为国家行政管理职能的实现方式,可以针对单纯违反行政管理秩序的行为;两者在功能价值、目的追求、归责原则等方面都存在本质差异,在具体适用时应当明确区分。①

2. "外来入侵物种"的适用范围问题

由于目前尚没有专门用于管理外来物种入侵的单行法律或法规,实务操作中,无论是行政执法还是刑事处罚,办案工作都可能增加难度,例如新罪名中"外来入侵物种"的适用范围问题。"外来入侵物种"是限于《中国外来入侵物种名单》和《国家重点管理外来入侵物种名录》,还是客观上对自然生态系统已造成或具有潜在威胁的物种?胡云腾等学者认为,如果限定在两类名录内,会发生法律滞后问题,因为客观上具有入侵危害性的物种可能尚未来得及被列入《中国外来入侵物种名单》和《国家重点管理外来入侵物种名录》;但如果采用后者,则会影响法律的确定性。判定新物种是否属于入侵物种,尚需经过科学、系统、全面的论证,耗时长、专业度高,普通人必然很难判断物种的入侵性,如果适用范围扩大到后者,实有强人所难并违反罪刑法定原则之嫌。因此,宜将"外来入侵物种"限定为《中国外来入侵物种名单》和《国家重点管理外来入侵物种名录》上的物种,对于新的具有生物入侵性的物种可通过修订的方式及时添加。②

---

① 参见胡云腾、余秋莉:《〈刑法修正案(十一)〉关于生物安全规定的理解与适用——基于疫情防控目的的解读》,载《中国法律评论》2021年第1期。

② 同上。

第六章　病原微生物实验室生物安全

第一节　病原微生物实验室生物安全概论

一、国内外相关法律法规和标准规范

由于病原微生物实验室生物安全的重要性[①]，世界卫生组织在2004年出版了第三版《实验室生物安全手册》，该手册对各级实验室的进入、人员防护、操作规程、实验室设计、布局、废物处置、生物安全管理等作了比较明确的规定，对各国都有指导性作用。世界标准化组织也在2006年对《医学实验室安全要求》进行了修订。美国在2009年发布了第五版《微生物及生物医学实验室生物安全准则》，加拿大在2013年出版了《实验室生物安全标准和指南》，欧洲标准化委员会在2008年发布了《实验室生物风险管理标准》（ESC CWA 15793:2008），均系统性地提出了实验室生物安全管理体系和管理要求。

为加强实验室生物安全管理，我国出台了大量的法律法规和卫生规范，与病原微生物实验室相关的法律法规有《传染病防治法》《生物安全法》《病原微生物实验室生物安全管理条例》《医疗废物管理条例》《突发公共卫生事件应急条例》等。《生物安全法》第五章"病原微生物实验室生物安全"重点规定了病原微生物分类管理、实验室分级管理、生物安全管理措施和管理制度等关键要求，其中特别提到了对企业涉及病原微生物操作生产车间的生物安全管理，依照有关病原微生物实验室的规定和其他生物安全管理规范进行；涉及生物毒素、植物有害生物及其他生物因子操作的生物安全实验室的建设和管理，参照有关病原微生物实验室的规定执行。2004年公布实施的《病原微生物实验室生物安全管理条例》（2018年修订），将从事与病原微生物菌（毒）种、样本有关的研究、教学、检测、诊断等活动的实验室系统地纳入法制化管理轨道，明确了卫生主管部门主管与人体健康有关的实验室及其实验活动的

[①] 参见顾华、翁景清主编：《实验室生物安全管理实践》，人民卫生出版社2020年版，第3页。

生物安全监督工作、兽医主管部门主管与动物有关的实验室及其实验活动的生物安全监督工作。

目前病原微生物实验室密切相关的国家标准和行业标准有多部,包括《病原微生物实验室生物安全通用准则》(WS233-2017)、《实验室生物安全通用要求》(GB19489-2008)、《生物安全实验室建筑技术规范》(GB50346-2011)、《医学实验室安全要求》(GB19781-2003)、《病原微生物实验室生物安全标识》(WS589-2018)等,以及《人间传染的病原微生物名录》《可感染人类的高致病性病原微生物菌(毒)种或样本运输管理规定》等规范性文件,有效地规范了我国实验室建设标准、审批、管理、设施、设备、人员等要求。动物实验室的设计、建造、运行及管理还应符合《实验动物管理条例》《实验室动物环境及设施》(GB14925-2010)、《实验动物设施建筑技术规范》(GB50447-2008)、《实验室动物 动物实验室通用要求》(GB/T 35823-2018)等有关标准规范的要求,制定和完善管理程序、操作规范、控制各类风险。

二、实验室生物安全防护水平分级

《生物安全法》第45条规定,国家根据对病原微生物的生物安全防护水平,对病原微生物实验室实行分等级管理。根据实验室对病原微生物的生物安全防护水平,并依照国家实验室生物安全卫生标准和卫生规范的规定,将实验室分为一级、二级、三级、四级。以BSL-1、BSL-2、BSL-3、BSL-4表示仅从事体外操作实验室的相应生物安全防护水平,以ABSL-1、ABSL-2、ABSL-3、ABSL-4表示包括从事动物活体操作实验室的相应生物安全防护水平。[①] 根据《实验室生物安全通用要求》(GB19489-2008)第4条关于对病原微生物实验室的规定,四个级别的实验室防护水平主要区别如下:生物安全防护水平为一级的实验室适用于操作在通常情况下不会引起人类或者动物疾病的微生物;生物安全防护水平为二级的实验室适用于操作能够引起人类或者动物疾病,但一般情况下对人、动物或者环境不构成严重危害,传播风险有限,实验室感染后很少引起严重疾病,并且具备有效治疗和预防措施的微生物;生物安全防护水平为三级的实验室适用于操作能够引起人类或者动物严重疾病,比较容易直接或者间接在人与人、动物与人、动物与动物间传播的微生

---

① 参见赵德明、吕京主编:《实验室生物安全教程》,中国农业大学出版社2010年版,第6页。

物;生物安全防护水平为四级的实验室适用于操作能够引起人类或者动物非常严重疾病的微生物、我国尚未发现或者已经宣布消灭的微生物。

此外,在二级实验室中,根据《病原微生物实验室生物安全通用准则》(WS233-2017),按照实验室是否具备机械通风设施和系统,又将二级实验室分为普通型二级实验室、加强型二级实验室;加强型 BSL-2 实验室就是在普通型生物安全二级实验室的基础上,通过机械通风系统等措施加强和提高实验室生物安全防护要求的实验室。

三、病原微生物危害程度分类

《生物安全法》第 43 条规定,国家根据病原微生物的传染性、感染后对人和动物的个体或者群体的危害程度,对病原微生物实行分类管理。病原微生物分为四类:

第一类病原微生物是指能够引起人类或者动物非常严重疾病的微生物,以及我国尚未发现或者已经宣布消灭的微生物。如《人间传染的病原微生物名录》中的类天花病毒、埃博拉病毒、天花病毒、黄热病毒等 29 类;《动物病原微生物分类名录》中的口蹄疫病毒、高致病性禽流感病毒、非洲猪瘟病毒、痒病病原等 10 类。

第二类病原微生物是指能够引起人类或者动物严重疾病,比较容易直接或者间接在人与人、动物与人、动物与动物间传播的微生物。如《人间传染的病原微生物名录》中的霍乱弧菌、鼠疫耶尔森菌、炭疽芽孢杆菌、艾滋病病毒(Ⅰ型和Ⅱ型)等 51 类病毒、10 类细菌、4 类真菌以及 5 类朊病毒;《动物病原微生物分类名录》中的猪瘟病毒、狂犬病病毒、绵羊痘/山羊痘病毒、炭疽芽孢杆菌、布氏杆菌等 8 类。

第三类病原微生物是指能够引起人类或者动物疾病,但一般情况下对人、动物或者环境不构成严重危害,传播风险有限,实验室感染后很少引起严重疾病,并且具备有效治疗和预防措施的微生物。如《人间传染的病原微生物名录》中的轮状病毒、腺病毒、麻疹病毒、急性出血热结膜炎病毒等 74 类病毒、145 类细菌、55 类真菌以及 1 类朊病毒;《动物病原微生物分类名录》中的多种动物共患病病原微生物、牛病病原微生物、猪病病原微生物、马病病原微生物、禽病病原微生物、兔病病原微生物、水生动物病病原微生物、蜜蜂病病原微生物等。

第四类病原微生物是指在通常情况下不会引起人类或者动物疾病的微生物。

第一类、第二类病原微生物统称为高致病性病原微生物。人间传染的病原微生物名录可参考 2006 年原卫生部印发的《人间传染的病原微生物名录》；动物间的病原微生物名录可参照 2005 年原农业部发布的《动物病原微生物分类名录》。[①] 依据国内划分准则，病原微生物的危害程度由一级至四级逐渐下降；世界卫生组织及美国等国微生物危险程度分类则与我国正好相反，第一类为最低，第四类为最高，危害程度由一级到四级逐渐上升。

四、病原微生物实验室审批和备案要求

设立病原微生物实验室，应当由有关单位或组织，依法依规取得卫生、兽医行政管理部门的批准或者进行备案，个人不得设立病原微生物实验室或者从事病原微生物实验活动。

国家重点加强对高致病性微生物和三级、四级实验室等高等级病原微生物实验室的审批管理。高等级病原微生物实验室从事高致病性或者疑似高致病性病原微生物实验活动，应当经省级以上人民政府卫生健康或者农业农村主管部门批准，并将实验活动情况向批准部门进行报告。对我国尚未发现或者已经宣布消灭的病原微生物，未经批准不得从事相关实验活动，如果因为传染病防控需要从事该类病原微生物相关实验活动的，应当经过国务院卫生主管部门或者兽医主管部门的批准，并且要在指定的实验室中进行相关实验操作。若高等级病原微生物实验室使用新技术、新方法从事高致病性病原微生物相关实验活动的，应当经国家病原微生物实验室生物安全专家委员会论证；经论证可行的，方可使用和进行操作。

运输样本应当遵守有关审批要求。运输高致病性病原微生物菌（毒）种或者样本，应当经省级以上人民政府卫生主管部门或者兽医主管部门批准。在省、自治区、直辖市行政区域内运输的，由省、自治区、直辖市人民政府卫生主管部门或者兽医主管部门批准；需要跨省、自治区、直辖市运输或者运往国外的，由出发地的省、自治区、直辖市人民政府卫生主管部门或者兽医主管部

---

① 参见中国科学院武汉病毒研究所编：《四级重器：武汉国家生物安全实验室（P4）》，浙江教育出版社 2018 年版，第 28 页。

门进行初审后,分别上报国务院卫生主管部门或者兽医主管部门批准。出入境检验检疫机构在检验检疫过程中需要运输病原微生物样本的,由国务院出入境检验检疫部门批准。通过民用航空运输高致病性病原微生物菌(毒)种或者样本的,还应当经国务院民用航空主管部门批准。

对新建、改建或者扩建的一级、二级实验室,实验室设立单位应当向设区的市级人民政府卫生主管部门或者兽医主管部门申请备案。

第二节 实验室生物安全管理体系与风险评估

一、实验室生物安全管理体系

病原微生物实验室设立单位的法定代表人和实验室负责人对实验室的生物安全负责。实验室负责人为实验室生物安全的第一责任人,全面负责实验室生物安全日常管理工作。设立单位应当成立生物安全委员会,落实生物安全管理责任部门和责任人,建立健全生物安全管理组织体系,定期召开生物安全管理会议,对生物安全相关的重大事项做出决策,制定、批准和发布实验室生物安全管理体系文件等。

生物安全管理体系文件框架包括四个方面的内容,如《生物安全管理手册》《程序文件》《作业指导书》以及各类工作和实验记录表格。《生物安全管理手册》主要是将法律法规、规章和国家标准、行业标准以及卫生规范中的管理要求,转变为本实验室具体的管理条款和管理要求,主要内容一般包括组织体系的建立、岗位职责的明确、内部评审要求、管理评审要求等,特别是应明确生物安全委员会成员和管理职责,明确生物安全管理目标和管理方针。《程序文件》是将生物安全管理要求转化为具体行动的各类执行文件,主要包括实验室人员培训程序、风险识别评估程序、实验活动程序、实验活动个人防护程序、实验废弃物处理程序、消毒隔离程序等。《作业指导书》是针对描述某类某个实验活动操作的具体过程而制定的执行性、操作性文件,包括管理制度、标准方法、非标准方法、标准规程、操作要求、注意事项等。[①]

实验室生物安全管理体系文件建立后,实验室负责人应当组织对《生物

---

① 参见顾华、翁景清主编:《实验室生物安全管理实践》,人民卫生出版社2020年版,第8—10页。

安全管理手册》《程序文件》《作业指导书》以及各类工作和实验记录表格等进行审查,并经实验室负责人、最高管理者等负责人签署批准。在运行过程中,要保证管理体系的有效运行,应当强化体系运行过程中对体系文件的培训,让实验室所有部门、所有岗位的工作人员学习、了解文件的要求;建立健全生物安全日常运行监督机制,发现问题及时采取纠正措施;定期开展内部审核,确保体系运行的有效性;及时组织开展管理评审,及时对管理体系适宜性、充分性和有效性进行评价。

二、实验室生物安全风险管理

实验室生物安全风险管理是实验室管理体系运行重要和非常关键的一环。实验室应切实建立风险评估制度,持续进行风险识别、风险分析、风险评估和风险控制。生物安全实验室风险分析是指认识生物安全实验室可能存在的潜在风险因素,估计这些因素发生的可能性及由此造成的影响,分析为防止或减少不利影响而采取对策的一系列活动。[1]

风险识别是指发现、确认和描述风险的过程。实验室生物安全风险识别主要对以下危险因素进行识别,包括实验活动涉及致病性生物因子的已知或未知的特性、涉及致病性生物因子的实验活动、涉及遗传修饰生物体时重组体引起的危害、涉及致病性生物因子的动物饲养与实验活动、感染性废物处置过程中的风险、实验活动安全管理的风险、涉及致病性生物因子实验活动的相关人员、实验室设施设备和实验室生物安保制度措施、保藏或使用的致病性生物因子被盗和滥用风险、危险发生的概率评估、已发生的实验室感染事件的原因分析等。[2]

对风险进行识别后,实验室应事先组织对拟从事的实验活动进行生物安全风险分析和评估。风险分析是指理解风险性质、确定风险等级的过程。风险评估是指对比风险分析结果和风险准则,以确定风险大小是否可以接受或容忍的过程。风险评估可以采用德尔菲法、情景分析法、预先危险分析、风险矩阵、故障树法、因果分析法等32种各类方法进行分析评估,概括起来有三类,即定性风险评估方法、定量风险评估方法、定性与定量相结合的方法,实

---

[1] 参见秦川主编:《实验室生物安全事故防范和管理》,科学出版社2017年版,第171页。
[2] 参见《病原微生物实验室生物安全通用准则》"5.2 风险识别"部分。

验室可以根据自身情况选择适合自身的评估方法。① 评价过程也可采用评价指标的方式②,确定实验室隔离措施、实验室阶段风险因素和安全管理三大类为一级指标;一级隔离、二级隔离、危险物质等 12 个二级指标;生物安全柜、个人防护设备、实验室建筑、空调通风净化等 10 个三级指标;高效过滤器过滤效果、柜体防泄漏性能等 69 个四级指标。风险评估应以国家法律、法规、卫生标准、卫生规范和权威机构发布的指南、数据、资料等为依据,形成风险评估报告。③ 风险评估报告应包括风险评估的时间和参与人员、实验室活动简介、评估依据、评估程序、评估内容和评估结论。风险评估报告应定期组织进行评审,评估周期应依据实验活动和风险特征而定,一般每年组织一次或二次。同时,应当依据风险评估报告及结论采取相应的风险控制措施。采取风险控制措施时优先考虑控制风险源头,再考虑采取其他措施降低风险。

风险识别、分析、评估和控制是动态调整和持续改进的过程,应当随着生物安全管理风险的改变、实验感染事件等重要情况的改变随时进行分析和评估。④ 在国家和当地相关政策、法规、标准等发生改变、开展新的实验活动或变更实验活动(包括设施、设备、人员、活动范围、操作规程、管理等变化时)、病原体生物学特性或防控策略或措施发生变化、操作超常规量或从事特殊活动、本实验室或同类实验室发生感染事件或意外事故时,应当及时组织进行风险分析和评估,并重新形成风险评估报告,及时修订和调整风险控制措施,确保实验室生物安全。

第三节 实验室生物安全建筑、布局与设备

实验室选址设计、建筑布局、设施设备等应符合国家和地方有关部门的标准、规范和规定的要求,其要求主要包括合理选址、"三区划分"(清洁区、污染区、半污染区)、生物防护设施设备、定向气流设置、安全防卫、给排水设计、

---

① 参见中国合格评定国家认可中心编著:《病原微生物实验室生物安全风险管理手册》,中国标准出版社 2020 年版,第 5、13—14 页。
② 参见秦川主编:《实验室生物安全事故防范和管理》,科学出版社 2017 年版,第 173 页。
③ 参见瞿涤、鲍琳琳、秦川主编:《动物生物安全实验室操作指南》,科学出版社 2020 年版,第 17 页。
④ 参见王君玮、王志亮主编:《生物安全实验室:兽医病原微生物操作技术规范》,中国农业出版社 2009 年版,第 13 页。

门禁标识等内容。建筑、布局与设备主要可参考《病原微生物实验室生物安全通用准则》(WS233-2017)、《实验室生物安全通用要求》(GB19489-2008)、《生物安全实验室建筑技术规范》(GB50346-2011)等标准和规范,参考以下建筑布局和设计:

一级实验室建筑布局要求较为普通。在实验室工作区外应有存放工作衣物和私人物品的设施,以及供工作人员饮食、饮水和休息的场所或场地。实验室墙壁、顶板和地板光滑、易清洁、防渗漏并耐消毒剂的腐蚀。实验室地面不得铺设地毯。实验室应设洗手池,一般设置在靠近实验室出口处,水龙头开关为非手动式。实验室的门应有可视窗并可锁闭。实验室尽量利用自然通风,开启的窗户安装防蚊虫防苍蝇的纱窗。如果采用机械通风,应当避免污染气流在实验室之间或与其他工作生活区域之间串流而造成交叉污染。实验室应当在实验操作活动 30 m 内设置应急洗眼设施或装置,风险较大时应设紧急喷淋装置。给水管道应设置有效的防止回流污染的装置,防回流污染措施可参照中国工程建设标准化协会标准《给水系统防回流污染技术规程》(CECS 184:2005),包括空气隔断、减压型倒流防止器、压力型真空破坏器和非减压型倒流防止器、大气型真空破坏器和软管接头真空破坏器等防回流措施。根据实验室微生物危害情况,可配备相应的压力蒸汽灭菌器、干热灭菌器等消毒灭菌设备。

二级实验室包括普通型二级实验室和加强型二级实验室。普通二级实验室在一级实验室建筑布局基础上,实验室主入口的门设有进入控制措施,并张贴有符合要求的生物危害标识。实验室主入口的门、放置生物安全柜实验间的门可自动关闭。在实验室内配备压力蒸汽灭菌器、干热灭菌器或其他适当的消毒灭菌设备,在实验室工作区 30m 内配备洗眼装置和应急喷淋装置,必要时在每个实验工作间配备洗眼装置。同时,应在操作病原微生物及样本的实验区内配备二级生物安全柜。

加强型二级实验室在普通型二级实验室基础上,在功能布局和通风系统要求上有所提高。在布局上,工作区域包含了缓冲间和核心工作间。缓冲间的门应能互锁,并在门附近设置紧急手动互锁解除开关。缓冲间内可以设置准备间和消毒间。实验室设置机械通风的,送风口和排风口采取防雨、防风、防杂物、防昆虫及其他动物进入的措施,送风口远离污染源和排风口;排风系统使用高效空气过滤器。核心工作间内送风口和排风口的布置符合定向气流的原则,以减少房间内的涡流和气流死角;核心工作间气压相对于相邻区域应为负压,压差不低于10Pa。在核心工作间入口安装显示房间负压状况的压力显示装置,监控监测压力梯度情况。实验室的排风应与送风连锁,排风先于送风开启,后于送风关闭。实验室内应配置压力蒸汽灭菌器、干热灭菌设备或其他消毒灭菌设备以及相应的生物安全柜。

三级实验室应在建筑物中自成相对独立的隔离区或是独立独栋的建筑物,并有严格出入控制设施。实验室应明确划分为辅助工作区和防护区。防护区应至少包括缓冲间及核心工作间。防护区中直接从事高风险操作的工作间为核心工作间,人员应通过缓冲间进入核心工作间。围护结构系统、空调通风系统、供水供气系统、污物消毒处理系统、电力供应系统、照明系统、自控监视与报警系统、实验室通信系统、实验室门禁管理系统设计、布局以及相关设施设备等应符合国家卫生标准和规范要求。

四级实验室分为正压服型实验室和安全柜型实验室。实验室应在建筑物中自成相对独立隔离区或为独立独栋建筑物,并要有严格出入控制。四级实验室防护区应至少包括核心工作间、缓冲间、外防护服更换间等,外防护服更换间应为气锁,辅助工作区应包括监控室、清洁衣物更换间等。正压服型四级实验室的防护区应包括核心工作间、化学淋浴间、外防护服更换间等。除了围护结构系统、空调通风系统、供水供气系统、污物消毒处理系统、电力供应系统、照明系统、自控监视与报警系统、实验室通信系统、实验室门禁管理系统设计、布局以及相关设施设备等符合国家卫生标准和规范要求,还要考虑配备生命保障系统等。

第四节 实验室生物安全的管理

一、制定严格的管理制度

实验室应建立健全各类管理制度,根据实验室工作特征和具体工作要求,制定包括人员培训考核制度、人员健康监护制度、生物安全责任制度、安全保卫制度、菌(毒)种和生物样本安全保管制度、档案管理制度、废弃物管理制度、消毒隔离制度、实验室应急事故报告制度等完善的工作制度,明确各个部门、各个环节、各个岗位工作职责、工作内容和工作要求等。

二、实验工作人员管理

所有与实验活动相关的人员均应经过培训,并经考核合格后取得相应的上岗资质。在上岗培训之后,实验室应至少每年组织对工作人员的培训,并要对培训效果进行评估。从事高致病性病原微生物实验活动的人员应每半年进行一次培训,并记录培训及考核情况,建立健全培训档案。培训考核既可以是实验室自己组织的培训考核,也可以是专业技术协会或专业机构组织的培训考核。实验室应当告知工作人员所从事实验活动的生物安全风险,并签署知情同意书。实验室应当加强对工作人员的日常健康监测和管理,若其出现疾病或其他不应进行实验活动的情况,不应允许其进入实验区。实验室应定期组织工作人员进行健康体检、健康检查和健康评估,并根据实验室实验活动具体情况,对工作人员进行乙肝等相应疫苗的预防接种。同时,实验室应当建立和完善实验室人员健康档案,包括知情同意书、本底血清样本或特定病原的免疫功能记录、预防接种记录、健康体检报告、职业禁忌症、与实验室相关的意外事件和意外事故等。

三、实验活动的管理

实验活动应依法依规开展,从事病原微生物实验活动应当在与其防护级别相适应的生物安全实验室内进行。低等级病原微生物实验室不得从事国家病原微生物目录规定应当在高等级病原微生物实验室进行的病原微生物实验活动。实验室应当严格按照实验室技术规范、操作规程和有关要求进行实验室活动,特别注意从事高致病性病原微生物应当依法履行有关审批手续。从事高致病性病原微生物相关实验活动的实验室工作人员或者其他有关人员,应当经实验室负责人批准,并由 2 名以上的工作人员共同进行。在同一个实验室的同一个独立安全区域内,只能同时从事一种高致病性病原微生物的相关实验活动。实验室应当建立和完善实验档案,记录实验室使用情况、实验活动开展情况和生物安全监督情况,从事高致病性病原微生物相关实验活动的实验档案保存时间不得少于 20 年。

四、实验室菌毒种和感染性物质的管理

病原微生物样本采集、运输、保藏、使用应当符合有关卫生要求。病原微

生物样本采集应当具有与采集样本所需要的生物安全水平相适应的设备、具有掌握相关专业知识和操作技能的工作人员、具有有效地防止病原微生物扩散和感染的措施、具有保证病原微生物样本质量的技术方法和手段。运输高致病性病原微生物菌（毒）种或者样本，应当由不少于2人的专人护送，并采取相应的防护措施，不得通过公共交通工具运输病原微生物菌（毒）种或者样本。运输过程中，承运单位应当与护送人共同采取措施，确保所运输的高致病性病原微生物菌（毒）种或者感染性样本的安全，严防被盗、被抢、丢失、泄漏等事件的发生。菌（毒）种和感染性样本保藏管理应当符合《人间传染的病原微生物菌（毒）种保藏机构管理办法》等有关规定，具备适宜的保存区域和保存设备，有2名工作人员负责管理，在使用过程中应有专人负责，入库、出库及销毁应记录并保存。高致病性病原微生物菌（毒）种及感染性样本的保存应实行双人双锁。高致病性病原微生物相关实验活动结束后，在6个月内将菌毒种或感染性样本就地销毁或者送交保藏机构保藏。销毁高致病性病原微生物菌毒种或感染性样本时应采用压力蒸汽灭菌等安全可靠的方法进行处理，消毒灭菌应当在相应防护级别的实验室内进行，由2名工作人员共同操作，进行严格监督，记录销毁过程并存档。

五、个体防护用品的管理

个体防护用品主要是保护实验人员免于暴露于生物危害物质（气溶胶、喷溅物以及意外接种等）危险中的物理屏障。实验室工作人员身体各个部位都应有相应的防护设备设施，包括护目镜、面罩、口罩、防护服（实验服、隔离衣、防护服、连体衣等）、手套、防护鞋等。个体防护用品的选择种类和型号应根据实验室环境、实验对象和个体适配性来确定。使用防护用品时应注意配备充足的防护用品，个人防护用品应符合国家规定的有关标准的要求，使用前应检查标志、破损或者泄露情况，按照不同级别的防护要求选择适当的个人防护用品，正确、准确使用个人防护用品，发挥有效的防护作用，等等。[①]

六、实验室消毒灭菌管理

实验室应根据操作的病原微生物种类、污染的对象和污染程度等选择适

[①] 参见赵德明、吕京主编：《实验室生物安全教程》，中国农业大学出版社2010年版，第59页。

宜的消毒和灭菌方法,确保消毒灭菌效果。实验室对微生物菌(毒)种、生物样本及其他感染性材料和污染物品和器具,一般首先选用压力蒸汽灭菌方法进行消毒灭菌处理,并做好消毒与灭菌效果监测。压力蒸汽灭菌器灭菌效果监测包括物理监测、化学监测法和生物监测。物理监测可采用专用的温度压力监测仪放入压力蒸汽灭菌器中进行监测;化学监测采用化学指示管(卡)监测、化学指示胶带监测;对预真空和脉动真空压力蒸汽灭菌,应每天进行Bowie-Dick测试;生物监测应每月定期进行。[①] 对三级、四级生物安全实验室,灭菌的物品可能带有经呼吸道传播的病原微生物,对压力蒸汽灭菌器应当依据《小型压力蒸汽灭菌器灭菌效果监测方法和评价要求》(GB/T 30690-2014)对该压力蒸汽灭菌器排气口进行生物安全性验证。生物安全柜、工作台面等应在每次实验前后用消毒液擦拭消毒,污染地面用消毒剂喷洒或擦拭消毒处理。选用的含氯消毒剂、紫外线消毒器械等消毒产品应符合国家相关规定,索取卫生安全评价报告,并应确保消毒剂、消毒器械有效使用,及时监测消毒液浓度,标注配制日期、使用有效期等,定期检查和维护消毒器械。

七、危险标识管理

实验室生物安全标识主要包括禁止标识(红色)、警告标识(黄色)、指令标识(蓝色)、提示标识(绿色)、专用标识五类标识。禁止标识是禁止人们不安全行为的图形标志,包括禁止入内、禁止通行、儿童禁止入内、禁止宠物入内、禁止吸烟、禁止烟火等24个标识。警告标识是提醒人们对周围环境引起注意,以避免可能发生危险的图形标志,包括生物危害、当心紫外线、当心锐器、当心飞溅、危险废物等21个标识。指令标识是强调人们必须做出某种动作或采用防范措施的图形标志,包括必须穿防护服、必须戴防护帽、必须戴一次性口罩、必须手消毒等17个标识。提示标识是向人们提供某种信息(如标明安全设施或场所等)的图形标志,包括紧急出口、洗眼装置、生物安全应急处置箱、紧急喷淋等10个标识。专用标识是针对某种特定的事物、产品或者设备所制定的符号或标志物,用以标示,便于识别。标识应用简单、明了、易于理解的文字、图形、数字的组合形式系统而清晰地标识出危险区。标识应设在与安全有关的醒目地方,并使实验室人员或者相关人员看见后,有足够

[①] 参见叶冬青主编:《实验室生物安全》(第3版),人民卫生出版社2020年版,第116页。

的时间来注意它所表示的内容。环境信息标识宜设在有关场所的入口处和醒目处,局部信息标识应设在所涉及的相应危险地点或设备附近的醒目处,不应设在门、窗、架等可移动的物体上。标识前不得放置妨碍认读标识的障碍物。[①]

八、生物安全设施设备的管理

实验室中生物安全关键防护设备包括生物安全柜、压力蒸汽灭菌器、干热灭菌器、空气消毒器、带有密封罩的离心机、洗眼器、应急喷淋等设施设备。生物安全柜包括Ⅰ级、Ⅱ级、Ⅲ级。我国标准借鉴国外相关标准,对生物安全柜分类进行了描述和规定,在Ⅱ级生物安全柜的分类方法上采用了美国标准的方法。[②] Ⅰ级生物安全柜提供人员与环境的防护。Ⅱ级生物安全柜提供人员、环境和实验对象的防护,包括Ⅱ级A1型、Ⅱ级A2型、Ⅱ级B1型、Ⅱ级B2型,各个型号之间主要区别是从生物安全柜排出的空气与再循环进入生物安全柜空气的比例不同以及不同的排气系统。生物安全柜的安装、检测、认证、维护和使用应按照国家有关规范以及产品的设计、生产厂商提供的使用说明书的要求进行。如果使用管道排风的生物安全柜,应通过独立于建筑物其他公共通风系统的管道排出。实验室压力蒸汽灭菌器是微生物实验室最基础的设备,一般使用下排气的压力蒸汽灭菌器。洗眼器、应急喷淋设施等应注意保持管道的畅通,定期检查和维护,便于工作人员紧急时能够立即使用。空气消毒器可选择紫外线消毒灯、过氧化氢消毒器等消毒设备。

九、医疗废物和污水处理

实验室应当制定医疗废物安全处置程序及污物、污水消毒处理操作程序。实验室医疗废物主要包括感染性废物和损伤性废物。医疗废物中病原体的培养基、标本和菌种、毒种保存液等高危险废物以及其他感染新废物,应当首先在产生地点进行压力蒸汽灭菌或者化学消毒处理,然后按感染性废物收集处理。损伤性废物应当放入利器盒后再进行处置。所有废物都应交由

[①] 参见丘丰、张红主编:《实验室生物安全基本要求与操作指南》,科学技术文献出版社2020年版,第217页。
[②] 参见曹国庆等编著:《生物安全实验室关键防护设备性能现场检测与评价》,中国建筑工业出版社2018年版,第3页。

获得环境生态行政部门颁发的有处置资质的单位进行处理。实验室产生的污水可分为普通污水和感染性污水。普通污水产生于洗手池等设备,此类污水应当排入实验室水处理系统,经统一处理达标后进行排放。感染性废液即在实验操作过程中产生的废液,需采用化学消毒或物理消毒方式处理,确认彻底消毒灭活后再排入实验室水处理系统,经统一处理达标后进行排放。污水消毒处理效果应符合《医疗机构水污染物排放标准》(GB18466-2005)等相关规定。

第五节 各类实验室生物安全防护

一、临床实验室生物安全防护

临床实验室是对取自人体的各种标本进行生物学、微生物学、血清学、化学、免疫血液学、血液学、生物物理学和细胞学等检验,并为临床提供医学检验服务的实验室。[1] 临床实验室与其他实验室的最大不同之处在于其可能存在未知微生物因素带来的生物安全风险,如接受的血液、尿液、体液等生物标本,其中是否含有致病因子、含有何种致病因子、危害程度大小、传染传播途径情况等,不同的微生物不同人群风险程度都不一样。临床实验室既有临床检验实验室、临床微生物实验室、临床血液实验室和临床基因扩增实验室等普通实验室,也有结核病实验室、艾滋病实验室、真菌实验室等防护要求较高的实验室。临床实验室一般至少应为二级生物安全防护实验室,《人间传染的病原微生物名录》的说明中要求"在保证安全的前提下,对临床和现场未知样本检测操作可在生物安全二级或以上防护级别的实验室进行"。

二、艾滋病检测实验室生物安全防护

艾滋病病毒危害程度第二类,属于高致病性微生物。国家颁布了《全国艾滋病检测工作管理办法》和《全国艾滋病检测技术规范》,对艾滋病检测实验室实行分类管理,分别是艾滋病参比实验室、艾滋病检测确证实验室、艾滋病检测筛查实验室;检测筛查实验室又分为艾滋病筛查中心实验室及艾滋病

---

[1] 参见叶冬青主编:《实验室生物安全》(第3版),人民卫生出版社2020年版,第157—158页。

筛查实验室、艾滋病检测点。艾滋病参比实验室需有独立血清学检测、质量控制、核酸检测、基因序列测定及分析、免疫学检测等符合二级生物安全实验室要求的建筑区域和生物安全条件;具有满足艾滋病病毒分离、培养与扩增、浓缩与纯化、中和试验等需要的三级生物安全实验室建筑区域和生物安全条件。艾滋病检测确证实验室、艾滋病筛查中心实验室及艾滋病筛查实验室需要符合二级生物安全实验室要求。艾滋病检测点在文件中未明确实验室防护级别是一级实验室还是二级实验室要求,参考实践工作,考虑到艾滋病检测点主要从事快速检测和初筛活动,建议应当根据 HIV 快速检测和初筛活动的具体行为开展生物安全风险评估和分析,若仅从事 HIV 唾液检测或指尖血快速检测,建议可以在一级实验室操作进行;若抽取静脉血从事检测活动,应当在二级实验室操作进行。

三、临床基因扩增实验室生物安全防护

国家颁布实施了《医疗机构临床基因扩增检验实验室管理办法》,进一步规范医疗机构临床基因扩增检验实验室管理,保障临床基因扩增检验质量和实验室生物安全。临床基因扩增检验实验室应当设置试剂储存和准备区、标本制备区、扩增区、扩增产物分析区四个区域,这四个区域在物理空间上是完全相互独立的,其中涉及生物安全管理的区域主要是标本制备区的微生物污染风险。临床基因扩增实验室是否涉及生物安全以及属于哪个防护级别的实验室,应当对样品制备等环节的生物危害风险进行识别、分析和评估。若风险评估结果存在生物风险,应当按照生物风险相应级别的实验室进行管理。例如,对临床基因扩增实验室从事临床样本新型冠状病毒核酸检测,则应当在具有二级生物安全的基因扩增实验室进行操作。

四、病理实验室生物安全防护

在对人体标本进行切片等实验操作时,应充分考虑生物安全防护,具备条件的可以设置负压生物安全实验室,病理取材台等设备可设置具有负压防护功能。[①] 废弃病理组织是病理实验室常见的废物,应当按照医疗废物要求进行处理。

[①] 参见顾华、翁景清主编:《实验室生物安全管理实践》,人民卫生出版社 2020 年版,第 8—10 页。

五、医药企业实验室生物安全防护

不同医药企业实验室从事的微生物是不一样的。对大多数医药企业来讲,一般都设立无菌检查室,检查药物是否有霉菌、酵母菌、细菌等活微生物存在。实验室的生物安全也要根据实际生物安全风险进行评估,根据风险评估结果,确定实验室防护级别,并落实相应防护措施。

六、科研实验室生物安全防护

科研实验室生物安全较为复杂,与其从事的病原微生物菌(毒)种以及生物安全操作风险危害程度有很大的关联。实验室的生物安全必须要根据实验活动实际开展情况生物对安全风险进行评估,根据微生物操作风险评估结果,确定实验室防护级别,科研实验室一般至少为二级以上生物安全防护实验室。

七、结核病实验室生物安全防护

结核分枝杆菌危害程度第二类,属于高致病性微生物。根据《人间传染的病原微生物名录》的要求,对于结核分枝杆菌大量活菌的操作须在生物安全三级实验室的环境中进行。[①] 样本检测包括样本的病原菌分离纯化、药物敏感性实验、生化鉴定、免疫学实验、PCR核酸提取、涂片、显微镜观察等检测活动以及少量细菌的分离培养等,应当在生物安全二级实验室环境中进行。由于结核病实验室感染主要是以气溶胶的形式感染呼吸道和皮肤,因此在实验室操作活动中应特别注意开封和开启安瓿管、接种、移液、混匀、研磨、离心等活动的生物安全防护。

八、动物实验室生物安全防护

动物安全实验室包括医学相关动物实验室以及与动物疾病相关的实验室。两类实验室操作的病原微生物特性不同,生物安全防护的关注点也不同。医学相关动物实验室关注的是对人致病的病原微生物对实验室操作人员和对环境的潜在风险危害,与动物疾病相关的实验室关注的是对实验室内

---

① 参见叶冬青主编:《实验室生物安全》(第3版),人民卫生出版社2020年版,第166页。

动物以及外环境的动物的潜在风险。动物实验室生物安全风险防护还应考虑动物饲养环境与设施符合动物微生物防护要求、防止动物逃逸或损毁饲养笼具或护栏、处理动物尸体等特殊要求。①

第六节　实验室生物安全事件的应急预案和应急处置

生物安全管理最主要的目的是防止人员感染和病原微生物的扩散等生物安全事件。实验室生物安全事件是指实验室实验活动操作以及菌（毒）种、生物样本运送和运输、储存过程中，或因工作人员违反操作规程，或因自然灾害、意外事故、意外丢失等情况，造成人员感染或暴露，或造成菌（毒）种、生物样本向实验室外扩散的事件。导致实验室生物安全事件发生的原因包括：设施设备故障或发生问题，通风系统不良，给排水设计不合理，实验室工作人员违法操作规程，采取的防护措施不当，菌毒种或感染性物质泄漏或污染，发生意外事故，等等。

在实验室生物安全事件中，控制实验室工作人员感染是最重要的内容之一。② 实验室感染主要包括三种类型：一是气溶胶导致的实验室感染，在实验过程中病原微生物以气溶胶的形式飘散在空气中，工作人员吸入污染空气从而造成感染；二是事故性感染，由于实验室操作过程中的疏忽，发生溢洒、泄漏、意外伤害等情况，导致病原微生物污染环境，直接或间接感染实验室工作人员甚至危及周围环境；三是人为破坏，有人故意散播生物制剂。

尽管实验室发生感染的总数在逐年下降，这可能是因为生物安全规范的完善、防护设施和设备设计的改进等，但仍不断有相关报道。③ 因此，每个实验室都应做好充分准备，制订实验室感染处置应急预案，应急预案应至少包括组织机构、应急原则、人员职责、应急通信、个体防护、应对程序、应急设备、撤离计划和路线、污染源隔离和消毒、人员隔离和救治、现场隔离和控制、风险沟通等内容。当实验室工作人员出现与其实验活动相关的感染临床症状

---

① 参见瞿涤、鲍琳琳、秦川主编：《动物生物安全实验室操作指南》，科学出版社2020年版，第9页。

② 参见丘丰、张红主编：《实验室生物安全基本要求与操作指南》，科学技术文献出版社2020年版，第5、64页。

③ 参见加拿大公共卫生署编：《加拿大生物安全标准与安全指南》，赵赤鸿、李晶、刘艳主译，科学出版社2017年版，第111页。

或者体征时,实验室负责人应及时向上级主管部门和负责人报告,立即启动实验室感染应急预案,派专车、专人陪同前往定点医疗机构就诊,并向就诊医院告知其所接触病原微生物的种类和危害程度;对事件性质、危害程度和风险进行评估,及时采取或配合落实封闭被病原微生物污染的实验室或者可能造成病原微生物扩散的场所、开展流行病学调查、对病人进行隔离治疗、对相关人员进行医学检查、对密切接触者进行医学观察、进行现场消毒等措施。实验室负责人应定期组织演练,并对应急预案及时进行评审、修改和更新。

病原微生物菌(毒)种或者样本的安全管理是重中之重,实验室应当建立健全严格安全保卫制度,采取严格安全保卫措施,严防病原微生物菌(毒)种或者样本被盗、被抢、丢失、泄漏。[1] 若高致病性病原微生物菌(毒)种或者样本在运输、储存中被盗、被抢、丢失、泄漏时,承运单位、护送人、保藏机构应当采取必要的控制措施,并在2小时内分别向承运单位的主管部门、护送人所在单位和保藏机构的主管部门报告,同时向所在地的县级人民政府卫生主管部门或者兽医主管部门报告,发生被盗、被抢、丢失的,还应当向公安机关报告。实验室发生高致病性病原微生物泄漏时,实验室工作人员应当立即采取控制措施,防止高致病性病原微生物扩散,并同时向负责实验室感染控制工作的机构或者人员报告。

在《突发公共卫生事件应急条例》中明确规定了将"发生传染病菌种、毒种丢失的"事件纳入突发事件应急报告制度中,要求突发事件监测机构、医疗卫生机构和有关单位应当在2小时内报告,县级人民政府、设区的市级人民政府应当在接到报告2小时内报告,省、自治区、直辖市人民政府应当在接到报告1小时内向国务院卫生行政部门报告,明确了传染病菌种、毒种丢失突发事件报告的时限、报告部门和报告程序。

---

[1] 参见孙翔翔、张喜悦主编:《实验室生物安全管理体系及其运转》,中国农业出版社2020年版,第141页。

第七章 生物武器及其规制

对于缔造了全球票房神话的好莱坞大片《阿凡达》,大家想必不会陌生。它以惟妙惟肖的艺术风格,演绎了一个"残疾英雄"在潘多拉星球上追逐梦想的神奇人生。美轮美奂的场景看似天马行空,在现实中却能找到影子。所谓"阿凡达",就是利用基因融合技术培育出的生物容器,如将人类意识输入这个容器中,便可创造出在遥远时空中自由活动的"第二肉身"。① 2014年2月,美国哈佛大学医学院等机构研究人员首次在猴子身上实现了异体操控,"主体"控制"阿凡达"完成任务的成功率高达98%。② "异体操控"实则是一把双刃剑,我们看到的是其探索宇宙及医学方面的潜力,但看不到甚至可能根本想不到的是,将"异体操控"运用于战场早就不是一个科幻概念。早在2012年,美国国防部就投入巨资,开启代号为"阿凡达"的意念操控机器人计划,这些被意念操控的机器人足以成为士兵的完美替身,有望在未来代士兵征战沙场,集中人类智慧和人工智能的机器战士将成为真正的"超级战士"。③

恩格斯在著名的《反杜林论》中有一个经典的判断:"一旦技术上的进步可以用于军事目的并且已经用于军事目的,它们便立刻几乎强制地,而且往往是违反指挥官的意志而引起作战方式上的改变甚至变革。"④这句话几乎断言了人类历史上技术进步的宿命,最先进的技术往往首先不可避免地投入战场。有人说,21世纪是生物科学世纪,当代的生物科技已然不是一个技术孤岛,而是与计算机信息技术、先进制造技术深度融合,进入到基因层面的人类尖端技术的集大成者。只要其具备军事潜力,就不可避免地首先被纳入军事技术的研究范畴,并不可避免地颠覆未来战争的格局。

当然,战争与反战的矛盾是永恒的历史主题。不同民族国家希望通过发展军备压倒对手的同时,也发现高科技军备很可能成为全人类的"掘墓者"。

---

① 辛超:《基因武器——不能打开的潘多拉魔盒》,载《国防》2013年第11期。
② 李洪军:《基于制生权理论的生物化战争形态研究》,第三军医大学2016级博士学位论文。
③ 易财文:《美国科研人员实现异体操控》,载《科学大观园》2014年第8期。
④ 《马克思恩格斯选集》(第三卷),人民出版社2012年版,第551页。

现代生物武器诞生并投入实战,让人们见识到其超常的杀伤力、给全人类带来的灾难以及更为可怕的前景,进而不得不开展军控谈判,并最终通过国际法和国内法对生物武器做出规制。不过,这些法律规制真的有效吗?有哪些结构性的缺陷有待补足?推动生物武器控制的国际公约落实的障碍在哪里?诸如此类的问题,我们将在本章中一一探讨。

第一节 生物武器概述

一、生物武器的定义

对于生物武器(biological weapon),学术界并没有统一的定义。《中华医学百科全书·生物武器医学防护学》中认为,生物武器是由生物弹药和运载施放系统组成,用以杀伤人和动、植物的特种武器,又称细菌武器。生物武器以生物战剂作为杀伤效应因子使受攻击方人员、家畜、家禽或农作物感染、发病、死亡,实现军事目的。由于早期的生物战剂主要为细菌,因此生物武器早期又称为细菌武器。[1]《卫生学大辞典》中强调,构成生物武器的生物战剂不局限于细菌,凡能用来杀伤人、畜以及破坏农作物的致病微生物(包括细菌、病毒、立克次体、真菌等)和某些细菌所产生的毒素,均称为生物战剂。生物战剂主要通过气溶胶和带菌昆虫等方式施放,由呼吸道、消化道、皮肤和黏膜侵入人、畜体内,经一定时间(潜伏期)发病。施放工具有装在飞机、军舰上的气溶胶发生器或布洒箱,以及经火炮、火箭、导弹发射的各种生物弹。[2]《军事大辞海》中认为,生物武器是利用生物战剂使人、畜致病以及植物受害的一种大规模杀伤破坏性武器,是生物战剂及其施放工具的总称,旧称细菌武器。生物战剂主要通过气溶胶和带菌昆虫等方式施放,由呼吸道、消化道、皮肤和黏膜侵入人畜体内,经一定潜伏期后发病。生物武器既可用于进攻,又可用于防御,其特点是:杀伤力强,作用对象可以选择,杀伤方式可变,侦察复杂,使用隐蔽,可保存物质财富,以及具有强烈的心理作用。生物武器的使用效

---

[1] 参见孙建中:《中华医学百科全书·生物武器医学防护学》,中国协和医科大学出版社2020年版,第4页。

[2] 参见王翔朴、王营通、李珏声主编:《卫生学大辞典》(新世纪修订版),青岛出版社2000年版,第649页。

果受日光、风、雨等自然条件影响较大。①《中华法学大辞典·国际法学卷》中认为,生物武器又称"细菌武器",是以细菌、病毒、肿瘤、立克次氏体、生物组织、毒素等使人、动物或植物致病或死亡的物质、材料、器具等制成的武器。生物武器的特点是活的微生物或由其产生的感染物在人、动物或植物体中繁殖,使后者致病或死亡,使用者无法控制其攻击目标,也无法局限其发生效力的时、空范围,且通常具有潜在的后作用,因而其使用的结果必然同时危及战斗人员和一般平民居民。②

在笔者看来,上述定义主要指向当今世界较为定型化的生物武器,此类武器的共性特征是:通过现代化的手段制成生物制剂,如细菌、病毒、肿瘤、立克次体、生物组织、毒素等;配有人造或天然的施放工具,前者如气溶胶发生器和布撒器、生物炸弹,后者如昆虫、老鼠等;攻击对象是受攻击方人员、家畜、家禽或农作物;杀伤范围具有不确定性,杀伤力受日光、风、雨等自然条件影响较大。实际上,此类定义是不周延的:一方面,定义未包括古代生物武器。生物武器古已有之,在现代微生物学尚未创立前,古代战争中已有人运用对传染病的经验性认知,制造及运用生物武器,如染病的人或动物的尸体、浸泡粪水的箭头。另一方面,定义未包括正在发展中的基因武器,基因武器包括通过基因编辑技术制造新型致病或抗药性微生物、攻击人类的改造人或动物兵、灭绝特定种族的"人种炸弹"。③ 这类武器未必运用生物制剂,杀伤范围也可能很确定。

二、生物武器系统的构成

当代较为定型化的生物武器系统由生物战剂、生物战剂释放装置和生物武器运载施放系统三部分组成。生物战剂是生物武器的核心成分,是造成敌方人群或其他生物体感染并发病的致病源,包括多种具感染性和致病性的烈性病原微生物及生物毒素,生物武器效应的大小主要取决于生物战剂。生物战剂释放装置是生物武器主要的组成部件,用以盛载、分散、释放生物战剂,包括各种生物炸弹、炮弹、集束弹,安装在火箭或导弹弹头中的分散装置,以及安装在飞机上的航空布撒器、喷雾器等。生物武器运载施放系统主要是指

---

① 参见熊武一等编著:《军事大辞海》(上),长城出版社2000年版,第730页。
② 参见王铁崖主编:《中华法学大辞典·国际法学卷》,中国检察出版社1996年版,第503页。
③ 参见辛超:《基因武器——不能打开的潘多拉魔盒》,载《国防》2013年第11期。

运载并施放生物弹药的工具,用以将生物弹药和生物战剂运载至目的地并施放,如发射生物弹药的导弹、火箭和载有生物战剂航空布撒器的飞机等。①

三、生物武器的使用方法

施放生物战剂气溶胶是生物武器的主要使用方法。生物战剂分散成微小的粒子悬浮在空气中,这种微粒和空气的混合即是气溶胶,它能随风漂移,污染空气、地面、食物,并能渗入无密闭设施的人工防御工程,人员吸入即可致病。直接施放生物战剂气溶胶是生物武器最基本的使用方式,可从空中直接喷洒,也可把喷洒器投至地面喷放,还可人工投放。投放带菌昆虫、动物和其他媒介物也是历史上生物武器的常用使用方法。昆虫、动物和杂物被生物战剂感染或污染后,用多格炸弹等多种方式投放到被袭击地域,它们便可将病原体传给人类,使人类致病。也可利用生物战剂污染水源、食物、通风管道,遗弃带菌物品、尸体或遣返战俘等方法,通过间接使人感染疾病等方式达到生物武器使用的目的。②

四、生物武器的特点

关于生物武器的特点,有学者进行了总结,至少包含以下几点:(1)传染致病性强。生物战剂具有强烈的传染性和致病性,少量的病原体侵入人体后即可引起发病,如不及时采取措施,可互相传播,造成流行,如鼠疫、霍乱、天花、斑疹伤寒等。(2)污染范围广。生物战剂在气象、地形适宜的条件下,可造成较大面积的污染。1969 年,联合国顾问组的报告分析,一架飞机所载核、化、生武器袭击,1 枚百万吨级核武器空爆有效杀伤面积为 300 km^2,15 吨神经毒剂为 60 km^2,10 吨生物战剂为 100000 km^2。③ (3)危害作用时间长。生物战剂在适宜的自然环境中存活时间较长,如炭疽芽孢杆菌能存活数年;有的生物战剂能在昆虫、动物体内长期存活,形成疫源地。(4)危害对象仅限于生物。生物武器只能对人、牲畜和农作物等生物致病,对没有生命的生活、生产资料及武器装备等无破坏作用。(5)生物武器生产容易,价廉,无立即致命

---

① 参见孙建中:《中华医学百科全书·生物武器医学防护学》,中国协和医科大学出版社 2020 年版,第 5 页。
② 参见郑涛主编:《生物安全学》,科学出版社 2014 年版,第 68—69 页。
③ 参见孙建中:《中华医学百科全书·生物武器医学防护学》,中国协和医科大学出版社 2020 年版,第 5 页。

作用,便于突然使用等。① 根据简单的成本—效应计算,使用生物武器最为经济。1969年联合国化学、生物专家组的统计数据显示,以当时每平方公里导致50%死亡率的成本计算,使用常规武器的成本为2000美元,核武器为800美元,化学武器为600美元,生物武器为1美元。②

当然,也有人指出,传统的生物武器还有一个特点是:杀伤效果不稳定,具有生物活性的生物战剂才具有杀伤效力。生物战剂绝大多数是活的微生物,生物战剂在贮存、运输和施放过程中,受气候、环境因素的影响,生物活性会不断衰减,从而导致生物武器杀伤效果不稳定。生物战剂无即时杀伤作用,无论是致死性生物战剂还是失能性生物战剂,进机体后都必须经过或长或短的一段潜伏期才能使其发病,没有立即的杀伤作用。因此,生物武器作为战术武器,其应用受到一定的限制。③ 不过,随着生物科技的发展,这些缺点很可能被逐一克服。

五、生物武器的类别

生物武器可以根据使用的战剂种类、运载工具等进行分类。根据生物战剂的种类,大体上可以将生物武器分为微生物类生物武器和毒素类生物武器。微生物类生物武器包括细菌、病毒、立克次体、真菌等生物武器,毒素类生物武器包括微生物毒素、动物毒素和植物毒素生物武器。根据生物战剂是天然固有的还是人为改造的,又可将生物武器分为常规生物武器及基因武器。常规生物武器所用的生物战剂均为天然的微生物或毒素;基因武器所使用的生物战剂是经人工基因改造或人工制造的全新微生物或毒素,这类生物战剂拥有一些新的特性,如感染性提高、致病力增强、更易于大规模生产或仅可感染特定人群等。基因武器属于一种新型的生物武器,尚无实际使用的报道。根据使用的运载工具种类,可将生物武器分为机载生物武器和导弹生物武器等。④

---

① 参见熊武一等编著:《军事大辞海》(上),长城出版社2000年版,第732页。
② 孙建中:《中华医学百科全书·生物武器医学防护学》,中国协和医科大学出版社2020年版,第5页。
③ 同上。
④ 同上书,第5—6页。

第二节　生物武器的演进历史和最新进展

一、第一阶段：现代微生物学诞生前的原始生物武器

生物武器的发展经历了一个漫长的历史阶段。在人类早期战争史中，尽管当时人们对微生物缺乏认识，但已经悄然凭借对传染病的经验知识，运用生物武器打击敌人。据美国学者杰夫雷. R. 瑞恩（Jeffrey R. Ryan）考证，早在公元前 6 世纪，亚述人就在敌人的水井中投放麦角菌（一种真菌）。公元前 4 世纪，塞西亚弓箭手会用腐烂尸体的血液、粪便和组织涂抹箭头。公元 1340 年，袭击者向位于法国北部 Hainault 的 Thun L'eveque 城堡投掷了死马和其他动物的尸体。据城堡守卫者所说，当时的空气极度恶臭，城堡内的人们无法忍受太久，于是双方最终协商休战。公元 1495 年，西班牙人用麻风患者的血液污染了法国的葡萄酒。15 世纪，弗朗西斯科·皮萨罗把污染了天花病毒的衣服送给南美土著人。此外，据报道，17 世纪中期，一名波兰将军将狂犬病犬的唾液放入中空的炮弹中，用于对付敌人。[1]

在一封签署日期为 1763 年 7 月 16 日的信中，英国军官杰弗里·阿默斯特将军批准了一项向特拉华州印第安人传播天花的计划。阿默斯特在信中建议，可通过使用天花来"减少"对英国人怀有敌意的美国土著部落。当时 Fort Pitt 地区天花的暴发也为阿默斯特计划的执行提供了机会，同时也提供了这次计划中需要用到的被天花污染的材料。早在 1763 年 6 月 24 日，阿默斯特的一个下属就从天花救治医院拿了一些毯子和一条手帕送给了印第安人，并在日记中写道："我希望它们能起到预期的效果。"在美国内战期间，卢克·布克本博士也采用了同样的策略。他先用天花和黄热病病毒污染衣物，然后将这些衣物卖给了联邦军。一位联邦军军官的讣告上写道，该名军官死于天花感染，而感染的来源就是被天花污染的衣物。[2]

---

[1] 参见〔美〕Jeffrey R. Ryan：《生物安全与生物恐怖：生物威胁的遏制和预防》（原书第二版），李晋涛等编译，科学出版社 2020 年版，第 8 页。
[2] 同上。

二、第二阶段:19世纪末至第一次世界大战结束,以人工投放病原培养物为主要特征的生物武器

17世纪,荷兰人列文虎克用自制的简单显微镜(可放大160—260倍)观察牙垢、雨水、井水和植物浸液后,发现其中有许多运动着的"微小动物",并用文字和图画科学地记载了人类最早看见的"微小动物"——细菌的不同形态(球状、杆状和螺旋状等)。不过,列文虎克的研究尚不深入,只是停留在简单的观察层面。到了19世纪60年代,微生物学进入了生理学阶段,法国科学家 L.巴斯德对微生物生理学的研究为现代微生物学奠定了基础,他论证酒和醋的酿造以及一些物质的腐败都是由一定种类的微生物引起的发酵过程,并不是发酵或腐败产生微生物。科赫则对新兴的医学微生物学作出了巨大贡献。他论证了炭疽杆菌是炭疽病的病原菌,接着又发现结核病和霍乱的病原细菌,并提倡采用消毒和杀菌方法防止这些疾病的传播;他的学生们也陆续发现白喉、肺炎、破伤风、鼠疫等的病原细菌。基础科学的这一大突破,在给医学带来助力的同时,也为现代生物武器的诞生奠定了基础。

19世纪末,随着战争需要和微生物学及发酵工业的发展,生物武器真正形成并逐步发展。最早研制和使用生物武器的是德国,生物战剂为细菌,包括炭疽芽孢杆菌、鼻疽伯克霍尔德菌等人畜共患病致病菌,攻击目标主要为敌军运输物资的骡、马等牲畜,施放方式是特工人员秘密投放病原菌培养物,以污染牲畜草料为主,当时还没有把人作为生物攻击的目标。[①]

三、第三阶段:20世纪30年代至第二次世界大战结束,以战剂规模生产和武器化研发为主要特征的生物武器

此间,继德国之后,日本、法国、英国和美国等世界上几个工业发达国家都先后建立了专门的生物武器研究机构,开始了生物武器的研制。德国在"二战"期间先后将鼠疫耶尔森菌、霍乱弧菌、斑疹伤寒立克次体和黄热病毒等作为战剂进行研究,同时还集中力量开展了飞机喷洒生物战剂气溶胶技术与装备的研究。日本于1932年占领中国东北后,在中国建立了多支生物武器研制、生产部队,驻哈尔滨的"731部队"是当时日本生物武器发展计划的研发

---

① 参见孙建中:《中华医学百科全书·生物武器医学防护学》,中国协和医科大学出版社2020年版,第4—6页。

中心,先后进行细菌、病毒和蚤类等媒介昆虫战剂的规模化生产,以及各种生物弹药的研制,还灭绝人性地利用活人进行武器杀伤效果评价试验,死于日本生物武器试验的中国平民、战俘以及苏联、蒙古和朝鲜人超过3000人。日本是最早将生物武器大规模用于战争的国家。在侵华战争期间,日军先后在中国多地多次投放鼠疫耶尔森菌、霍乱弧菌、伤寒沙门菌等生物战剂和携带鼠疫耶尔森菌的跳蚤,造成多地传染病流行和大量平民染病、死亡。英国1942年在苏格兰西北的格鲁伊纳岛进行了多次炭疽生物炸弹威力试验,受试验的羊全部感染并发病死亡,24年后该岛仍检测出了污染的炭疽芽孢杆菌。美国通过"气雾室计划"搞清了多种生物战剂气溶胶化的最佳存活条件和感染剂量,建立了生物战剂大规模冻干技术。1944年5月,美国研制出首批集束炭疽生物炸弹,每个炸弹由106个小炸弹组成,每个小炸弹装有340g炭疽菌液。[①]

四、第四阶段,第二次世界大战结束至20世纪70年代末,以系统化提高生物武器杀伤效应为主要特征的生物武器

此阶段,生物武器研究在生物战剂的种类、生物学特性、规模化生产、施放技术以及生物战剂武器化及其效能评价等方面获得了长足的发展:战剂种类从以细菌为主的几种扩大到了细菌、病毒、立克次体、真菌和毒素等几十种;战剂微生物培养采用了大规模工业发酵技术,可在短时间内获得大量战剂微生物和微生物毒素;生物纯化与冻干技术使战剂生产可以获得高纯度浓缩液或冻干粉剂,延长了生物战剂储存时间,提高了生物弹药杀伤效能;生物战剂气溶胶发生、生物学特性、影响因素、释放技术与装备等研究,促进了生物战剂弹药的发展,提高了武器化程度;开展了系统的生物武器效能评价研究,建立了野外试验场,进行了生物武器爆炸性能杀伤效果等野外评价试验。此外,随着远程运载工具的发展,生物武器亦可实现远程施放。这一阶段生物武器研究与发展以美国和苏联为主要代表国家。[②]

1972年《禁止生物武器公约》签署,并于1975年生效后,生物武器的研制热潮渐趋沉寂,美国、苏联等国对储存的生物武器进行了公开销毁。但是,一

---

① 孙建中:《中华医学百科全书·生物武器医学防护学》,中国协和医科大学出版社2020年版,第4—6页。
② 同上。

些不愿放弃生物武器的国家和组织对生物武器的研制都转入地下。同时,一些具有生物武器研发机构和生产设施的国家,并未撤销研发机构,也未拆除生产设施,仍具有生物武器的研发与生产能力。①

五、第五阶段:20 世纪 80 年代以来,走向精确化、可控化的基因武器

20 世纪 80 年代以来,分子生物学技术的飞速发展给生物武器的研发提供了新的技术手段,基因组学和 DNA 重组等新技术用于生物武器研发,使生物武器的发展进入一个新的阶段,并出现了基因武器的概念。

所谓基因武器,是指通过基因编辑技术修改致病微生物的基因编码,从而研制出的新一代生物武器,它们能够从基因层面对敌方发动攻击。简单来说,基因编辑技术就相当于一把基因"剪刀",可以按照主观意愿将一种生物的基因片段"剪接"到另一种生物上,从而改变其生理特征。基因武器正是通过这种方式修改基因获得新的致病微生物,从而使对方的疫苗库失效。美国情报机构因此把基因编辑技术列为潜在的大规模杀伤性武器。② 2001 年年初,时任美国总统布什宣布增加包括基因武器在内的新概念武器的研究经费,同年 9 月《纽约时报》披露,美国已经开始启动一项研究基因武器的秘密计划。基因武器的潜在威胁不断增大,已经引起世界各国的高度关注与警惕。③

根据构成战剂类别分类,可将基因武器分为微生物类基因武器和生物毒素类基因武器等。微生物类基因武器是指利用遗传工程技术手段,通过基因改造或基因合成产生的病原微生物研制的生物武器,包括对天然微生物基因进行改造,在微生物基因组内插新的致病基因或耐药基因等重组的病原微生物;将两种以上不同病原微生物的特定基因拼接到一起,构建出的新型病原微生物;利用人工合成基因制造出的全新病原微生物。毒素类基因武器是指利用遗传工程技术手段,通过基因改造或基因合成产生的毒素研制的生物武器。这类毒素包括对天然毒素基因进行改造产生的毒素;将两种或两种以上的毒素基因融合重组到一种生物体内产生的生物毒素;将人工合成的全新毒

---

① 参见孙建中:《中华医学百科全书·生物武器医学防护学》,中国协和医科大学出版社 2020 年版,第 4—6 页。
② 参见万佩华:《基因武器的威力》,载《生命与灾害》2019 年第 6 期。
③ 参见孙建中:《中华医学百科全书·生物武器医学防护学》,中国协和医科大学出版社 2020 年版,第 19 页。

素基因整合到生物体内产生的毒素。根据攻击人种对象分类,可将基因武器分为种族基因武器和非种族基因武器。种族基因武器是指针对某一特定民族或族群的基因特点,研制出的专门攻击这一特定人群的生物武器。这种基因武器只对具有或缺失某种相应特定基因的人种(群)有杀伤作用,对其他人种完全无害,是新式的生物制导性武器。有科学家将这种基因武器称为"种族武器"或"人种炸弹"。非种族基因武器是指对攻击的人种群没有选择性的基因武器,即种族基因武器以外的基因武器。[1]

在相当长一段时间里,研制区分攻击特定人群的基因武器相当困难。不过,随着生物科技的进步,特别是人类基因组图谱的完成,以及在超级计算机支撑下的基因编辑技术革命的推动下,可以实现精确打击的基因武器似乎已不再那么遥不可及。2014年以来,CRISPR基因编辑技术带来了一场科学界的革命。CRISPR全称为Clustered Regularly Interspersed Short Palindromic Repeats,是源于细菌及古细菌中的一种后天免疫系统,它可利用靶位点特异性的RNA,指导Cas蛋白对靶位点序列进行修饰。直到近年,科学家们才开始利用这一系统在活体动物基因组中生成靶向突变,删除原有的基因或插入新基因。CRISPR系统简单来说是一种适应性免疫系统,细菌可以利用该系统不动声色地把病毒基因从自己的染色体上切除,这是细菌特有的免疫力。在哺乳动物基因组中,CRISPR系统被发展成了一种高效、简捷的基因编辑技术,像一把万能的基因"剪刀",能够同时开启或关闭某些基因,实现基因的"批量化"编辑。该技术的发展使基因武器的研发如虎添翼,能够使基因武器靶标人群更精准、更快速,威慑力更大。[2] 尽管目前CRISPR技术还不是很成熟,但是其发展潜力非常大,一旦被用来编辑针对某个种族的基因武器,将使得受到进攻的一方短期内难以招架,即使开发出疫苗,也跟不上病原体变异的速度。它的破坏力可以与核武相比,同时又具有精确性,很可能从根本上改变战争形态。

基因技术的发展,让军事强国看到了其惊人的战争潜力,不惜投入巨大的人力和物力发展基因武器。以美国为例,2003年,美军提出基因组战争概念。2006年9月,美国国防部高级研究计划署公布了一份《生物学军事应用》

---

[1] 参见孙建中:《中华医学百科全书·生物武器医学防护学》,中国协和医科大学出版社2020年版,第19—20页。

[2] 参见万佩华:《基因武器的威力》,载《生命与灾害》2019年第6期。

的资金调拨计划书,并在 2009 年提出了"生物革命"的理念。2009 年 5 月,美国科学院发表了一份名为《神经科学未来军事应用机遇》的报告。美国国家调查委员会也明确提出,到 2025 年,将通过军事生物技术相关项目的发展,使美国军队建设产生重大变革。2014 年 4 月 1 日,美国成立生物技术办公室,统筹协调生物科技的发展,并把它作为国防科技的核心地位,目前有 3 个重点研究领域、23 个在研项目。①

关于基因武器对人类战争法则的颠覆,有学者进行了评估和比较:"保存自己、消灭敌人"曾经是战争制胜的"金规则",但核武器出现后,这种"零和博弈"的对抗法则被打破。信息化时代,信息化兵器的精确化、智能化和一体化正是对这种过时战争法则的修正,战争把矛头指向了"认知域",指向了迫使敌人服从我们的意志,变成了"保存自己、瘫痪敌人"。鉴于现代生物科技对战争主体的"认知域"、战争意志、智力发挥、体力增强等方面的直接指向作用,将彻底改变战争的面貌,生物战争的制胜原理从信息化时代的"保存自己、瘫痪敌人"转为"改变自己、控制敌人"。②

第三节 禁止生物武器的国际法规制

第一次世界大战后,生物武器效力的不加区别和非人道性,使生物武器的使用直接违反了 1907 年海牙《陆战法规和惯例公约》第 23 条关于禁止使用毒物或有毒武器以及足以引起不必要痛苦的武器、投射物或物质的规定,以及战争法上关于把战斗人员与一般平民应予区别对待的基本原则。自 1907 年海牙《陆战法规和惯例公约》以来,国际公约与文件中多次明文禁止在战争及一切情况下使用细菌武器,主要有:1925 年日内瓦《禁止在战争中使用窒息性、毒性或其他气体和细菌作战方法的议定书》(简称《日内瓦议定书》)、1972 年《禁止生物武器公约》和 1980 年《联合国禁止或限制使用某些可被认为具有过分伤害力或滥杀滥伤作用的常规武器会议最后文件》。③

---

① 参见李洪军:《基于制生权理论的生物化战争形态研究》,第三军医大学 2016 级博士学位论文。
② 同上。
③ 参见王铁崖主编:《中华法学大辞典·国际法学卷》,中国检察出版社 1996 年版,第 503 页。

一、《日内瓦议定书》:世界上第一个全面限制生化武器的国际公约

1925 年《日内瓦议定书》的蓝本是 1922 年签订的《华盛顿条约》,后者规定,禁止在战争中使用"令人窒息的及其他有毒气体,以及类似的液体、物质或手段"。《日内瓦议定书》禁止使用化学武器,并把这一禁令扩大到包括禁止"使用细菌战方法"。目前,已有包括所有大国在内的 132 个国家签署。美国虽签订了《日内瓦议定书》,但其参议院一直未予批准。《日内瓦议定书》的一大问题是:禁止首先使用生物武器,但对要获取这种新型武器却未置一词,因此它实际上默许国家为用以牙还牙的方式回敬使用化学和生物武器的敌国做准备。这使得它对于大国的约束非常有限。以法国为首的个别国家还补充了自身的保留,声称如果受到某一敌国盟国军队的攻击,即使不是该敌国本身,他们也将不受条约的限制。[①]

二、《禁止生物武器公约》:冷战期间大国妥协的产物

到了 1947 年,鉴于愈演愈烈的生物武器军备竞赛,美国向联合国提交了一份决议草案,要求把生物武器和原子弹、致命化学药品一起列入大规模杀伤性武器。[②] 但是,20 世纪 60 年代中后期,美国在越南大规模使用了催泪瓦斯、除草与落叶剂等"非致命"化学战剂,对越南的生态环境造成严重影响,受到美国国内及国际社会的强烈谴责。以苏联为首的共产主义阵营也找到了道义上打击美国的理由,并得到了第三世界国家以及部分欧洲国家如瑞典的支持。1969 年尼克松上台后,为了应对国内外谴责美国使用化学武器的压力,以及在国际上推行缓和政策,摆脱越战泥潭,开始着手将生化武器纳入国际军控议程。与此同时,1969 年 7 月 10 日,英国首次向日内瓦 18 国裁军会议提出一项单独禁止生物武器公约的草案,要求禁止出于敌对目的生产生物药剂的研发活动,禁止在战争中使用任何形式的生物手段。这是首次正式把生物武器与化学武器分开对待的国际方案。实际上,这是为美国"解套"。这是因为,在美国不得不在削减生化武器上迈开步子时,必须要有所取舍,根据美国当时的评估,生物武器不如化学武器成熟可靠,因而要保住化学武器,就

[①] 参见〔美〕珍妮·吉耶曼:《生物武器:从国家赞助的研制计划到当代生物恐怖活动》,周子平译,生活·读书·新知三联书店 2009 年版,第 5—6 页。

[②] 同上书,第 14 页。

必须要在禁止生物武器方面做出承诺,这样在国内和国际政治上都能得到好处。苏联在9月19日的提案一开始要求将生化武器捆绑,但是经过一段时间与美英等国的谈判,开始倾向于支持英国提案。① 1971年12月16日,《禁止生物武器公约》在联合国大会通过,1972年4月10日开放签署,1975年3月26日生效。

总体上,尼克松政府最终决定全面放弃生物武器,主要基于以下几个原因:(1)生物战剂本身性能不够稳定,对研发和使用者来说也是有利有弊,其在军事上的战术与战略效果十分有限。(2)生物武器明显违背当时主流国际和国内舆论倾向及国际法,不利于美国裁军与军控政策的总体安排。(3)鉴于国会的不同意见,生物武器研发也不会得到足够的预算支持,取消该项目反而能节省预算用于其他急需国防项目。(4)美国放弃生物武器的积极姿态能在国际上做出表率,既有利于防止生物武器扩散,也有利于推动尼克松政府其他的军控与裁军计划,服务于其缓和政策,还可以缓解国会和社会舆论给政府造成的压力。同时,尼克松政府认为化学武器的军事效果是值得信赖的,尽管宣布不首先使用化学武器,但是希望其发挥威慑潜在敌人使用此类武器的作用。②

三、《禁止生物武器公约》的主要内容

《禁止生物武器公约》分为序言和正文两部分。

1. 序言

本公约各缔约国,决心采取行动以便在全面彻底裁军方面——包括禁止并消除一切种类大规模毁灭性武器在内——取得切实进展,并深信通过有效措施禁止化学和细菌(生物)武器的发展、生产和储存以及销毁这类武器将能促进在严格和有效国际监督下全面彻底裁军的实现。承认1925年6月17日在日内瓦签订的禁止在战争中使用窒息性、毒性或其他气体和细菌作战方法的议定书的重要意义,并且也意识到该议定书在减轻战争恐怖方面已经作出并将继续作出贡献。

重申它们坚持该议定书的原则和目标,并要求所有国家严格遵守这些

---

① 参见刘磊、黄卉:《尼克松政府对生化武器的政策与〈禁止生物武器公约〉》,载《史学月刊》2014年第4期。
② 同上。

原则和目标,回顾联合国大会一再谴责违反 1925 年 6 月 17 日日内瓦议定书的原则和目标的一切行动,愿意对加强各国人民之间的信任和全面改善国际气氛作出贡献,也愿意对实现联合国宪章的宗旨和原则作出贡献,深信通过有效措施从各国武库中消除诸如使用化学剂或细菌(生物)剂的大规模毁灭性危险武器的重要性和迫切性,确认一项关于禁止细菌(生物)和毒素武器的协议,是朝向同样就禁止发展、生产和储存化学武器的有效措施达成协议所迈出的第一个可行步骤,并决心为此目的继续进行谈判,决心为了全人类,彻底排除使用细菌(生物)剂和毒素作为武器的可能性,深信这种使用为人类良心所不容,并应竭尽全力使这种危险减到最低限度,议定条款如下:

2. 正文

第 1 条 本公约各缔约国承诺在任何情况下决不发展、生产、储存或以其他方法取得或保有:

一、凡类型和数量不属于预防、保护或其他和平用途所正当需要的微生物剂或其他生物剂或毒素,不论其来源或生产方法如何;

二、凡为了将这类物剂或毒素使用于敌对目的或武装冲突而设计的武器、设备或运载工具。

第 2 条 本公约各缔约国承诺尽快但至迟应于本公约生效后 9 个月内,将其所拥有的或在其管辖或控制下的凡属本公约第 1 条所规定的一切物剂、毒素、武器、设备和运载工具销毁或转用于和平目的。在实施本条规定时,应遵守一切必要的安全预防措施以保护居民和环境。

第 3 条 本公约各缔约国承诺不将本公约第 1 条所规定的任何物剂、毒素、武器、设备或运载工具直接或间接转让给任何接受者,并不以任何方式协助、鼓励或引导任何国家、国家集团或国际组织制造或以其他方法取得上述任何物剂、毒素、武器、设备或运载工具。

第 4 条 本公约各缔约国应按照其宪法程序采取任何必要措施以便在该国领土境内,在属其管辖或受其控制的任何地方,禁止并防止发展、生产、储存、取得或保有本公约第 1 条所规定的物剂、毒素、武器、设备和运载工具。

第 5 条 本公约各缔约国承诺,在解决有关本公约的目标所引起的或在本公约各项条款的应用中所产生的任何问题时,彼此协商和合作。本条所规定的协商和合作也可在联合国范围内根据联合国宪章通过适当国际程序进行。

第 6 条

一、本公约任何缔约国如发现任何其他缔约国的行为违反由本公约各项条款所产生的义务时,得向联合国安全理事会提出控诉。这种控诉应包括能证实控诉成立的一切可能证据和提请安全理事会予以审议的要求。

二、本公约各缔约国承诺,在安全理事会按照联合国宪章条款根据其所收到的控诉而发起进行的任何调查中,给予合作。安全理事会应将调查结果通知本公约各缔约国。

第 7 条 本公约各缔约国承诺,如果安全理事会断定由于本公约遭受违反而使本公约任何缔约国面临危险,即按照联合国宪章向请求援助的该缔约国提供援助或支持这种援助。

第 8 条 本公约中的任何规定均不得解释为在任何意义上限制或减损任何国家根据 1925 年 6 月 17 日在日内瓦签订的《禁止在战争中使用窒息性、毒性或其他气体和细菌作战方法的议定书》所承担的义务。

第 9 条 本公约各缔约国确认有效禁止化学武器的公认目标,并为此目的承诺继续真诚地谈判,以便早日就禁止发展、生产、储存这类武器和销毁这类武器的有效措施,以及就有关为武器目的生产或使用化学剂所特别设计的设备和运载工具的适当措施,达成协议。

第 10 条

一、本公约各缔约国承诺促进——并有权参与——尽可能充分地交换关于细菌(生物)剂和毒素使用于和平目的方面的设备、材料和科技情报。有条件这样做的各缔约国也应该进行合作,个别地或同其他国家或国际组织一起,在为预防疾病或为其他和平目的而进一步发展和应用细菌学(生物学)领域内的科学发现方面,作出贡献。

二、在实施本公约时,应设法避免妨碍本公约各缔约国的经济或技术发展,或有关细菌(生物)的和平活动领域内的国际合作,包括关于按照本公约条款使用于和平目的的细菌(生物)剂和毒素以及加工、使用或生产细菌(生物)剂和毒素的设备方面的国际交换在内。

第 11 条 任何缔约国得对本公约提出修正案。修正案应自其为本公约多数缔约国所接受之时起,对接受修正案的各缔约国生效,此后,对其余各缔约国则应自其接受之日起生效。

第 12 条 本公约生效满 5 年后,或在这以前经本公约多数缔约国向保存国政府提出建议,应在瑞士日内瓦举行本公约缔约国会议,审查本公约的实施情况,以保证本公约序言的宗旨和各项条款——包括关于就化学武器进行谈判的条款——正在得到实现。此项审查应考虑到任何与本公约有关的科学和技术的新发展。

第 13 条

一、本公约应无限期有效。

二、本公约各缔约国如断定与本公约主题有关的非常事件已经危及其国家的最高利益,为行使其国家主权,应有权退出本公约。该国应在 3 个月前将其退约一事通知本公约所有其他缔约国和联合国安全理事会。这项通知应包括关于它认为已危及其最高利益的非常事件的说明。

第 14 条

一、本公约应开放供所有国家签署。未在本公约按照本条第 3 款生效前签署本公约的任何国家,得随时加入本公约。

二、本公约须经各签署国批准。批准书和加入书应交美利坚合众国、大不列颠及北爱尔兰联合王国和苏维埃社会主义共和国联盟三国政府保存,该三国政府经指定为保存国政府。

三、本公约应在包括经指定为本公约保存国政府在内的 22 国政府交存批准书后生效。

四、对于在本公约生效后交存批准书或加入书的国家,本公约应自其批准书或加入书交存之日起生效。

五、保存国政府应将每一签字的日期、每份批准书或加入书交存的日期和本公约生效日期,以及收到其他通知事项,迅速告知所有签署国和加入国。

六、本公约应由保存国政府遵照《联合国宪章》第 102 条办理登记。

第 15 条 本公约的英文、俄文、法文、西班牙文和中文五种文本具有同等效力,应保存在保存国政府的档案库内。本公约经正式核证的副本应由保存国政府分送各签署国和加入国政府。

四、《禁止生物武器公约》的缺陷和面临的挑战

不可否认,《禁止生物武器公约》的出台,是国际军控和国际生物安全的一个重要里程碑。它促成了主要大国大量销毁生物武器,并对生物武器的使用历史进行了清算,在世界范围内形成了一股反对生物武器的潮流,对世界和平及人类的生存发展具有不容低估的历史意义。正如尼克松在放弃生物武器的讲话中所言:"人类手中已经掌握了太多自我毁灭的种子,我们今天做出了一个榜样,我们希望这将有助于创建一个所有国家之间和平与理解的气氛。"①

但是,《禁止生物武器公约》的局限性也是很突出的:① 不反对用于防御目的的生物防护研究;② 对生物武器的研究与发展没有规定明确的界限;③ 对生物武器研制相关设备、生物扩散及部队的防护训练未加限制;④ 没有明确生物战剂清单和阈值;⑤ 迄今没有一个授权对缔约国的设施进行核查的议定书,有关谈判由于美国等国家的反对在2001年破裂;⑥ 无专门的常设履约执行机构或组织,仅按2006年第六次审议会议的要求设立了一个临时性的"履约支持机构"(Implemention Support Unit, ISUD)负责相关会务工作。②

《禁止生物武器公约》在减少扩散方面的一个重大缺陷是缺乏核查和遵守条款。美国学者珍妮·吉耶曼认为,美国政府反对加强这一条约的有关议定书的签订,是出于强调自身的特别的军事保密的需要,以及制药工业专利权的需要。③ 2021年9月8日,中国裁军大使李松在日内瓦举行的《禁止生物武器公约》强化公约机制专题会议上表示,核查机制是确保遵约、建立互信的最有效手段,重新启动公约核查议定书谈判势在必行。李松指出,长期以来,美国惯于对他国指手画脚,却无视国际上对其自身遵约情况的严重关切。作为世界上从事生物军事化活动最多的国家,美国国内的生物防御基地及其遍布全球各地的200多个生物实验室严重缺乏透明度,存在不容忽视的安全隐患,是国际社会的重大关切。我们敦促美方本着公开、透明、负责任的态度,履行公约义务,对本国境内外的生物军事化活动进行全面澄清和宣布。李松强调,将于2022年召开的《禁止生物武器公约》第九次审议大会是进一步加强公约机制的重要机遇。我们应充分肯定公约在消除生物武器威胁、加强全球生物安全治理、促进和平利用与国际合作等方面的核心作用,铭记普遍安全、共同繁荣的共同目标,践行真正的多边主义,通过群策群力,实现合作共赢。中方希望审议大会作出决定,重启核查议定书谈判进程。会议期间,中国关于重启核查议定书谈判的主张得到广泛响应。不结盟运动代表123个缔约国

---

① 转引自〔美〕珍妮·吉耶曼:《生物武器:从国家赞助的研制计划到当代生物恐怖活动》,周子平译,生活·读书·新知三联书店2009年版,第125页。
② 参见郑涛主编:《生物安全学》,科学出版社2014年版,第77页。
③ 参见〔美〕珍妮·吉耶曼:《生物武器:从国家赞助的研制计划到当代生物恐怖活动》,周子平译,生活·读书·新知三联书店2009年版,第198页。

作共同发言,敦促美国改弦更张,呼吁尽快重启这一重要谈判。俄罗斯、巴西、南非、巴基斯坦、古巴、印度、伊朗、肯尼亚、委内瑞拉、菲律宾、爱尔兰等国家代表纷纷发言,强调加强公约履约核查机制的重要性和紧迫性。①

第四节 生物武器的国内法规制

中国从未发展、生产、储存或以其他方法获取或保有《禁止生物武器公约》所禁止的生物剂、毒素及相关的武器、设备或运载工具,制定并严格执行有关法律法规,保证公约的有效实施。

一、通过制定国内法履行禁止生物武器国际条约义务

(一) 制定《生物安全法》专章禁止生物武器

2020年10月,中国出台了一部全面系统的《生物安全法》,虽然这部法律比美国的《生物盾牌法》要晚15年,但是其覆盖的领域远远超过后者,全面系统地规制了七大关键领域的生物安全,尤其在第7章专章规定防范生物恐怖与生物武器威胁。

首先,在总体原则上,《生物安全法》第61条规定,国家采取一切必要措施防范生物恐怖与生物武器威胁。禁止开发、制造或者以其他方式获取、储存、持有和使用生物武器。禁止以任何方式唆使、资助、协助他人开发、制造或者以其他方式获取生物武器。

其次,《生物安全法》规定了制定生物两用品清单,并限制其进出境、进出口、获取、制造、转移和投放。该法第62条规定,国务院有关部门制定、修改、公布可被用于生物恐怖活动、制造生物武器的生物体、生物毒素、设备或者技术清单,加强监管,防止其被用于制造生物武器或者恐怖目的。第63条规定,国务院有关部门和有关军事机关根据职责分工,加强对可被用于生物恐怖活动、制造生物武器的生物体、生物毒素、设备或者技术进出境、进出口、获取、制造、转移和投放等活动的监测、调查,采取必要的防范和处置措施。

实际上,早在2002年12月,中国就颁布实施了《生物两用品及相关设备和技术出口管制条例》及其管制清单,采用许可证制度和"全面管制"原则,对

---

① 参见聂晓阳、陈俊侠:《中国裁军大使:〈禁止生物武器公约〉核查议定书谈判势在必行》,http://www.xinhuanet.com/2021-09/09/c_1127844030.htm,2021年10月1日访问。

双用途的生物病原体、毒素及相关设备和技术的出口实施严格管理。① 该条例主要内容包括：① 生物两用品及相关设备和技术出口应当遵守国家有关法律、行政法规和本条例规定，不得损害国家安全和社会公共利益。国家对生物两用品及相关设备和技术出口实行严格管制，防止该条例附件《生物两用品及相关设备和技术出口管制清单》所列的生物两用品及相关设备和技术用于生物武器目的。② 国家对《生物两用品及相关设备和技术出口管制清单》所列的生物两用品及相关设备和技术出口实行许可制度。未经许可，任何单位或者个人不得出口《生物两用品及相关设备和技术出口管制清单》所列的生物两用品及相关设备和技术。从事生物两用品及相关设备和技术出口的经营者，须经国务院对外经济贸易主管部门登记。未经登记，任何单位或者个人不得经营生物两用品及相关设备和技术出口。生物两用品及相关设备和技术出口申请经审查许可的，由国务院外经贸主管部门向申请人颁发生物两用品及相关设备和技术出口许可证件，并书面通知海关。③ 生物两用品及相关设备和技术出口的接受方应当保证：所进口的生物两用品及相关设备和技术不用于生物武器目的；未经中国政府允许，不将中国供应的生物两用品及相关设备和技术用于申明的最终用途以外的其他用途；未经中国政府允许，不将中国供应的生物两用品及相关设备和技术向申明的最终用户以外的第三方转让。接受方违反其依照规定作出的保证，或者出现《生物两用品及相关设备和技术出口管制清单》所列的可用于生物武器目的的生物两用品及相关设备和技术扩散的危险时，国务院外经贸主管部门应当对已经颁发的出口许可证件予以中止或者撤销，并书面通知海关。④ 对国家安全、社会公共利益有重大影响的生物两用品及相关设备和技术出口，国务院外经贸主管部门应当会同有关部门报国务院批准。⑤ 任何单位或者个人知道或者应当知道所出口的生物两用品及相关设备和技术将被接受方直接用于生物武器目的，无论该生物两用品及相关设备和技术是否列入《生物两用品及相关设备和技术出口管制清单》，都不应当出口。⑥ 未经许可擅自出口生物两用品及相关设备和技术的，或者擅自超出许可的范围出口生物两用品及相关设备和技术的，依照刑法关于走私罪、非法经营罪、泄露国家秘密罪或者其他罪的规定，依法追究刑事责任。伪造、变造或者买卖生物两用品及相关设备和技术

---

① 《中华人民共和国关于履行〈禁止生物武器公约〉情况的国家报告》，https://www.fmprc.gov.cn/web/wjb_673085/zfxxgk_674865/gknrlb/tywj/zcwj/t309169.shtml，2021 年 11 月 1 日访问。

出口许可证件的,依照刑法关于非法经营罪或者伪造、变造、买卖国家机关公文、证件、印章罪的规定,依法追究刑事责任。以欺骗或者其他不正当手段获取生物两用品及相关设备和技术出口许可证件的,未经登记擅自经营生物两用品及相关设备和技术出口的,对生物两用品及相关设备和技术出口实施管制的国家工作人员滥用职权、玩忽职守或者利用职务上的便利索取、收受他人财物的,规定了处罚措施。该条例的公布施行,对于加强对生物两用品及相关设备和技术出口的管制,维护国家安全和社会公共利益,具有重要意义。① 2006 年 7 月,根据防扩散形势发展和中国国情,中国政府对该条例的管制清单进行了修订和补充,增加了 SARS 病毒等 13 种病菌(毒)种和 1 种设备。中方主管部门通过严格执法,对生物两用物项和技术实施了有效的出口管制。②

再次,《生物安全法》规定了遭受生物武器袭击后的应急处置措施。该法第 64 条规定,国务院有关部门、省级人民政府及其有关部门负责组织遭受生物恐怖袭击、生物武器攻击后的人员救治与安置、环境消毒、生态修复、安全监测和社会秩序恢复等工作。国务院有关部门、省级人民政府及其有关部门应当有效引导社会舆论科学、准确报道生物恐怖袭击和生物武器攻击事件,及时发布疏散、转移和紧急避难等信息,对应急处置与恢复过程中遭受污染的区域和人员进行长期环境监测和健康监测。

最后,《生物安全法》还专门规定了对历史遗留生物武器的安全处置。该法第 65 条规定,国家组织开展对我国境内战争遗留生物武器及其危害结果、潜在影响的调查。国家组织建设存放和处理战争遗留生物武器设施,保障对战争遗留生物武器的安全处置。值得注意的是,2020 年 9 月 3 日,中国人民抗日战争暨世界反法西斯战争胜利 75 周年纪念日,中国国家图书馆发布了"日本细菌战资源库"、《侵华日军细菌战档案汇编》等文献整理成果。"日本细菌战资源库"以国家图书馆从海外征集的日本细菌战档案为基本素材,对原始文件进行逐页整理标引后建成,内容包括日本细菌武器研究与试验、日本对华实施细菌战、日本使用活人进行人体试验、日军针对战俘及平民的暴

---

① 参见《中国大百科全书·军事》,中国大百科全书出版社 2007 年版,第 662 页。
② 参见《中华人民共和国关于履行〈禁止生物武器公约〉情况的国家报告》,https://www.fmprc.gov.cn/web/wjb_673085/zfxxgk_674865/gknrlb/tywj/zcwj/t309169.shtml,2021 年 11 月 1 日访问。

行、盟军对日本涉细菌战科研人员和军人进行调查、盟军关于组织战争罪行审判等方面的史料1万余页。档案还系统揭示了远东国际军事法庭审判期间，美国为获取日本细菌战所谓"研究成果"，阻碍司法公正，牺牲中国人民追究日本细菌战罪责的权利，与日本达成秘密交易的内幕，是研究日本细菌战罪行重要的一手史料。①

（二）其他法律中防控生物武器的规定

除了《生物安全法》系统规定禁止和防范生物武器的规定，中国还有多部法律包含防控生物武器的内容。譬如，2001年12月，全国人大常委会通过了《刑法修正案（三）》，将制造、买卖、运输、储存、投放、盗窃、抢夺、抢劫传染病病原体等物质的行为定为犯罪，并视情节轻重给予不同程度的刑事处罚；将组织、领导、参加包括生物恐怖活动在内所有恐怖活动的行为定为犯罪。

2020年12月26日，全国人大常委会通过《刑法修正案（十一）》，增加了两个罪名——"非法采集人类遗传资源、走私人类遗传资源罪""非法植入基因编辑、克隆胚胎罪"。该修正案第38条规定："在刑法第三百三十四条后增加一条，作为第三百三十四条之一：'违反国家有关规定，非法采集我国人类遗传资源或者非法运送、邮寄、携带我国人类遗传资源材料出境，危害公众健康或者社会公共利益，情节严重的，处三年以下有期徒刑、拘役或者管制，并处或者单处罚金；情节特别严重的，处三年以上七年以下有期徒刑，并处罚金。'"第39条规定："在刑法第三百三十六条后增加一条，作为第三百三十六条之一：'将基因编辑、克隆的人类胚胎植入人体或者动物体内，或者将基因编辑、克隆的动物胚胎植入人体内，情节严重的，处三年以下有期徒刑或者拘役，并处罚金；情节特别严重的，处三年以上七年以下有期徒刑，并处罚金。'"

上述两条罪名其实对生物武器的控制有重要意义，譬如对于人遗资源出境问题，其背后就包含保护基因安全。可以设想一下，如果带有民族独特表征的人体基因样本出境，在境外改造成针对本民族的生物武器，后果会怎样？同样，对人体的基因进行编辑，如果不当编辑形成缺陷基因，特别是对性细胞的基因编辑，导致编辑形成的基因缺陷可能遗传，那么会造成多么严重的不可逆转的问题？

此外，中国还颁布实施了《传染病防治法》《进出境动植物检疫法》《中国

---

① 参见《日本细菌战资源库》，http://lib.cpu.edu.cn/ff/98/c1197a130968/page.htm，2021年11月1日访问。

微生物菌种保藏管理条例》《病原微生物实验室生物安全管理条例》《突发公共卫生事件应急条例》《重大动物疫情应急条例》《兽药管理条例》《基因工程安全管理办法》等一系列法律法规,严格规范有关危险菌(毒)种、疫苗等的管理、使用、保藏、携带、运输和转让等活动,并有效应对重大传染病和动物疫情等突发公共卫生事件。

二、完善科学家行为及全社会的生物伦理准则

生物技术是一把双刃剑,既可以用来发展高科技武器,又可以帮助人类战胜罕见疾病。与很多高科技技术不同,生物技术的管控难度非常之大,很多技术从民用到军用,只有一步之遥。相反,约束生物科学家的法律永远跟不上生物科技发展的速度,这就要求对生物武器的规制不能完全依靠实定法,而要把大量的功夫花在完善科学家行为准则、提升其生物伦理意识上。唯有如此,生物技术变身杀人利器的概率才会从根本上降低。

关于法律应对生物科技的局限性,美国生物武器史研究专家珍妮·吉耶曼就指出,禁止有潜在危险的科学知识的发表即使不是不可能的,也是很难做到的。全世界有一万多种有关生命科学的杂志,近年来每年的投稿数已有近50万篇,在美国国家卫生研究所的支持下,已有六千多种这类电子版杂志。严格和广泛的审查制度肯定会影响这方面信息的交流,带来难以预计的后果。如果生物技术可以被恐怖分子用来危害公众的利益,那么科学家可以集体进行什么样的控制呢?2003年美国国家研究委员会特别委员会的报告所持的态度是:应当由科学家来掌握有关什么研究构成了对国家安全威胁的判断。[①] 这其实就是依托有声誉和责任感的科学家建立一套内控机制。

中国一向重视对从事生物科研和教育工作者的生物安全和道德规范教育。在科学领域,中国科学院于2001年通过的《中国科学院院士科学道德自律准则》要求,全体院士应恪守科学道德准则,坚持科学服务于人类文明、和平与进步。中国科学技术协会以及中国科学院设有道德委员会,专门负责科学家的行为和操守等问题。在教育领域,中国的主要高等院校都制定了学术道德守则,从教师的角度加强学术道德和社会责任意识。

此外,《生物安全法》还尤其重视生物伦理的建设,具体包括:第一,全社

---

① 参见〔美〕珍妮·吉耶曼:《生物武器:从国家赞助的研制计划到当代生物恐怖活动》,周子平译,生活·读书·新知三联书店2009年版,第274页。

会生物伦理宣教。《生物安全法》第7条规定:"各级人民政府及其有关部门应当加强生物安全法律法规和生物安全知识宣传普及工作,引导基层群众性自治组织、社会组织开展生物安全法律法规和生物安全知识宣传,促进全社会生物安全意识的提升。相关科研院校、医疗机构以及其他企业事业单位应当将生物安全法律法规和生物安全知识纳入教育培训内容,加强学生、从业人员生物安全意识和伦理意识的培养。新闻媒体应当开展生物安全法律法规和生物安全知识公益宣传,对生物安全违法行为进行舆论监督,增强公众维护生物安全的社会责任意识。"第二,禁止违反生物伦理的生物技术研究。《生物安全法》第34条第2款规定,"从事生物技术研究、开发与应用活动,应当符合伦理原则。"第40条规定:"从事生物医学新技术临床研究,应当通过伦理审查,并在具备相应条件的医疗机构内进行;进行人体临床研究操作的,应当由符合相应条件的卫生专业技术人员执行。"第三,禁止违反生物伦理的人遗资源采集。《生物安全法》第55条规定:"采集、保藏、利用、对外提供我国人类遗传资源,应当符合伦理原则,不得危害公众健康、国家安全和社会公共利益。"除此之外,《生物安全法》第74条还规定了违反生物伦理的法律责任,包括巨额罚款,十年直至终身禁止从事相应的生物技术研究、开发与应用活动,依法吊销相关执业证书。同时,《刑法修正案(十一)》还对违反伦理的基因编辑规定了刑事责任。

可以说,法律无法适应生物科技快速发展,而生物科技对人类社会的摧毁能力急剧上升,弹性更强的道德规范恰恰能填补法律漏洞。在设定某些程序要件,如伦理委员会的审查,或实体要件,如明确禁止生殖目的之基因编辑后,道德入法这一传统普遍但为现代法治一度排斥的做法,正在生物科技领域悄然复兴。

第八章 传染病防治法治

第一节 传染病与生物恐怖主义

一、传染病概念及分类

(一) 传染病的概念及特征

传染病(Infectious Diseases)是由各种病原体引起,能在人与人、动物与动物或人与动物之间相互传播的一类疾病。病原体主要包括病毒、立克次体、细菌、衣原体、支原体、螺旋体、真菌和寄生虫等。病原体是一种寄生物,必须从其他生物体内获得生存与繁殖条件。

传染病的发生与流行,必须具备三个条件,即传染源、传播途径和易感人群,统称为流行过程三环节。传染源是指体内有病原体生长、繁殖,并能排除病原体的人和动物,包括病人、病原携带者和受感染动物。传播途径是指病原体从传染源排出后,在侵入宿主之前,在外环境中停留和转移所经历的全过程。病原体停留和转移必须依附于各种生物媒介和非生物媒介,例如经空气、水、食物传播,经接触传播、垂直传播,等等。人群易感性是指人群作为一个整体对传染病易感人群程度,是与群体免疫力相对应的概念。群体免疫水平高,则人群易感性低,当人群中免疫人口达到一定比例时,即不需要整个人群全部获得免疫,就可终止传染病流行。① 这三个环节需同时存在并相互联系才能形成传染病的流行过程。传染病的流行受到自然因素和社会因素的影响,如果能采取有效措施,切断其中任意环节,流行过程即告终止。

综上所述,传染病具有下列基本特征:第一,每种传染病都有特异性病原体,例如病毒、细菌、真菌、寄生虫等。第二,传染病具有传染性。这是与其他感染性疾病的主要区别。第三,有流行病学的特征。在一定条件下,传染病能在人群中广泛传播蔓延的特性称为流行性,按其强度可分为散发、流行、大

---

① 参见李立明主编:《流行病学》(第四版),人民卫生出版社2001年版,第158—167页。

流行,存在地方性和季节性特点。第四,人体感染病原体后,能产生针对病原体及其产物的特异性免疫。

(二)传染病的分类

世界卫生组织规定的国际监测传染病为流行病感冒、脊髓灰质炎、疟疾、流行性斑疹伤寒和回归热5种。各国传染病监测范围各有不同。我国目前《传染病防治法》规定,需要法定报告的传染病分为甲、乙、丙3类,包括国家卫生行政部门决定列入乙类、丙类传染病管理的其他传染病和按照甲类管理开展应急监测报告的其他传染病,共40种。甲类传染病是指鼠疫、霍乱。乙类传染病是指传染性非典型肺炎、艾滋病、病毒性肝炎、脊髓灰质炎、人感染高致病性禽流感、麻疹、流行性出血热、狂犬病、流行性乙型脑炎、登革热、炭疽、细菌性和阿米巴性痢疾、肺结核、伤寒和副伤寒、流行性脑脊髓膜炎、百日咳、白喉、新生儿破伤风、猩红热、布鲁氏菌病、淋病、梅毒、钩端螺旋体病、血吸虫病、疟疾。2009年增加甲型H1N1流感,2020年增加新型冠状病毒肺炎为乙类传染病。丙类传染病是指流行性感冒、流行性腮腺炎、风疹、急性出血性结膜炎、麻风病、流行性和地方性斑疹伤寒、黑热病、包虫病、丝虫病,除霍乱、细菌性和阿米巴性痢疾、伤寒和副伤寒以外的感染性腹泻病;2018年新增手足口病为丙类传染病。

二、传染病流行史和全球现状

根据传染病在人类历史上出现的时期,传染病可分为古老的传染病,如天花、鼠疫、霍乱等,以及新发传染病,如SARS、MERS、新冠肺炎等。自古以来,传染病就是引起人类死亡的主要原因。造成世界范围内大流行的古老传染病主要包括天花、鼠疫、疟疾、霍乱、结核病、1918年大流感等。

天花病毒是人类发现的最古老的病毒之一,最早的天花疫情发生在公元前1350年古埃及与赫梯王国的战争中,随后的1500多年,天花病毒基本覆盖欧非亚大陆。15世纪末,天花病毒跟随殖民者传至美洲,随后的100年里,天花病毒导致90%印第安人死亡。

鼠疫有三次世界大流行:第一次发生在公元5世纪东罗马帝国时期,约导致东罗马帝国三分之一的人口死亡,整个欧洲死亡人数在2000万人以上;第二次发生在14世纪欧亚大陆,导致约7500万至2亿人死亡,欧洲约30%—60%的人口死于此次大流行;第三次大流行发生在1855年至1859年,始于中国,蔓延至所有大陆,仅印度就有1000万人丧生。①

疟疾是由于感染疟原虫所引起的虫媒传染病,一般通过蚊虫叮咬或输入感染疟原虫的血液传播。全世界约有一半人口处于感染疟疾的风险之中,非洲、东南亚、南美洲为重灾区。特别是撒哈拉以南的非洲地区,占到全球80%—90%的病例。据世界卫生组织统计,目前仍有92个国家和地区处于疟疾高度和中度流行中,每年发病人数为1.5亿,死亡人数约200万人。②

霍乱是一种古老的肠道传染病,曾在19世纪引起六次世界范围内大流行,均源于印度恒河三角洲地区。第七次世界大流行发生在1949年之后。据统计,霍乱每年大约引起130万—400万例病例,其中大约死亡2.1万—14.3万例。现在,霍乱仍在许多国家呈地方性流行趋势。

结核病是一种结核杆菌引起的慢性传染病。19世纪,结核病在欧洲和北美大肆流行,从滑铁卢战役到第一次世界大战爆发前,20岁至60岁的成年人肺结核死亡率是97%。1993年世界卫生组织宣布,结核病疫情进入"全球紧急状态"。2018年,全球范围内估计有1000万人患上结核,我国约有86.6万人感染。③

1918年大流感最先进入人们视野是西班牙报道本国暴发大流感,始于当年1月,于1920年12月结束,历时近3年,造成全球约5000万—1亿人死亡,占全球人口的5%。④ 这次大流感后被查明是甲型H1N1流感病毒引发。此次大流感促使很多国家采取"保护性隔离"等疫情防控措施,形成公共卫生系统雏形。

除以上传统型的传染病,人类健康还面临新的传染病威胁,包括艾滋病、传染非典型肺炎(SARS)、人感染禽流感、埃博拉病毒、中东呼吸综合征(MERS)、新型冠状病毒等。随着人类活动的全球化,传染病可能随着物流、人流迅速传播到全球,传染病跨国界传播的可能性大大增加,对群体健康构成严重威胁。⑤ 根据世界卫生组织报告,对人类危害最大的48种疾病中,有40种属于传染病和寄生虫病。1995年全世界死亡的5200万人中有1700万

---

① 参见王慧等主编:《还原传染病的真相》,华东师范大学出版社2020年版,第1—11页。
② 参见罗月:《认识疟疾》,载《家庭医学(下半月)》2021年第9期。
③ 参见王慧等主编:《还原传染病的真相》,华东师范大学出版社2020年版,第17—23页。
④ 同上书,第29页。
⑤ 参见李立明、姜庆五主编:《中国公共卫生理论与实践》,人民卫生出版社2015年版,第459页。

死于传染病,占到了 32.7%。① 世界卫生组织发布的《2020 年世界卫生统计》报告,自 2000 年以来,归因于艾滋病、结核、疟疾和被忽视的热带病的死亡率平均每年下降 2.4%—3.2%,下降幅度大于非传染性疾病。2018 年,艾滋病、结核和疟疾分别导致 80 万、120 万和 40 万人死亡。虽然近年非传染性慢性疾病已经成为死亡的主要原因,但是人类寿命更长、更健康的可持续发展目标,因为新冠病毒肺炎等新型传染病,而偏离轨道。世卫组织助理总干事萨米拉·阿斯玛(Samira Asma)博士说:"新冠疫情大流行突出表明,需要通过改善基本个人卫生和环境卫生等多领域干预措施,保护人们免受突发公共卫生事件的影响,并促进全民健康覆盖、人口更加健康,使人们不再需要卫生服务。"因此,随着新冠疫情在全球暴发,如何提升传染病预防和控制能力、突发公共卫生事件应对能力,重新成为各国政府关注的重要内容。

我国传染病预防和控制已经取得巨大成就。中华人民共和国成立之初,我国就消灭了古典型霍乱;20 世纪 60 年代初又消灭了天花、鼠疫等,传染病基本得到控制;脊髓灰质炎已经接近基本消灭的目标;麻疹、白喉、百日咳、破伤风等传染病的发病率明显下降。② 进入 21 世纪之后,我国又经历了 2003 年 SARS、2005 年 H5N1 禽流感、2009 年 H1N1 流感疫情,传染病疫情防控体系不断完善。针对世界范围内流行或其他国家集中爆发的 2013 年人感染 H7N9 禽流感、2014 年埃博拉出血热、2015 年中东呼吸综合征、2016 年塞卡病毒病及黄热病等疫情,我国传染病疫情防控体系体现了良好的应对能力,有效地应对了传染病疫情的威胁。针对 2019 年突如其来的新型冠状病毒肺炎疫情,我国政府以科学为依据、以人民健康为中心的防疫策略,在疫情防控方面取得重大胜利。但是,新冠疫情至今仍在全世界范围内大流行,未来仍有可能新发传染病疫情,艾滋病、结核、病毒性肝炎等传统传染病仍然存在流行的情况,使得我国始终面临传染病防控的压力,对我国传染病常态化防控和突发疫情应对能力提出更高要求。

三、传染病病毒的生物恐怖主义威胁

天花是一种古老的传染病,具有传染性强、致死率高(病死率约 30%)的特点,也是目前历史上唯一被人类消灭的传染病。15 世纪末,天花病毒跟随

---

① 参见李立明主编:《流行病学》(第四版),人民卫生出版社 2001 年版,第 168 页。
② 同上书,第 158 页。

西班牙和葡萄牙的殖民者,来到美洲。由于美洲原住民印第安人从未接触过天花病毒,从而缺乏免疫力,导致病死率高达90%,天花的传播和流行几乎让印第安人灭绝。欧洲人踏上美洲大陆时,原住民在2000万至3000万之间;大约100年后,原住民人口已经不足100万。① 世界范围内,天花病毒致人死亡的数量超过所有人类战争的死亡人数。直到1796年,世界上才出现第一只疫苗——牛痘疫苗(即天花疫苗)。19世纪后期,欧美各国政府通过立法强制全民接种天花疫苗。随着疫苗技术的发展,政府强有力地推行强制疫苗接种政策以及广泛地国际合作,1980年世界卫生组织宣布人类成功消灭天花。② 对于天花病毒能否作为生物恐怖主义武器使用,美国作者劳丽·加勒特在《失信:公共卫生体系的崩溃》一书中有所提及。1763年7月,英国驻美洲殖民地总司令杰弗里·阿莫斯特爵士提及印第安部落的庞蒂亚克起义时写道:难道不能设法把天花传染给那些心怀不满的印第安部落么?1781年7月13日,英国将军亚历山大·莱斯利在美国独立战争期间,写下了用天花对付乔治·华盛顿将军支持者的计划:将700多名感染了天花病毒的黑人派到叛军的种植园。1993年5月1日,美国疾病预防控制中心召开了关于全球消灭天花之后实验室储存天花病毒的处置会议,会议讨论中,科学家披露苏联科学家已经研制出一种由天花病毒制成的大规模杀伤武器。③

除将天花病毒作为生物武器以外,1933年至1940年,日本在我国开发并使用了生物武器,利用生物炸弹在部分地区引起斑疹伤寒、霍乱等传染病暴发。④ 美国于1943年开始生物武器计划,曾研制携带黄热病毒的特殊蚊子,以及将炭疽热、土拉巴斯德氏菌、球芽孢杆菌和小麦致命真菌茎锈病等农业微生物制成的武器。直到1969年11月,时任美国总统尼克松宣布美国放弃任何形式致人死亡或丧失能力的致命生物武器,未来的细菌计划仅用于研究生物防御以及如何控制和预防传染病的传播。1979年4月2日,苏联国防部在叶卡捷琳堡城外的炭疽实验失败,造成炭疽干孢子泄漏事故,短时间内当地居民约77人出现吸入性炭疽热症状。随着时间推移,更多群众暴露于低剂

---

① 参见王慧等主编:《还原传染病的真相》,华东师范大学出版社2020年版,第4页。
② 同上书,第6页。
③ 参见〔美〕劳丽·加勒特:《失信:公共卫生体系的崩溃》,张帆等译,国际文化出版公司2021年版,第431—433页。
④ 同上书,第443页。

量炭疽环境当中,最终约 1000 人死亡,健康损害难以估计。①

回顾 20 世纪下半叶,天花和炭疽暴发等所造成的恐怖,已有足够的证据表明,新的科学技术发展使得操纵基因和制造超级细菌、超级病毒简单易行,以传染病病毒作为生物恐怖主义的武器,严重威胁到公共健康、种族安全和国家安全,生物安全成为国家安全的重要战略力量。而现实是国家生物武器防御系统薄弱,民用生物防御系统几乎不存在。因此,国家和政府、公众必须采取措施预防和控制传染病的暴发和流行,即使是面对传染病病毒的生物恐怖主义威胁,传染病防控的公共卫生策略也是唯一有效的解决办法。美国约翰霍普金斯大学公共卫生学院曾主持"平民生物防御研究中心"项目来研究公共卫生对策。②

四、传染病防治的国际合作

消灭天花是 20 世纪,也是人类传染病历史上最引人瞩目的公共卫生策略胜利。消灭天花得益于三个方面:第一,疫苗研发和生产的相关科学技术发展。从 1796 年世界上发明人类历史上第一支牛痘疫苗开始,到 20 世纪中叶,除牛痘疫苗外,适用于热带国家的冻干疫苗亦被发明。第二,各国政府投入资金,并通过政策、立法等形式强制全民接种疫苗。第三,各国之间跨越隔阂,对天花病毒形成共识,全球联合行动,致力于消灭天花。1967 年,全球开始最后一次大规模消灭天花运动;1977 年全球最后一例天花患者被治愈;1979 年 10 月 25 日,基于两年未发现天花自然病例,这一天被定义为"人类天花绝迹日"。③ 有学者研究表明,国际层面更具规划的所有权分配、联盟以及协调,对于实现合作的公共卫生预期目标十分关键。④ 消灭天花运动的成功说明,只有加强传染病防治的国际间合作,才能有效控制以至消除传染病。

第一次国际卫生会议于 1851 年在巴黎召开,制定了世界第一个地区性《国际卫生公约》,该公约随后经过多次修订。1948 年,第 1 届世界卫生大会起草了《国际公共卫生条例》。2005 年 5 月,第 58 届世界卫生大会通过了《国

---

① 参见〔美〕劳丽·加勒特:《失信:公共卫生体系的崩溃》,张帆等译,国际文化出版公司 2021 年版,第 443—444、446 页。
② 同上书,第 433 页。
③ 参见王慧等主编:《还原传染病的真相》,华东师范大学出版社 2020 年版,第 6 页。
④ 参见〔美〕詹姆斯·郝圣格主编:《当代美国公共卫生原理、实践与政策》,赵莉、石超明译,社会科学文献出版社 2015 年版,第 225 页。

际公共卫生条例》的修订,强调了流行病学监测和传染病控制,旨在加强流行病学的监测手段在国际间的运用,以尽早发现或扑灭传染源,改善港口、机场及其周围的环境卫生,防止媒介扩散,并且鼓励各国卫生当局重视流行病学调查,减少疾病入侵的危险。1971年12月16日,联合国大会通过《禁止细菌(生物)及毒素武器的发展、生产及储存以及销毁这类武器的公约》,1972年4月10日开放签字,1975年3月26日生效,主要内容是:缔约国在任何时间、任何情况下,不以任何方式发展、生产、储存、取得和保留非用于和平目的的细菌或其他生物制剂和毒素以及此类武器、设备或运载工具。

第二节 我国传染病防控的立法和责任主体

我国作为人口超级大国,根据第七次人口普查数据,常住人口超过1000万的城市共有18个城市,人口密集,国际交往频繁,面临着新发、突发、输入性传染病和不明原因疾病防控,以及生物恐怖袭击威胁的巨大压力。因此,我国需要构建完善的传染病疾病预防控制体系,加强国际间合作,明确立法,保障国家、社会、公众的生物安全和公共安全。

一、我国传染病防控的立法现状

为了预防、控制和消除传染病的发生与流行,保障人体健康和公共卫生,第七届全国人大常委会第六次会议于1989年2月21日通过《传染病防治法》。该法自1989年9月1日起施行,于2004年进行大幅度修订,并于2013年进行修正。《传染病防治法》对传染病的预防、疫情报告、通报和公布、疫情控制和医疗救治、监督管理和保障措施、法律责任等内容进行了详细规定。除此之外,《国境卫生检疫法》《传染病防治法实施办法》《突发公共卫生事件应急管理条例》等法律规范也对传染病预防控制内容作出规定。

二、我国传染病防控的责任主体

传染病预防控制工作涉及各级人民政府、卫生行政部门、疾病预防控制中心、医疗机构等多主体的综合预防和治理,在各自的职责范围负责传染病预防、监测、报告、医疗救治等工作。

(一)人民政府职责

各级人民政府领导传染病防治工作。县级以上人民政府制定传染病防治规划并组织实施,建立健全传染病防治的疾病预防控制、医疗救治和监督管理体系。

国务院卫生行政部门根据传染病暴发、流行情况和危害程度,可以决定增加、减少或者调整乙类、丙类传染病病种并予以公布。对乙类传染病中传染性非典型肺炎、炭疽中的肺炭疽和人感染高致病性禽流感,采取《传染病防治法》所称甲类传染病的预防、控制措施。其他乙类传染病和突发原因不明的传染病需要采取本法所称甲类传染病的预防、控制措施的,由国务院卫生行政部门及时报经国务院批准后予以公布、实施。需要解除采取甲类传染病预防、控制措施的,由国务院卫生行政部门报经国务院批准后予以公布。

省、自治区、直辖市人民政府对本行政区域内常见、多发的其他地方性传染病,可以根据情况决定按照乙类或者丙类传染病管理并予以公布,报国务院卫生行政部门备案。

(二)卫生健康行政部门职责

国务院卫生行政部门主管全国传染病防治及其监督管理工作。县级以上地方人民政府卫生行政部门负责本行政区域内的传染病防治及其监督管理工作。

县级以上地方人民政府卫生行政部门监督检查职责主要包括:(1)对下级人民政府卫生行政部门履行法定的传染病防治职责进行监督检查;(2)对疾病预防控制机构、医疗机构的传染病防治工作进行监督检查;(3)对采供血机构的采供血活动进行监督检查;(4)对用于传染病防治的消毒产品及其生产单位进行监督检查,并对饮用水供水单位从事生产或者供应活动以及涉及饮用水卫生安全的产品进行监督检查;(5)对传染病菌种、毒种和传染病检测样本的采集、保藏、携带、运输、使用进行监督检查;(6)对公共场所和有关单位的卫生条件和传染病预防、控制措施进行监督检查。

县级以上人民政府其他部门在各自的职责范围内负责传染病防治工作。省级以上人民政府卫生行政部门负责组织对传染病防治重大事项的处理。

(三)疾病预防控制机构职责

各级疾病预防控制机构承担传染病监测、预测、流行病学调查、疫情报告以及其他预防、控制工作,具体包括:(1)实施传染病预防控制规划、计划和方案;(2)收集、分析和报告传染病监测信息,预测传染病的发生、流行趋势;(3)开展对传染病疫情和突发公共卫生事件的流行病学调查、现场处理及其效果评价;(4)开展传染病实验室检测、诊断、病原学鉴定;(5)实施免疫规划,负责预防性生物制品的使用管理;(6)开展健康教育、咨询,普及传染病防治知识;(7)指导、培训下级疾病预防控制机构及其工作人员开展传染病监测工作;(8)开展传染病防治应用性研究和卫生评价,提供技术咨询。

国家、省级疾病预防控制机构负责对传染病发生、流行以及分布进行监测,对重大传染病流行趋势进行预测,提出预防控制对策,参与并指导对暴发的疫情进行调查处理,开展传染病病原学鉴定,建立检测质量控制体系,开展应用性研究和卫生评价。

设区的市和县级疾病预防控制机构负责传染病预防控制规划、方案的落实,组织实施免疫、消毒、控制病媒生物的危害,普及传染病防治知识,负责本地区疫情和突发公共卫生事件监测、报告,开展流行病学调查和常见病原微生物检测。

(四)医疗机构职责

医疗机构承担与医疗救治有关的传染病防治工作和责任区域内的传染病预防工作。城市社区和农村基层医疗机构在疾病预防控制机构的指导下,承担城市社区、农村基层相应的传染病防治工作。

(五)其他机构职责

县级以上人民政府农业、林业行政部门以及其他有关部门,依据各自的职责负责与人畜共患传染病有关的动物传染病的防治管理工作。与人畜共患传染病有关的野生动物、家畜家禽,经检疫合格后,方可出售、运输。

第三节 传染病的预防

传染病的预防是指,在尚未出现疫情之前,针对可能受病原体威胁的人群采取措施,或者针对可能存在病原体的环境、媒介昆虫、动物等所采取的预防方法,具体包括改善卫生条件、免疫预防、国境卫生检疫、健康教育等。[①]《传染病防治法》规定了传染病预防的六个公共卫生策略和制度。

一、个人卫生与环境卫生

各级人民政府组织开展群众性卫生活动,进行预防传染病的健康教育,

---

① 参见李立明主编:《流行病学》(第四版),人民卫生出版社2001年版,第169页。

倡导文明健康的生活方式，提高公众对传染病的防治意识和应对能力，加强环境卫生建设，消除鼠害和蚊、蝇等病媒生物的危害。各级人民政府有计划地建设和改造公共卫生设施，改善饮用水卫生条件，对污水、污物、粪便进行无害化处置。各级人民政府农业、水利、林业行政部门按照职责分工负责指导和组织消除农田、湖区、河流、牧场、林区的鼠害与血吸虫危害，以及其他传播传染病的动物和病媒生物的危害。铁路、交通、民用航空行政部门负责组织消除交通工具以及相关场所的鼠害和蚊、蝇等病媒生物的危害。

用于传染病防治的消毒产品、饮用水供水单位供应的饮用水和涉及饮用水卫生安全的产品，应当符合国家卫生标准和卫生规范。饮用水供水单位从事生产或者供应活动，应当依法取得卫生许可证。生产用于传染病防治的消毒产品的单位和生产用于传染病防治的消毒产品，应当经省级以上人民政府卫生行政部门审批。

在国家确认的自然疫源地计划兴建水利、交通、旅游、能源等大型建设项目的，应当事先由省级以上疾病预防控制机构对施工环境进行卫生调查。建设单位应当根据疾病预防控制机构的意见，采取必要的传染病预防、控制措施。施工期间，建设单位应当设专人负责工地上的卫生防疫工作。工程竣工后，疾病预防控制机构应当对可能发生的传染病进行监测。

对被传染病病原体污染的污水、污物、场所和物品，有关单位和个人必须在疾病预防控制机构的指导下或者按照其提出的卫生要求，进行严格消毒处理；拒绝消毒处理的，由当地卫生行政部门或者疾病预防控制机构进行强制消毒处理。

二、预防接种制度

国家实行有计划的预防接种制度。国务院卫生行政部门和省、自治区、直辖市人民政府卫生行政部门，根据传染病预防、控制的需要，制定传染病预防接种规划并组织实施。用于预防接种的疫苗必须符合国家质量标准。

国家对儿童实行预防接种证制度。国家免疫规划项目的预防接种实行免费。医疗机构、疾病预防控制机构与儿童的监护人应当相互配合，保证儿童及时接受预防接种。

三、传染病监测和预警制度

国家建立传染病监测制度。国务院卫生行政部门制定国家传染病监测规划和方案。省、自治区、直辖市人民政府卫生行政部门根据国家传染病监测规划和方案,制订本行政区域的传染病监测计划和工作方案。各级疾病预防控制机构对传染病的发生、流行以及影响其发生、流行的因素,进行监测;对国外发生、国内尚未发生的传染病或者国内新发生的传染病,进行监测。

国家建立传染病预警制度。国务院卫生行政部门和省、自治区、直辖市人民政府根据传染病发生、流行趋势的预测,及时发出传染病预警,根据情况予以公布。县级以上地方人民政府应当制订传染病预防、控制预案,报上一级人民政府备案。传染病预防、控制预案应当包括以下主要内容:(1)传染病预防控制指挥部的组成和相关部门的职责;(2)传染病的监测、信息收集、分析、报告、通报制度;(3)疾病预防控制机构、医疗机构在发生传染病疫情时的任务与职责;(4)传染病暴发、流行情况的分级以及相应的应急工作方案;(5)传染病预防、疫点疫区现场控制,应急设施、设备、救治药品和医疗器械以及其他物资和技术的储备与调用。

地方人民政府和疾病预防控制机构接到国务院卫生行政部门或者省、自治区、直辖市人民政府发出的传染病预警后,应当按照传染病预防、控制预案,采取相应的预防、控制措施。

四、防止传染病的医源性感染和医院感染

医疗机构必须严格执行国务院卫生行政部门规定的管理制度、操作规范,防止传染病的医源性感染和医院感染。医疗机构应当确定专门的部门或者人员,承担传染病疫情报告、本单位的传染病预防、控制以及责任区域内的传染病预防工作;承担医疗活动中与医院感染有关的危险因素监测、安全防护、消毒、隔离和医疗废物处置工作。疾病预防控制机构应当指定专门人员负责对医疗机构内传染病预防工作进行指导、考核,开展流行病学调查。

采供血机构、生物制品生产单位必须严格执行国家有关规定,保证血液、血液制品的质量。禁止非法采集血液或者组织他人出卖血液。疾病预防控制机构、医疗机构使用血液和血液制品,必须遵守国家有关规定,防止因输入血液、使用血液制品引起经血液传播疾病的发生。

五、严格管理传染病菌种、毒种

疾病预防控制机构、医疗机构的实验室和从事病原微生物实验的单位,应当符合国家规定的条件和技术标准,建立严格的监督管理制度,对传染病病原体样本按照规定的措施实行严格监督管理,严防传染病病原体的实验室感染和病原微生物的扩散。

国家建立传染病菌种、毒种库,对传染病菌种、毒种和传染病检测样本的采集、保藏、携带、运输和使用实行分类管理,建立健全严格的管理制度。对可能导致甲类传染病传播的以及国务院卫生行政部门规定的菌种、毒种和传染病检测样本,确需采集、保藏、携带、运输和使用的,须经省级以上人民政府卫生行政部门批准。

六、健康教育

国家开展预防传染病的健康教育。新闻媒体应当无偿开展传染病防治和公共卫生教育的公益宣传,各级各类学校也应当对学生进行健康知识和传染病预防知识的教育。医学院校应当加强预防医学教育和科学研究,对在校学生以及其他与传染病防治相关人员进行预防医学教育和培训,为传染病防治工作提供技术支持。疾病预防控制机构、医疗机构应当定期对其工作人员进行传染病防治知识、技能的培训。

第四节 传染病疫情报告、通报和公布

一、传染病疫情报告

传染病疫情报告是指有报告责任的主体,在发现法定传染病疫情或者发现其他传染病暴发、流行以及突发原因不明的传染病时,在规定的时限内向有权机关报告。

(一)报告主体

疾病预防控制机构、医疗机构和采供血机构及其执行职务的人员发现法定的传染病疫情或者发现其他传染病暴发、流行以及突发原因不明的传染病时,应当遵循疫情报告属地管理原则,按照国务院规定的或者国务院卫生行政部门规定的内容、程序、方式和时限报告。

港口、机场、铁路疾病预防控制机构以及国境卫生检疫机关发现甲类传染病病人、病原携带者、疑似传染病病人时,应当按照国家有关规定立即向国

境口岸所在地的疾病预防控制机构或者所在地县级以上地方人民政府卫生行政部门报告并互相通报。

任何单位和个人发现传染病病人或者疑似传染病病人时,应当及时向附近的疾病预防控制机构或者医疗机构报告。任何单位和个人对突发事件,不得隐瞒、缓报、谎报或者授意他人隐瞒、缓报、谎报。

(二) 报告的时限

《传染病防治法实施办法》第35条规定了一般情形下传染病报告时限:执行职务的医疗保健人员、卫生防疫人员发现甲类传染病和乙类传染病中的艾滋病、肺炭疽的病人,病原携带者和疑似传染病病人时,城镇于6小时内,农村于12小时内,以最快的通信方式向发病地的卫生防疫机构报告,并同时报出传染病报告卡;发现乙类传染病病人、病原携带者和疑传染病病人时,城镇于12小时内,农村于24小时内向发病地的卫生防疫机构报出传染病报告卡;在丙类传染病监测区内发现丙类传染病病人时,应当在24小时内向发病地的卫生防疫机构报出传染病报告卡。

《突发公共卫生事件应急条例》第19条、第20条规定了突发及重大传染病疫情报告时限。突发事件监测机构、医疗卫生机构和有关单位发现有以下情况的:① 发生或者可能发生传染病暴发、流行的,② 发生或者发现不明原因的群体性疾病的,③ 发生传染病菌种、毒种丢失的,应当在2小时内向所在地县级人民政府卫生行政主管部门报告;接到报告的卫生行政主管部门应当在2小时内向本级人民政府报告,并同时向上级人民政府卫生行政主管部门和国务院卫生行政主管部门报告。县级人民政府应当在接到报告后2小时内向设区的市级人民政府或者上一级人民政府报告;设区的市级人民政府应当在接到报告后2小时内向省、自治区、直辖市人民政府报告。省、自治区、直辖市人民政府应当在接到报告1小时内,向国务院卫生行政主管部门报告。国务院卫生行政主管部门对可能造成重大社会影响的突发事件,应当立即向国务院报告。

二、传染病疫情的通报

国务院卫生行政部门应当及时向国务院其他有关部门和各省、自治区、直辖市人民政府卫生行政部门通报全国传染病疫情,以及监测、预警的相关信息。毗邻的以及相关的地方人民政府卫生行政部门应当及时互相通报本行政区域的传染病疫情以及监测、预警的相关信息。县级以上人民政府有关部门发现传染病疫情时,应当及时向同级人民政府卫生行政部门通报。动物防疫机构和疾病预防控制机构应当及时互相通报动物间和人间发生的人畜共患传染病疫情以及相关信息。

三、传染病疫情的公布

国家建立传染病疫情信息公布制度。国务院卫生行政部门定期公布全国传染病疫情信息,省、自治区、直辖市人民政府卫生行政部门定期公布本行政区域的传染病疫情信息。传染病暴发、流行时,国务院卫生行政部门负责向社会公布传染病疫情信息,并可以授权省、自治区、直辖市人民政府卫生行政部门向社会公布本行政区域的传染病疫情信息。公布传染病疫情信息应当及时、准确。

国家卫健委公布的《2020年全国法定传染病报告发病死亡统计表》结果显示,2020年全国(不含香港和澳门特别行政区以及台湾地区,下同)甲乙丙类传染病共报告法定传染病5806728例,死亡26374人。甲类传染病共报告发病15例、死亡3人,其中鼠疫报告发病4例、死亡3人(其中1例为2019年报告病例),霍乱报告发病11例、无死亡。乙类传染病中传染性非典型肺炎、脊髓灰质炎、人感染高致病性禽流感和人感染H7N9禽流感无发病、死亡报告,其他共报告发病2673213例,死亡26286人。报告发病数居前5位的病种依次为病毒性肝炎、肺结核、梅毒、淋病和新型冠状病毒肺炎,占乙类传染病报告总数的92.2%;报告死亡数居前5位的病种依次为艾滋病、新型冠状病毒肺炎、肺结核、病毒性肝炎和狂犬病,占乙类传染病报告总数的99.5%。丙类传染病中丝虫病无发病、死亡报告,其余共报告发病3133500例,死亡85人。报告发病数居前5位的病种依次为流行性感冒、其他感染性腹泻病、手足口病、流行性腮腺炎和急性出血性结膜炎,占丙类传染病报告总数的99.8%;报告死亡的病种依次为流行性感冒、其他感染性腹泻病、手足口病、流行性腮腺炎、包虫病和黑热病,占丙类传染病报告死亡总数的100%。[①]

[①] 参见《国家卫健委:2020年全国共报告法定传染病超580万例》,https://baijiahao.baidu.com/s?id=1694019715425315834&wfr=spider&for=pc,2021年5月30日访问。

第五节 传染病疫情控制和医疗救治

一、传染病疫情控制

(一)各级人民政府采取的疫情控制措施

1. 紧急措施

传染病暴发、流行时,县级以上地方人民政府应当立即组织力量,按照预防、控制预案进行防治,切断传染病的传播途径,必要时,报经上一级人民政府决定,可以采取下列紧急措施并予以公告:(1)限制或者停止集市、影剧院演出或者其他人群聚集的活动;(2)停工、停业、停课;(3)封闭或者封存被传染病病原体污染的公共饮用水源、食品以及相关物品;(4)控制或者扑杀染疫野生动物、家畜家禽;(5)封闭可能造成传染病扩散的场所。

上级人民政府接到下级人民政府关于采取上述紧急措施的报告时,应当即时作出决定。紧急措施的解除,由原决定机关决定并宣布。

2. 强制隔离

对已经发生甲类传染病病例的场所或者该场所内的特定区域的人员,所在地的县级以上地方人民政府可以实施隔离措施,并同时向上一级人民政府报告;接到报告的上级人民政府应当即时作出是否批准的决定。上级人民政府作出不予批准决定的,实施隔离措施的人民政府应当立即解除隔离措施。在隔离期间,实施隔离措施的人民政府应当对被隔离人员提供生活保障;被隔离人员有工作单位的,所在单位不得停止支付其隔离期间的工作报酬。隔离措施的解除,由原决定机关决定并宣布。

3. 宣布疫区

甲类、乙类传染病暴发、流行时,县级以上地方人民政府报经上一级人民政府决定,可以宣布本行政区域部分或者全部为疫区;国务院可以决定并宣布跨省、自治区、直辖市的疫区。县级以上地方人民政府可以在疫区内依法采取紧急措施,并可以对出入疫区的人员、物资和交通工具实施卫生检疫。

省、自治区、直辖市人民政府可以决定对本行政区域内的甲类传染病疫区实施封锁;但是,封锁大、中城市的疫区或者封锁跨省、自治区、直辖市的疫区,以及封锁疫区导致中断干线交通或者封锁国境的,由国务院决定。疫区封锁的解除,由原决定机关决定并宣布。

4. 交通卫生检疫

发生甲类传染病时,为了防止该传染病通过交通工具及其乘运的人员、物资传播,可以实施交通卫生检疫。

5. 紧急调集人员或者调用储备物资

传染病暴发、流行时,根据传染病疫情控制的需要,国务院有权在全国范围或者跨省、自治区、直辖市范围内,县级以上地方人民政府有权在本行政区域内紧急调集人员或者调用储备物资,临时征用房屋、交通工具以及相关设施、设备。

紧急调集人员的,应当按照规定给予合理报酬。临时征用房屋、交通工具以及相关设施、设备的,应当依法给予补偿;能返还的,应当及时返还。

6. 组织协调传染病防治药品和医疗器械供应

县级以上人民政府有关部门应当做好组织协调工作,保障传染病暴发、流行时,药品和医疗器械生产、供应单位及时生产、供应防治传染病的药品和医疗器械。铁路、交通、民用航空经营单位必须优先运送处理传染病疫情的人员以及防治传染病的药品和医疗器械。

(二)卫生健康行政部门采取的疫情控制措施

县级以上地方人民政府卫生行政部门有权对疾病预防控制机构、医疗机构、采供血机构、饮用水供水单位、公共场所以及有关单位的卫生条件和传染病控制措施进行监督检查,有权采取临时疫情控制措施。县级以上地方人民政府卫生行政部门在履行监督检查职责时,发现被传染病病原体污染的公共饮用水源、食品以及相关物品,如不及时采取控制措施可能导致传染病传播、流行的,可以采取封闭公共饮用水源、封存食品以及相关物品或者暂停销售的临时控制措施,并予以检验或者进行消毒。经检验,属于被污染的食品,应当予以销毁;对未被污染的食品或者经消毒后可以使用的物品,应当解除控制措施。

(三)疾病预防控制机构采取的疫情控制措施

1. 流行病学调查

流行病学调查指对人群中疾病或者健康状况的分布及其决定因素进行调查研究,提出疾病预防控制措施及保健对策。疾病预防控制机构发现传染病疫情或者接到传染病疫情报告时,应当及时对传染病疫情进行流行病学调查,根据调查情况提出划定疫点、疫区的建议,对被污染的场所进行卫生处理,对密切接触者,在指定场所进行医学观察和采取其他必要的预防措施,并向卫生行政部门提出疫情控制方案;同时指导下级疾病预防控制机构实施传染病预防、控制措施,组织、指导有关单位对传染病疫情的处理。

发生传染病疫情时,疾病预防控制机构和省级以上人民政府卫生行政部门指派的其他与传染病有关的专业技术机构,可以进入传染病疫点和疫区进行调查、采集样本、技术分析和检验。

2. 必要的卫生处理

传染病暴发、流行时,疾病预防控制机构应对疫点、疫区进行卫生处理,向卫生行政部门提出疫情控制方案,并按照卫生行政部门的要求采取措施。患甲类传染病、炭疽死亡的,应当将尸体立即进行卫生处理,就近火化;患其他传染病死亡的,必要时,应当将尸体进行卫生处理后火化或者按照规定深埋。

疫区中被传染病病原体污染或者可能被传染病病原体污染的物品,经消毒可以使用的,应当在当地疾病预防控制机构的指导下,进行消毒处理后方可使用、出售和运输。

(四)医疗机构采取的疫情控制措施

1. 隔离治疗、医学观察和医学检查

医疗机构发现甲类传染病时,应当及时采取下列措施:(1)对病人、病原携带者,予以隔离治疗,隔离期限根据医学检查结果确定;(2)对疑似病人,确诊前在指定场所单独隔离治疗;(3)对医疗机构内的病人、病原携带者、疑似病人的密切接触者,在指定场所进行医学观察和采取其他必要的预防措施。拒绝隔离治疗或者隔离期未满擅自脱离隔离治疗的,可以由公安机关协助医疗机构采取强制隔离治疗措施。

对乙类传染病中的传染性非典型肺炎、炭疽中的肺炭疽和人感染高致病性禽流感,采取法定甲类传染病的预防、控制措施。其他乙类传染病和突发原因不明的传染病需要采取法定甲类传染病的预防、控制措施的,由国务院卫生行政部门及时报经国务院批准后予以公布、实施。需要解除依照上述规定采取的甲类传染病预防、控制措施的,由国务院卫生行政部门报经国务院批准后予以公布。原卫生部于2009年4月[①]、国家卫生健康委于2020年1月

---

① 参见《卫生部关于将甲型H1N1流感(原称人感染猪流感)纳入〈中华人民共和国传染病防治法〉和〈中华人民共和国国境卫生检疫法〉管理的公告》,卫生部2009年第8号公告,2009年4月30日发布。

20日[①]分别发布公告,将甲型H1N1流感(原称人感染猪流感)、新型冠状病毒感染的肺炎纳入法定的乙类传染病,并采取甲类传染病的预防、控制措施,同时将其纳入《国境卫生检疫法》规定的检疫传染病管理。

对乙类或者丙类传染病病人,医疗机构应当根据病情采取必要的治疗和控制传播措施。

2. 强制尸检

为了查找传染病病因,医疗机构在必要时可以按照国务院卫生行政部门的规定,对传染病病人尸体或者疑似传染病病人尸体进行解剖查验,并告知死者家属。

二、传染病医疗救治

(一) 医疗救治主体及职责

县级以上人民政府应当加强和完善传染病医疗救治服务网络的建设,指定具备传染病救治条件和能力的医疗机构承担传染病救治任务,或者根据传染病救治需要设置传染病医院。医疗机构的基本标准、建筑设计和服务流程,应当符合预防传染病医院感染的要求。

医疗机构应当按照国务院卫生行政部门规定的传染病诊断标准和治疗要求,采取相应措施,提高传染病医疗救治能力;应当对传染病病人或者疑似传染病病人提供医疗救护、现场救援和接诊治疗,书写病历记录以及其他有关资料,并妥善保管;应当按照规定对使用的医疗器械进行消毒;对按照规定一次使用的医疗器具,应当在使用后予以销毁。

(二) 传染病预检、分诊制度

医疗机构应当实行传染病预检、分诊制度,对传染病病人、疑似传染病病人,应当引导至相对隔离的分诊点进行初诊。医疗机构不具备相应救治能力的,应当将患者及其病历记录复印件一并转至具备相应救治能力的医疗机构。

[①] 参见《中华人民共和国国家卫生健康委员会公告2020年第1号》,2020年1月20日发布。公告内容为:"经国务院批准,现公告如下:一、将新型冠状病毒感染的肺炎纳入《中华人民共和国传染病防治法》规定的乙类传染病,并采取甲类传染病的预防、控制措施。二、将新型冠状病毒感染的肺炎纳入《中华人民共和国国境卫生检疫法》规定的检疫传染病管理。"

第六节 传染病防治的保障措施

一、经费保障

国家将传染病防治工作纳入国民经济和社会发展计划,县级以上地方人民政府将传染病防治工作纳入本行政区域的国民经济和社会发展计划。县级以上地方人民政府按照本级政府职责负责本行政区域内传染病预防、控制、监督工作的日常经费。

国务院卫生行政部门会同国务院有关部门,根据传染病流行趋势,确定全国传染病预防、控制、救治、监测、预测、预警、监督检查等项目。中央财政对困难地区实施重大传染病防治项目给予补助。省、自治区、直辖市人民政府负责保障本行政区域内传染病防治项目的实施经费。

地方各级人民政府应当保障城市社区、农村基层传染病预防工作的经费。国家对患有特定传染病的困难人群实行医疗救助,减免医疗费用。

二、物资和人员保障

县级以上人民政府负责储备防治传染病的药品、医疗器械和其他物资,以备调用。对从事传染病预防、医疗、科研、教学、现场处理疫情的人员,以及在生产、工作中接触传染病病原体的其他人员,有关单位应当按照国家规定,采取有效的卫生防护措施和医疗保健措施,并给予适当的津贴。

第七节 传染病防治的法律责任

一、国家行政部门的法律责任

(一)各级人民政府法律责任

地方各级人民政府未依照《传染病防治法》的规定履行报告职责,或者隐瞒、谎报、缓报传染病疫情,或者在传染病暴发、流行时,未及时组织救治、采取控制措施的,由上级人民政府责令改正,通报批评;造成传染病传播、流行或者其他严重后果的,对负有责任的主管人员,依法给予行政处分;构成犯罪的,依法追究刑事责任。

（二）卫生健康行政部门法律责任

县级以上人民政府卫生行政部门未依法履行传染病防治和保障职责,有下列情形之一的,由本级人民政府或者上级人民政府有关部门责令改正,通报批评;造成传染病传播、流行或者其他严重后果的,对负有责任的主管人员和其他直接责任人员,依法给予行政处分;构成犯罪的,依法追究刑事责任:(1)未依法履行传染病疫情通报、报告或者公布职责,或者隐瞒、谎报、缓报传染病疫情的;(2)发生或者可能发生传染病传播时未及时采取预防、控制措施的;(3)未依法履行监督检查职责,或者发现违法行为不及时查处的;(4)未及时调查、处理单位和个人对下级卫生行政部门不履行传染病防治职责的举报的;(5)违反法定的其他失职、渎职行为。例如,2017年,湖南省桃江县发生一起聚集性公共卫生事件。自2017年8月以来,桃江县第四中学发现肺结核疫情,至11月17日,已发现肺结核确诊病例29例、疑似病例5例,预防性服药38例。2017年10月至11月21日,桃江县职业中专学校先后发现8名学生确诊为肺结核病例。经国家卫生和计划生育委员会、湖南省卫生和计划生育委员会确认,这是一起聚集性肺结核公共卫生事件,追究了桃江县教育局、职业中专、疾病预防控制中心、第四中学相关负责人的行政责任,依法给予行政处分。①

（三）国境卫生检疫机关和动物防疫机构的法律责任

国境卫生检疫机关、动物防疫机构未依法履行传染病疫情通报职责的,由有关部门在各自职责范围内责令改正,通报批评;造成传染病传播、流行或者其他严重后果的,对负有责任的主管人员和其他直接责任人员,依法给予降级、撤职、开除的处分;构成犯罪的,依法追究刑事责任。

二、疾病预防控制中心的法律责任

疾病预防控制机构违反规定,有下列情形之一的,由县级以上人民政府卫生行政部门责令限期改正,通报批评,给予警告;对负有责任的主管人员和其他直接责任人员,依法给予降级、撤职、开除的处分,并可以依法吊销有关责任人员的执业证书;构成犯罪的,依法追究刑事责任:(1)未依法履行传染病监测职责的;(2)未依法履行传染病疫情报告、通报职责,或者隐瞒、谎报、

---

① 参见《桃江县处理聚集性肺结核公共卫生事件相关责任人》,https://baijiahao.baidu.com/s?id=1584641101325586896&wfr=spider&for=pc,2021年6月1日访问。

缓报传染病疫情的;(3)未主动收集传染病疫情信息,或者对传染病疫情信息和疫情报告未及时进行分析、调查、核实的;(4)发现传染病疫情时,未依据职责及时采取本法规定的措施的;(5)故意泄露传染病病人、病原携带者、疑似传染病病人、密切接触者涉及个人隐私的有关信息、资料的。

三、医疗机构、采供血机构的法律责任

(一)医疗机构的法律责任

医疗机构违反规定,有下列情形之一的,由县级以上人民政府卫生行政部门责令改正,通报批评,给予警告;造成传染病传播、流行或者其他严重后果的,对负有责任的主管人员和其他直接责任人员,依法给予降级、撤职、开除的处分,并可以依法吊销有关责任人员的执业证书;构成犯罪的,依法追究刑事责任:(1)未按照规定承担本单位的传染病预防、控制工作、医院感染控制任务和责任区域内的传染病预防工作的;(2)未按照规定报告传染病疫情,或者隐瞒、谎报、缓报传染病疫情的;(3)发现传染病疫情时,未按照规定对传染病病人、疑似传染病病人提供医疗救护、现场救援、接诊、转诊的,或者拒绝接受转诊的;(4)未按照规定对本单位内被传染病病原体污染的场所、物品以及医疗废物实施消毒或者无害化处置的;(5)未按照规定对医疗器械进行消毒,或者对按照规定一次使用的医疗器具未予销毁,再次使用的;(6)在医疗救治过程中未按照规定保管医学记录资料的;(7)故意泄露传染病病人、病原携带者、疑似传染病病人、密切接触者涉及个人隐私的有关信息、资料的。

(二)采供血机构的法律责任

采供血机构未按照规定报告传染病疫情,或者隐瞒、谎报、缓报传染病疫情,或者未执行国家有关规定,导致因输入血液引起经血液传播疾病发生的,由县级以上人民政府卫生行政部门责令改正,通报批评,给予警告;造成传染病传播、流行或者其他严重后果的,对负有责任的主管人员和其他直接责任人员,依法给予降级、撤职、开除的处分,并可以依法吊销采供血机构的执业许可证;构成犯罪的,依法追究刑事责任。非法采集血液或者组织他人出卖血液的,由县级以上人民政府卫生行政部门予以取缔,没收违法所得,可以并处十万元以下的罚款;构成犯罪的,依法追究刑事责任。

四、其他单位和其他违法行为的法律责任

（一）铁路、交通、民用航空经营单位的法律责任

铁路、交通、民用航空经营单位未依照《传染病防治法》的规定优先运送处理传染病疫情的人员以及防治传染病的药品和医疗器械的,由有关部门责令限期改正,给予警告;造成严重后果的,对负有责任的主管人员和其他直接责任人员,依法给予降级、撤职、开除的处分。

（二）违反饮用水、消毒产品和生物制品等规定的法律责任

违反《传染病防治法》规定,有下列情形之一,导致或者可能导致传染病传播、流行的,由县级以上人民政府卫生行政部门责令限期改正,没收违法所得,可以并处五万元以下的罚款;已取得许可证的,原发证部门可以依法暂扣或者吊销许可证;构成犯罪的,依法追究刑事责任:(1)饮用水供水单位供应的饮用水不符合国家卫生标准和卫生规范的;(2)涉及饮用水卫生安全的产品不符合国家卫生标准和卫生规范的;(3)用于传染病防治的消毒产品不符合国家卫生标准和卫生规范的;(4)出售、运输疫区中被传染病病原体污染或者可能被传染病病原体污染的物品,未进行消毒处理的;(5)生物制品生产单位生产的血液制品不符合国家质量标准的。

（三）违反野生动物、家畜家禽检疫等规定的法律责任

未经检疫出售、运输与人畜共患传染病有关的野生动物、家畜家禽的,由县级以上地方人民政府畜牧兽医行政部门责令停止违法行为,并依法给予行政处罚。

（四）违反建设项目环境卫生调查的法律责任

在国家确认的自然疫源地兴建水利、交通、旅游、能源等大型建设项目,未经卫生调查进行施工的,或者未按照疾病预防控制机构的意见采取必要的传染病预防、控制措施的,由县级以上人民政府卫生行政部门责令限期改正,给予警告,处五千元以上三万元以下的罚款;逾期不改正的,处三万元以上十万元以下的罚款,并可以提请有关人民政府依据职责权限,责令停建、关闭。

（五）违反病原微生物管理的法律责任

违反《传染病防治法》规定,有下列情形之一的,由县级以上地方人民政府卫生行政部门责令改正,通报批评,给予警告,已取得许可证的,可以依法暂扣或者吊销许可证;造成传染病传播、流行以及其他严重后果的,对负有责

任的主管人员和其他直接责任人员,依法给予降级、撤职、开除的处分,并可以依法吊销有关责任人员的执业证书;构成犯罪的,依法追究刑事责任:(1)疾病预防控制机构、医疗机构和从事病原微生物实验的单位,不符合国家规定的条件和技术标准,对传染病病原体样本未按照规定进行严格管理,造成实验室感染和病原微生物扩散的;(2)违反国家有关规定,采集、保藏、携带、运输和使用传染病菌种、毒种和传染病检测样本的;(3)疾病预防控制机构、医疗机构未执行国家有关规定,导致因输入血液、使用血液制品引起经血液传播疾病发生的。

五、民事责任和刑事责任

单位和个人违反《传染病防治法》规定,导致传染病传播、流行,给他人人身、财产造成损害的,应当依法承担民事责任。

根据我国《刑法》第330—332、338、409条及刑法修正案的相关规定,违反传染病防治法律规范,涉及相关刑事罪名主要包括:妨害传染病防治罪;传染病菌种、毒种扩散罪;妨害国境卫生检疫罪;污染环境罪;传染病防治失职罪;等等。

第九章　疫苗管理法治

疫苗(vaccine)是将病原微生物(如细菌、立克次体、病毒等)及其代谢产物,经过人工减毒、灭活或利用转基因等方法制成的用于预防传染病的自动免疫制剂。接种疫苗是预防和控制传染病最经济、有效的公共卫生干预措施,对于家庭来说也是减少成员疾病发生、降低医疗费用的有效手段。据估计,免疫接种每年能避免200万至300万例因白喉、破伤风、百日咳和麻疹导致的死亡。疫苗的覆盖人群广泛,并且能给疫苗接种人带来免受传染性疾病的痛苦,同时也能保护未接种疫苗的人群,此即疫苗的正外部性特征。疫苗的接种使得接种人和其他人都是受益者,突破了群体、地域等界限,不仅使当代人受益,还可使未来几代甚至数代人均从中受益。因此,疫苗除了是特殊药品,还包含公共产品的属性。疫苗安全是社会安全、公共卫生安全和生物安全的重要组成部分,同时也是国家安全体系的重要内容之一。加强疫苗安全管理,保证疫苗质量和供应,规范预防接种,促进疫苗行业发展,是维护公共卫生安全和公众健康的重要保障。

第一节　疫苗的特征、分类和管理原则

一、疫苗的正外部性特征

传染病不仅使感染者健康受到损害,同时也会传播给易感人群,因此每个传染病的病例都是对暴露人群施加了外部性。同样原理,接种疫苗的个体不仅使自己免受传染病的感染,同时与接种个体接触的其他人群也会免受感染疾病,未接种者得到间接免疫,即疫苗产生了正外部性,疫苗最佳表现为实现群体免疫。[1] 因此,疫苗接种是实现社会健康利益最大化的有效手段,在预防和减轻传染病暴发、保护疫苗接种人以及通过阻断疾病传播来保护整个人

---

[1] 参见〔美〕杰伊·巴塔查里亚、蒂莫西·海德、彼得·杜:《健康经济学》,曹乾译,广西师范大学出版社2019年版,第414、441页。

口方面发挥着关键作用。1796年,爱德华·詹纳研制出第一种天花疫苗后,6种天花疫苗与其他公共卫生措施一起传遍了全世界;到1979年,天花这种在20世纪造成大约3亿人死亡的疾病被消灭了。为了复制这种成功,全球开展了针对多种疫苗可预防疾病的根除运动,包括麻疹、风疹和脊髓灰质炎。例如,广泛的脊髓灰质炎疫苗接种使报告的病例数从1988年估计的35万例减少到2016年的37例。疫苗是人类历史上最成功的公共卫生干预措施之一,能够在世界范围内最大程度降低疾病特别是传染性病的发病率和死亡率。

二、疫苗的公共产品特征

公共产品是与私人用品相对应的概念,是指一般由政府提供,能为绝大多数人共同消费或者享用的产品或服务,例如义务教育、公共福利事业等。公共卫生政策和法学专家认为,公共卫生仅仅强调健康权的人权属性是不够的,在保护健康权的同时,应该对健康的共同利益做出反应,承认公共产品的存在。[①] 疫苗区别于其他药品,具有公共产品的属性,是典型的公共产品。为解决传染病问题,最有效的办法是研发有效疫苗,并由政府提供疫苗,保证较高接种率。

三、疫苗安全的重要意义

由于疫苗的正外部性和公共产品的特征和属性,政府应根据流行病学原理和健康经济学原理,制定疫苗接种政策,保证疫苗的接种率,实现社会健康权益的最大化。疫苗安全是疫苗管理中考虑的最主要因素,只有保证疫苗安全、有效,才能实现疫苗的正外部性,以及其公共产品的特征。疫苗安全关系到国家的公共卫生安全和生物安全,各个国家均制定了药品管理法或专门的疫苗管理法来保障疫苗安全,保障公众健康。2019年6月29日,十三届全国人大常委会第十一次会议通过《疫苗管理法》,并于2019年12月1日起施行。这是我国首次对疫苗管理和疫苗安全进行全面立法。根据该法第3条、第66条规定,国家坚持疫苗产品的战略性和公益性;国家将疫苗纳入战略物资储备,实行中央和省级两级储备;国家支持疫苗基础研究和应用研究,促进疫苗研制和创新,将预防、控制重大疾病的疫苗研制、生产和储备纳入国家战略。

---

① See Tasioulas J, Vayena E, The Place of Human Rights and the Common Good in Global Health Policy, *Theoretical Medicine & Bioethics*, 2016, 37(4).

由此可见,《疫苗管理法》是维护疫苗安全、公共卫生安全和公众健康的立法保障,也是国家战略、国家安全法治的重要内容。

四、疫苗的分类

根据健康经济学原理,如果疫苗是在完全竞争的市场,在传染病的患病率水平较低时,自我保护的疫苗需求就会消失,持续在这个水平下,疾病就会反弹,患病率上升,那么市场需求导致疫苗价格不会低到可以消灭传染病。因此,必须存在政府补贴政策使得疫苗价格为零,或者强制接种的疫苗项目,疾病才可以被消灭。[1] 爱尔兰20世纪80年代的麻疹疫苗例子就很好地解释了疫苗接种与价格、强制措施之间的关系和发展规律。1985年,爱尔兰引进麻疹疫苗之后,儿童麻疹例数从10万例降低到1991年的135例。但是,因为疫苗接种率没有达到95%的覆盖率,即没有达到可以产生群体免疫效应的水平,导致麻疹患病率反弹。1994年时,爱尔兰又出现了4000多新病例。[2] 因此,疫苗的价格影响疫苗接种需求,进而影响疫苗接种率与传染病发病率。政府需要干预疫苗接种策略和疫苗价格,一般情况下,是由政府补贴,免费提供疫苗,来保证高水平的疫苗接种率,降低传染病发病率。根据疫苗是否免费接种、是否自愿接种,我国《疫苗管理法》把疫苗分为免疫规划疫苗和非免疫规划疫苗。

(一)免疫规划疫苗

免疫规划疫苗是指居民应当按照政府的规定接种的疫苗,包括国家免疫规划确定的疫苗,省、自治区、直辖市人民政府在执行国家免疫规划时增加的疫苗,以及县级以上人民政府或者其卫生健康主管部门组织的应急接种或者群体性预防接种所使用的疫苗。

国家免疫规划制度包含免疫规划、政府免费提供、公民义务接种三个方面的内容:

第一,国家卫健委制定国家免疫规划,国家免疫规划疫苗种类由国家卫健委会同财政部拟订,报国务院批准后公布。国家免疫规划专家咨询委员会

---

[1] 参见〔美〕杰伊·巴塔查里亚、蒂莫西·海德、彼得·杜:《健康经济学》,曹乾译,广西师范大学出版社2019年版,第442页。

[2] See Recommendations of Measles Sub-Committee of the Scientific Advisory Committee ND-SC, Guidelines for Control of Measles in Ireland, 2002.

(国家卫健委建立)会同财政部建立国家免疫规划疫苗种类动态调整机制。省级人民政府可以根据本行政区域疾病预防、控制需要,增加免疫规划疫苗种类,报国家卫健委备案并公布。

第二,政府免费向居民提供免疫规划疫苗。疾病预防控制机构配送免疫规划疫苗不得收取储存、运输费用;接种单位接种免疫规划疫苗不得收任何费用。

第三,国家免疫规划内的疫苗,居住在中国境内的居民,依法享有接种免疫规划疫苗的权利,同时需履行接种免疫规划疫苗的义务。县级以上人民政府及其有关部门应当保障适龄儿童接种免疫规划疫苗,监护人应当依法保证适龄儿童按时接种免疫规划疫苗。儿童入托、入学时,托幼机构、学校应当查验预防接种证,发现未按照规定接种免疫规划疫苗的,应当向儿童居住地或者托幼机构、学校所在地承担预防接种工作的接种单位报告,并配合接种单位督促其监护人按照规定补种。

(二)非免疫规划疫苗

非免疫规划疫苗是指国家免疫规划疫苗种类以外,居民自愿受种的其他疫苗。非免疫规划疫苗一般由居民自费接种;接种单位接种非免疫规划疫苗,除收取疫苗费用外,还可以收取接种服务费。

五、疫苗安全和疫苗管理的原则

第一,鼓励疫苗研制和创新原则。国家支持疫苗的基础研究和应用研究,促进疫苗的研制和创新,将预防、控制重大疾病的疫苗研制纳入国家战略。同时,国家也制定支持疫苗行业发展和优化的发展规划和产业政策。

第二,最严格管理原则。国家对疫苗实行最严格的管理制度,坚持安全第一、风险管理、全程管控、科学监管、社会共治。疫苗是一种特殊的药品,疫苗本身是具有特殊性的预防性产品,以健康人群使用、婴幼儿为主;同时,疫苗直接关系到公共安全,社会关注度更高、敏感性更强、容忍度更低。因此,疫苗的监督管理过程应以全过程监管为主,而不是结果监督,只有监管好疫苗研发、生产、储存、运输、接种的各个环节,才能保证疫苗的安全性。同时,疫苗的从业能力要求高,对疫苗的生产、运输、接种等从业人员要求有严格的准入制度。

第三,疫苗可全程电子追溯原则。国家实行疫苗全程电子追溯制度来实现疫苗生产、流通和预防接种全过程可追溯。全程电子追溯制度能有效解决疫苗安全溯源问题，一旦发现疫苗安全或疫苗接种异常反应等问题，可迅速识别安全风险环节，从而减少公众健康威胁和损害，追究相关责任主体。具体是由国家药监局会同国家卫健委制定统一的疫苗追溯标准和规范，建立全国疫苗电子追溯协同平台，整合疫苗生产、流通和预防接种全过程追溯信息，实现疫苗可追溯。同时，疫苗上市许可持有人也应当建立疫苗电子追溯系统，与全国协同平台相衔接，实现生产、流通和预防接种全过程最小包装单位疫苗可追溯、可核查。

第二节　疫苗的研制和生产安全

一、疫苗的研发

根据《药品管理法》对药品的相关规定，疫苗属于药品的范畴。因此，疫苗的研发，需要同时遵守《药品管理法》和《疫苗管理法》的相关规定。

（一）疫苗研发单位的要求

《药品管理法》第6条规定，国家对药品管理实行药品上市许可持有人制度。药品上市许可持有人依法对药品研制、生产、经营、使用全过程中药品的安全性、有效性和质量可控性负责。《疫苗管理法》第97条规定，疫苗上市许可持有人是指依法取得疫苗药品注册证书和药品生产许可证的企业。因此，疫苗上市许可持有人负责对疫苗全生命周期质量管理。从事疫苗研制、生产、流通和预防接种活动的单位和个人，应当遵守法律、法规、规章、标准和规范，保证全过程信息真实、准确、完整和可追溯，接受社会监督。

同时，疫苗研发应当建立生物安全管理制度。疫苗研制、生产、检验等过程中应当建立健全相应的生物安全管理制度，严格控制生物安全风险。具体要求包括：加强菌毒株等病原微生物的生物安全管理，保证菌毒株等病原微生物用途合法、正当；明确菌毒株和细胞株历史、生物学特征、代次，建立详细档案，保证来源合法、清晰、可追溯，来源不明的，不得使用。

（二）疫苗的临床试验要求

《疫苗管理法》分别在第11、14—18条规定疫苗的临床试验要求，包括临床试验主体、具体实施要求等内容。第一，疫苗临床试验的主体是符合国家药监局和卫健委规定条件的三级医疗机构或者省级以上疾病预防控制机构。上述主体实施或者组织实施疫苗试验需经国家药监局批准,同时国家鼓励上述主体实施疫苗临床试验。第二,申办疫苗临床试验主体应当制订临床试验方案,建立临床试验安全监测与评价制度。在开展疫苗临床试验时,应重视和保护受试者合法权益,审慎选择受试者,合理设置受试者群体和年龄组,并根据风险程度采取有效措施控制风险。同时,应实行受试者书面知情同意制度。如果受试者为无民事行为能力人的,须其监护人的书面知情同意;受试者为限制民事行为能力人的,须取得本人及其监护人的书面知情同意。

二、疫苗的生产

(一)疫苗生产的准入制度

疫苗生产实行严格准入制度,由省级以上人民政府药品监督管理部门负责审批和颁发药品生产许可证。《药品管理法》规定,从事药品生产活动,应当具备以下条件:(1)有依法经过资格认定的药学技术人员、工程技术人员及相应的技术工人;(2)有与药品生产相适应的厂房、设施和卫生环境;(3)有能对所生产药品进行质量管理和质量检验的机构、人员及必要的仪器设备;(4)有保证药品质量的规章制度,并符合国务院药品监督管理部门制定的药品生产质量管理规范要求。除符合《药品管理法》规定的条件外,根据《疫苗管理法》,从事疫苗生产活动还应当具备下列条件:(1)具备适度规模和足够的产能储备;(2)具有保证生物安全的制度和设施、设备;(3)符合疾病预防、控制需要。

疫苗上市许可持有人应当具备疫苗生产能力,对于超出自身能力可以委托生产的,应当经国家药监局批准;受委托生产的,应当遵守《疫苗管理法》规定和国家有关规定,保证疫苗质量。疫苗行业协会应当加强行业自律,建立健全行业规范,推动行业诚信体系建设,引导和督促会员依法开展生产经营等活动。

(二)疫苗生产企业的人员要求

疫苗生产企业即疫苗上市许可持有人,要求其法定代表人、主要负责人应当具有良好的信用记录,生产管理负责人、质量管理负责人、质量受权人等关键岗位人员应当具有相关专业背景和从业经历。企业应当加强对上述人员的培训和考核,及时将其任职和变更情况向省、自治区、直辖市人民政府药品监督管理部门报告。

(三) 疫苗生产工艺和质量要求

首先,疫苗上市许可持有人应当按照经核准的生产工艺和质量控制标准进行生产和检验,生产全过程应当符合药品生产质量管理规范的要求并按照规定对疫苗生产全过程和疫苗质量进行审核、检验。其次,疫苗上市许可持有人应当建立完整的生产质量管理体系,持续加强偏差管理,采用信息化手段如实记录生产、检验过程中形成的所有数据,确保生产全过程持续符合法定要求。最后,对生产工艺偏差、质量差异、生产过程中的故障和事故以及采取的措施,疫苗上市许可持有人应当如实记录(并在相应批产品申请批签发的文件中载明),可能影响疫苗质量的,疫苗上市许可持有人应当立即采取措施,并向省、自治区、直辖市人民政府药品监督管理部门报告。

国家鼓励疫苗生产规模化、集约化,不断提高疫苗生产工艺和质量水平。疫苗上市许可持有人对疫苗质量进行跟踪分析,改进生产工艺、提高工艺的稳定性。传染病暴发、流行时,相关疫苗上市许可持有人应当及时生产和供应预防、控制传染病的疫苗。

三、疫苗的注册

(一) 疫苗的注册申请和审批

在中国境内上市的疫苗应当经国务院药品监督管理部门批准,取得药品注册证书;申请疫苗注册,应当提供真实、充分、可靠的数据、资料和样品。对疾病预防、控制急需的疫苗和创新疫苗,国务院药品监督管理部门应当予以优先审评审批。国务院药品监督管理部门在批准疫苗注册申请时,对疫苗的生产工艺、质量控制标准和说明书、标签予以核准。国务院药品监督管理部门应当在其网站上及时公布疫苗说明书、标签内容。

(二) 疫苗的附条件批准和紧急使用

应对重大突发公共卫生事件急需的疫苗或者国务院卫生健康主管部门认定急需的其他疫苗,经评估获益大于风险的,国务院药品监督管理部门可以附条件批准疫苗注册申请。出现特别重大突发公共卫生事件或者其他严重威胁公众健康的紧急事件,国务院卫生健康主管部门根据传染病预防、控制需要提出紧急使用疫苗的建议,经国务院药品监督管理部门组织论证同意后可以在一定范围和期限内紧急使用。

例如,2020年12月31日,国家药监局公布,因应对重大突发公共卫生事件新冠疫情的预防和控制需要,已于30日附条件批准了国药集团中国生物北京公司新冠病毒灭活疫苗注册申请。根据统计分析,疫苗安全性和有效性数据结果达到世界卫生组织相关技术标准及国家药监局印发的《新型冠状病毒预防用疫苗临床评价指导原则(试行)》中相关标准要求。实际上,国药集团中国生物北京公司的新冠灭活疫苗此前已在多个国家和地区进行三期临床试验,且获批在中国国内紧急使用。①

四、疫苗的批签发

疫苗批签发是指已经获得上市许可的疫苗,每批疫苗销售前或者进口时,须经国务院药品监督管理部门指定的批签发机构,一般由指定药品检验机构进行资料审核、现场核实、样品检验,对符合要求的发给批签发证明的活动。② 2002年开始,我国实行生物制品批签发制度,2006年1月1日开始对全部上市疫苗实施批签发。2010年和2014年,我国疫苗批签发体系两次均通过了WHO的评估,这是对我国批签发体系水平的肯定。③ 2020年12月21日,国家市场监督管理总局审议通过《生物制品批签发管理办法》,该办法详细规定了生物制品批签发机构确定、批签发申请与审核检验等管理和监督内容,于2021年3月1日起实施。

(一)批签发申请

批签发申请人应当是持有药品批准证明文件的境内外药品上市许可持有人。新批准上市的生物制品首次申请批签发前,批签发申请人应当在生物制品批签发管理系统内登记建档。

批签发申请人申请批签发时,应当提供以下证明性文件、资料及样品:(1)生物制品批签发申请表;(2)药品批准证明文件;(3)合法生产的相关文件;(4)上市后变更的批准或者备案文件;(5)质量受权人签字并加盖企业公章的批生产及检验记录摘要;(6)数量满足相应品种批签发检验要求的同批号产品,必要时提供与检验相关的中间产品、标准物质、试剂等材料;(7)生产

---

① 参见赵觉觉:《重磅!中国宣布附条件批准首支新冠疫苗注册申请》,https://baijiahao.baidu.com/s?id=1687557944419172844&wfr=spider&for=pc,2021年7月10日访问。
② 参见雷殿良:《生物制品的国家批签发》,载《中国生物制品学杂志》2002年第5期。
③ 参见宋华琳:《推进我国疫苗监管制度的法律改革》,载《中国党政干部论坛》2016第5期。

管理负责人、质量管理负责人、质量受权人等关键人员变动情况的说明;(8)与产品质量相关的其他资料。

疫苗上市许可持有人须如实记录生产工艺偏差、质量差异、生产过程中的故障和事故以及采取的措施,并在申请批签发的文件中载明;可能影响疫苗质量的,还须立即采取措施并向省级人民政府药品监督管理部门报告。

(二) 资料审核和抽样检验

疫苗批签发应当逐批进行资料审核和抽样检验,并根据疫苗质量风险评估情况动态调整检验项目和检验频次。当申请资料或者样品的真实性有疑问或者需要进一步核实其他地方的情况时,批签发机构应当予以核实,必要时须组织开展现场核实。

(三) 重大质量风险报告制度

如果资料审核和抽样检验发现存在重大质量风险的,批签发单位应当及时向国务院药品监督管理部门和省、自治区、直辖市人民政府药品监督管理部门报告。接到报告的部门应立即进行现场检查,根据检查结果通知批签发机构对疫苗上市许可持有人的相关产品或所有产品不予批签发或者暂停批签发,并责令疫苗上市许可持有人整改。疫苗上市许可持有人应当立即整改,并及时将整改情况向责令其整改的部门报告。

(四) 批签发的结果

国务院药品监督管理部门、批签发机构主动进行结果信息公开;应急疫苗经国务院药品监督管理部门批准,免予批签发。

经批签发审核或检验,有下列情形之一的,批签发机构应当通报批签发申请人所在地和生产场地所在地省、自治区、直辖市药品监督管理部门,提出现场检查建议,并抄报国家药品监督管理局:(1)无菌检验不合格的;(2)效力等有效性指标连续两批检验不合格的;(3)资料审核提示产品生产质量控制可能存在严重问题的,或者生产工艺偏差、质量差异、生产过程中的故障和事故需进一步核查的;(4)批签发申请资料或者样品可能存在真实性问题的;(5)其他提示产品存在重大质量风险的情形。在上述问题调查处理期间,对批签发申请人相应品种可以暂停受理或者签发。

经批签发审核或检验,有下列情形之一的,不予批签发,向批签发申请人出具生物制品不予批签发通知书,并抄送批签发申请人所在地或者进口口岸所在地省、自治区、直辖市药品监督管理部门:(1)资料审核不符合要求的;

(2)样品检验不合格的;(3)现场核实发现存在真实性问题的;(4)现场检查发现违反药品生产质量管理规范且存在严重缺陷的;(5)现场检查发现产品存在系统性、重大质量风险的;(6)批签发申请人无正当理由,未在规定时限内补正资料的;(7)经综合评估存在重大质量风险的;(8)其他不符合法律法规要求的。不予批签发的疫苗不得销售,并由省级人民政府药品监督管理部门监督销毁。

进口疫苗须提供原产地证明、批签发证明;在原产地免予批签发的,应当提供免予批签发证明。同时,《药品管理法》第98条第4款也规定,禁止未取得药品批准证明文件进口药品。因此,外国疫苗在中国销售,须提供相应的批准证明文件以及原产地证明、批签发证明等,否则不允许进口。进口疫苗不予批签发的,应当由口岸所在地药品监督管理部门监督销毁或者依法进行其他处理。2019年,海南省卫健委通报博鳌银丰康养国际医院涉嫌进行非法接种韩国HPV疫苗的事件。后经查证,涉事疫苗没有进口疫苗的批签发手续,为走私疫苗,属于禁止销售和接种的疫苗,应该依法销毁。

第三节 疫苗的流通和接种安全

一、疫苗的流通安全

(一)疫苗的采购

1. 国家免疫规划疫苗的采购

国家免疫规划疫苗由国务院卫生健康主管部门会同国务院财政部门等组织集中招标或者统一谈判,形成并公布中标价格或者成交价格,各省、自治区、直辖市实行统一采购。省级疾病预防控制机构应当根据国家免疫规划和本行政区域疾病预防、控制需要,制定本行政区域免疫规划疫苗使用计划,并按照国家有关规定向组织采购疫苗的部门报告,同时报省、自治区、直辖市人民政府卫生健康主管部门备案。

2. 国家免疫规划疫苗以外的其他疫苗采购

国家免疫规划疫苗以外的其他免疫规划疫苗和非免疫规划疫苗由各省、自治区、直辖市通过省级公共资源交易平台组织采购。

疫苗上市许可持有人依法自主合理定价,价格水平、差价率、利润率应当保持在合理幅度。上市许可持有人销售疫苗时,应当提供加盖其印章的批签发证明复印件或者电子文件;进口疫苗的还须提供加盖其印章的进口药品通关单复印件或者电子文件。

(二)疫苗上市后管理

1. 上市许可持有人的管理要求

第一,上市许可持有人需建立健全疫苗全生命周期质量管理体系。具体要求包括:实施疫苗上市后风险管理计划、开展上市后研究,进一步确证疫苗的安全性、有效性和质量可控性。对批准注册申请时提出进一步研究要求的疫苗,疫苗上市许可持有人应当在规定期限内完成研究;逾期未完成研究或者不能证明其获益大于风险的,国家药监局应当依法处理,直至注销该疫苗的药品注册证书。

第二,上市许可持有人应进行疫苗质量跟踪分析,持续提升质控标准,改进生产工艺。生产工艺、场地等发生变更时,上市许可持有人应当进行评估、验证,并按照国家药监局有关规定备案或者报告;变更可能影响疫苗安全性、有效性和质量可控性的,应报国家药监局批准。

第三,上市许可持有人应根据疫苗上市后研究、预防接种异常反应等情况持续更新说明书、标签,并按照规定申请核准或者备案。国家药监局应在其网站上及时公布更新后的内容;实行疫苗质量回顾分析和风险报告制度,上市许可持有人每年将疫苗生产流通、上市后研究、风险管理等情况按照规定如实向国家药监局报告。

第四,上市许可持有人应当按照规定,建立真实、准确、完整的销售记录,保存至疫苗有效期满后不少于五年备查。

2. 上市后评价

上市后评价是指国家药监局根据疾病预防、控制需要和疫苗行业发展情况,责令疫苗上市许可持有人开展上市后评价或者直接组织开展上市后评价。如果评价中发现对预防接种异常反应严重或者其他原因危害人体健康的疫苗,国家药监局应当注销该疫苗的药品注册证书;发现该疫苗品种的产品设计、生产工艺、安全性、有效性或者质量可控性明显劣于预防、控制同种疾病的其他疫苗品种的,应当注销该品种所有疫苗的药品注册证书并废止相应的国家药品标准。例如,2018年,吉林长春长生公司违法违规生产狂犬病疫苗案件在全国引起轰动,随后为评估已上市销售的涉案疫苗安全性、有效性风险,国务院调查组成立了由病毒学、疫苗学、流行病学、临床医学、预防接种、卫生应急、质量控制等方面专家组成的专家组,进行了深入调查研究分析,专家组专家提出综合评估建议。①

(三) 疫苗信息安全制度

1. 疫苗电子追溯

国家药监局2018年11月发布了《关于药品信息化追溯体系建设的指导意见》,强调疫苗、麻醉药品等重点产品应率先建立药品信息化追溯体系。2019年《疫苗管理法》规定了我国实行疫苗全程电子追溯制度,建立电子追溯协同平台,整合疫苗研制、生产、流通和预防接种全过程信息,各主体保证信息真实、准确、完整和可追溯,实现疫苗可追溯,接受社会监督。2020年3月,国家药监局上线我国首个统一的疫苗追溯协同服务平台,国内全部46家疫苗生产企业产品的流向信息和疾控部门的接种信息均在此平台可查。② 目前,中国食品药品监督数据中心开发的"中国药监"和"E药云搜"软件平台已经实现疫苗追溯功能,公民可以查到疫苗的全过程信息。

2. 疫苗信息公开

疫苗上市许可持有人应当建立信息公开制度,在其网站上及时公开的内容包括疫苗产品信息、说明书和标签、药品相关质量管理规范执行情况、批签发情况、召回情况、接受检查和处罚情况以及投保疫苗责任强制保险情况等信息。

3. 疫苗信息共享

国家药监局会同国家卫健委等建立疫苗质量、预防接种等信息共享机制。省级以上人民政府药品监督管理部门、卫生健康主管部门等组织疫苗上市许可持有人、疾病预防控制机构、接种单位、新闻媒体、科研单位等,就疫苗质量和预防接种等信息进行交流沟通。

4. 疫苗信息公布

国家药监局会同有关部门公布疫苗安全信息,包括疫苗安全风险警示信

---

① 参见《国务院调查组公布长春长生违法违规生产狂犬病疫苗案进展》,https://www.nmpa.gov.cn/yaowen/ypjgyw/20180807170701897.html,2021年8月1日访问。

② 参见《手机扫码能查真假 国家级疫苗追溯平台明年3月上线》,https://baijiahao.baidu.com/s?id=1650130836587330366&wfr=spider&for=pc,2021年8月1日访问。

息、重大疫苗安全事故及其调查处理信息和国务院确定需要统一公布的其他信息。国家卫健委会同国家药监局统一公布全国预防接种异常反应报告情况。

未经授权不得发布上述信息;任何单位和个人有权依法了解疫苗信息,对疫苗监督管理工作提出意见、建议;县级以上人民政府药品监督管理部门发现误导性疫苗安全信息,应立即会同卫生健康主管部门及其他有关部门、专业机构、相关疫苗上市许可持有人等进行核实、分析,并及时公布结果。任何单位和个人不得编造、散布虚假疫苗安全信息。

二、疫苗的接种安全

(一)疫苗的供应

疫苗上市许可持有人向疾病预防控制机构供应疫苗,疾病预防控制机构应当按照规定向接种单位供应疫苗。疾病预防控制机构以外的单位和个人不得向接种单位供应疫苗,接种单位不得接收该疫苗。

(二)疫苗的储存和运输

1. 疫苗配送单位

疫苗上市许可持有人、疾病预防控制机构以及符合条件的受委托疫苗配送单位可以配送疫苗,上述主体以及接种单位应当遵守疫苗储存、运输管理规范,使疫苗在储存、运输全过程中处于规定的温度环境,冷链储存并定时监测、记录温度,保证疫苗质量。

2. 疫苗储存、运输管理规范

疫苗储存、运输管理规范由国家药监局和国家卫健委共同制定,另外疾病预防控制机构配送非免疫规划疫苗可以收取储存、运输费用。

3. 疫苗储存、运输记录

疾病预防控制机构、接种单位、疫苗配送单位应当按照规定,建立相应的接收、购进、储存、配送、供应记录,保存至疫苗有效期满后不少于五年备查。接收或者购进疫苗时应当索取本次运输、储存全过程温度监测记录,并保存至疫苗有效期满后不少于五年备查;对不能提供或者不符合要求的,不得接收或者购进,并应当立即向县级以上地方人民政府药品监督管理部门、卫生健康主管部门报告。

4. 疫苗的定期检查

疫苗应实行定期检查,疾病预防控制机构、接种单位对包装无法识别、储存温度不符合要求、超过有效期等问题的疫苗,采取隔离存放、设置警示标志等措施并按规定处置。疾病预防控制机构、接种单位应当如实记录处置情况,处置记录应当保存至疫苗有效期满后不少于五年备查。

5. 特殊情况的疫苗优先运输

传染病暴发、流行时,交通运输单位应当优先运输预防、控制传染病的疫苗。县级以上人民政府及其有关部门应当做好组织、协调、保障工作。

(三)疫苗的接种单位要求

疫苗的接种单位应当具备下列条件:(1)取得医疗机构执业许可证;(2)具有经过县级人民政府卫生健康主管部门组织的预防接种专业培训并考核合格的医师、护士或者乡村医生;(3)具有符合疫苗储存、运输管理规范的冷藏设施、设备和冷藏保管制度。

接种单位应加强内部管理,开展预防接种工作应当遵守预防接种工作规范、免疫程序、疫苗使用指导原则和接种方案。

(四)接种时医疗卫生人员要求

接种医疗卫生人员必须是经过县级人民政府卫生健康主管部门组织的预防接种专业培训并考核合格的医师、护士或者乡村医生。

1. 告知义务

医疗卫生人员实施接种,要保证受种者或者其监护人的知情同意权,具体要求包括:(1)应告知受种者或者其监护人所接种疫苗的品种、作用、禁忌、不良反应以及现场留观等注意事项,询问受种者的健康状况以及是否有接种禁忌等情况,并如实记录告知和询问情况;(2)有接种禁忌不能接种的,医疗卫生人员应当向受种者或者其监护人提出医学建议,并如实记录提出医学建议情况。

2. 接种工作规范

医疗卫生人员应当按照预防接种工作规范实施接种工作,对符合接种条件的受种者实施接种,具体要求包括:(1)检查受种者健康状况、核查接种禁忌;(2)检查疫苗、注射器的外观、批号、有效期;(3)查对预防接种证,核对受种者的姓名、年龄和疫苗的品名、规格、剂量、接种部位、接种途径,做到受种者、预防接种证和疫苗信息相一致。

受种者在现场留观期间出现不良反应的,医疗卫生人员应当按照预防接种工作规范的要求,及时采取救治等措施。

3. 接种记录

医疗卫生人员应当按照国家卫健委的规定,做好接种信息记录,具体包括:真实、准确、完整记录疫苗的品种、上市许可持有人、最小包装单位的识别信息、有效期、接种时间、实施接种的医疗卫生人员、受种者等接种信息,确保接种信息可追溯、可查询。接种记录应当保存至疫苗有效期满后不少于五年备查。

(五)急需疫苗和紧急使用疫苗的认定

急需疫苗是指对疾病预防、控制急需的,由国家卫健委认定的疫苗。国家药监局应当对急需疫苗予以优先审评审批。如果是应对重大突发公共卫生事件急需的疫苗或者国家卫健委认定急需的其他疫苗,经评估获益大于风险的,国家药监局可以附条件批准疫苗注册申请。预防、控制传染病疫情或者应对突发事件急需的疫苗,经国家药监局批准,免于批签发。

紧急使用疫苗是指为应对特别重大突发公共卫生事件或者其他严重威胁公众健康的紧急事件,急需的疫苗或者国家卫健委认定急需的其他疫苗。国家卫健委根据传染病预防、控制需要提出紧急使用疫苗的建议,经国家药监局组织论证同意后可以在一定范围和期限内紧急使用。

(六)居民的预防接种义务

世界大多数国家法律法规都规定了疫苗的强制接种内容。1809年,美国马萨诸塞州颁布了第一部强制接种的法律。[1] 1905年,雅各布森诉马萨诸塞州一案中,确立了强制性疫苗原则。美国最高法院支持马萨诸塞州的一项法律中,允许州卫生局强制接种天花疫苗。约翰·马歇尔·哈兰大法官认为:"宪法保证自由,并不意味着绝对的权利,为了共同利益,每个人都必须受到多种约束。认为一个州的警察权力必须包括……通过立法直接制定的保护公众健康和公共安全的合理规定。"[2] 随后,强制疫苗接种法律规定的合理性

---

[1] 参见〔美〕劳伦斯·高斯汀、林赛·威利:《公共卫生法:权力·责任·限制》,苏玉菊、刘碧波、穆冠群译,北京大学出版社2020年版,第361页。

[2] Jacobson v Commonwealth of Massachusetts, 197 US 11 (1905).

被强化,结果发现严格、执行良好的疫苗接种命令显著降低了传染病发病率。①

因此,基于传染病的流行病学特征,对特定种类疫苗实施强制接种,是国家行政权的合理行使。反对强制接种疫苗、强调个人自由的利益必须屈服于理性,当这种个人自由会威胁到他人的健康和安全时,为了共同利益可以加以限制。强制接种疫苗立法一般以规定接种义务的内容出现。世界各国几乎全部通过立法或政策要求儿童在报名上学时出具接种记录,作为一种强制疫苗接种的措施。

根据我国《疫苗管理法》的规定,居住在中国境内的居民,依法享有接种免疫规划疫苗的权利,履行接种免疫规划疫苗的义务。监护人应当依法保证适龄儿童按时接种免疫规划疫苗。我国居民强制预防接种主要包含以下两种情况:

1. 儿童实行预防接种证制度

在儿童出生后一个月内,其监护人应当到儿童居住地承担预防接种工作的接种单位或出生医院为其办理预防接种证,接种单位或者出生医院不得拒绝办理。监护人应当妥善保管预防接种证。预防接种实行居住地管理,儿童离开原居住地期间,由现居住地承担预防接种工作的接种单位负责对其实施接种。预防接种证的格式由国务院卫生健康主管部门规定。

为保证国家免疫规划疫苗的接种率,儿童入托、入学实行预防接种证查验制度。儿童入托、入学时,托幼机构、学校应当查验预防接种证,发现未按照规定接种免疫规划疫苗的,应当向儿童居住地或者托幼机构、学校所在地承担预防接种工作的接种单位报告,并配合接种单位督促其监护人按照规定补种。疾病预防控制机构应当为托幼机构、学校查验预防接种证等提供技术指导。儿童入托、入学预防接种证查验办法由国务院卫生健康主管部门会同国务院教育行政部门制定。

2. 群体性预防接种制度

县级以上地方人民政府卫生健康主管部门根据传染病监测和预警信息,为预防、控制传染病暴发、流行,报经本级人民政府决定,并报省级以上人民

---

① See K. M. Malone and A. R. Hunman, Vaccination Mandates: The Public Health Imperative and Individual Rights, in *Law in Public Health Practice*, Oxford University Press, 2003, pp. 262-284.

政府卫生健康主管部门备案,可以在本行政区域进行群体性预防接种。需要在全国范围或者跨省、自治区、直辖市范围内进行群体性预防接种的,应当由国务院卫生健康主管部门决定。传染病暴发、流行时,县级以上地方人民政府或者其卫生健康主管部门需要采取应急接种措施的,依照法律、行政法规的规定执行。任何单位和个人不得擅自进行群体性预防接种。

第四节 疫苗异常反应监测和处理

一、疑似预防接种异常反应的分类

疑似预防接种异常反应(Adverse Event Following Immunization,AEFI)是指在预防接种后发生的怀疑与预防接种有关的反应或事件,所有疑似是疫苗引起的反应或事件都包含在内。疫苗异常反应监测相关法律法规包括2019年发布的《疫苗管理法》、2019年修订的《药品管理法》、2010年印发的《全国疑似预防接种异常反应监测方案》。同时,对于死亡或群体性疑似预防接种异常反应,还应当按照《突发公共卫生事件应急条例》的有关规定进行报告。除此之外,相关的政策文件还包括《国家药监局关于发布个例药品不良反应收集和报告指导原则的通告》《国家药品监督管理局关于药品上市许可持有人直接报告不良反应事宜的公告》等。我国AEFI分为6类,包括疫苗不良反应、疫苗质量事故、接种事故、偶合症、心因性反应和不明原因的疑似预防接种异常反应。WHO的分类与我国略有不同,分为疫苗反应、事故、偶合症、注射反应、不明原因5种情形。

(一)疫苗不良反应

AEFI第一种情况是疫苗不良反应。疫苗不良反应(Vaccine Reaction Following Immunization)是指合格的疫苗在实施规范接种后,发生的与预防接种目的无关或意外的有害反应,包括一般反应和异常反应。一般反应是指因疫苗本身特性引起接种后的一些反应,例如局部红肿、轻微发热。接种疫苗后,机体有时会出现不同程度的局部反应和轻微的发热等全身症状,这是人体正常免疫应答的表现之一,不会造成生理和功能障碍。[①] 预防接种异常

---

① 参见胡惠丽:《疫苗接种不良反应的定义和分类》,载《中华儿科杂志》2020年第10期。

反应在后面详细阐述。

(二)疫苗质量事故

AEFI第二种情况是疫苗质量事故。疫苗质量事故(Vaccine Quality Event)是指疫苗质量不合格对接种者造成的损害。疫苗不合格的情况包括疫苗毒株、纯度、生产工艺、疫苗中的附加物、外源性因子、疫苗出厂前检定等不符合国家规定的疫苗生产规范或标准,其责任主体包括疫苗上市许可持有人、生产企业。1930年,德国吕伯克卡介苗事件中,市立医院从巴黎取得的菌株自制卡介苗,不小心混进了结核杆菌,导致249名口服卡介苗的儿童中有73名患粟粒性结核病死亡,酿成了悲剧。我国也出现过疫苗不合格的药物质量事故。2018年7月15日,国家药品监督管理局发布通告指出,长春长生生物科技有限公司冻干人用狂犬病疫苗生产存在记录造假、百白破疫苗效价指标不合格等问题。[①] 疫苗质量事故的处理应该按照《疫苗管理法》和《药品管理法》的药品不良反应相关规定,按照产品责任事故处理承担赔偿责任。同时,我国也正在积极进行疫苗质量事故的强制责任保险制度的立法建设。

(三)疫苗接种事故

AEFI第三种情况是疫苗接种事故。疫苗接种事故(Vaccination Program Error)是指在预防接种实施过程中,违反预防接种工作规范、免疫程序、疫苗使用指导原则、接种方案,造成受种者损害。责任主体包括医疗机构、疾病预防控制中心。接种事故时有发生,1997年也门疫苗事件中,误将胰岛素作为白喉—破伤风—百日咳(DTP)疫苗给70名婴儿注射,导致21名婴儿死亡。2019年,美国俄克拉何马州有10人在接受流感疫苗时,因医疗工作人员误把胰岛素当成是流感疫苗而入院。2006年,我国嘉兴某村村医,误把胰岛素当成狂犬病疫苗注射给2岁儿童。因此,在接种疫苗时,严格遵守预防接种规范对防范接种事故的发生非常重要。接种事故主要按照侵权中的医疗损害责任规定进行处理,包括《民法典》医疗损害责任的规定、《医疗事故处理条例》等内容,承担赔偿责任。

(四)疑似预防接种异常反应的其他情形

除以上情形外,对于偶合症、心因性反应、不明原因的疑似疫苗接种异常

---

① 参见《国家药品监督管理局关于长春长生生物科技有限责任公司违法违规生产冻干人用狂犬病疫苗的通告(2018年第60号)》,https://www.nmpa.gov.cn/xxgk/ggtg/qtggtg/20180715153301658.html,2021年8月1日访问。

反应,因为不能证明疫苗和损害之间的因果关系,所以不承担赔偿或者补偿责任。经常发生的是偶合症(Coincidental Event),是指受种者在接种时,正处于某种疾病的潜伏期或者前驱期,接种后巧合发病。偶合症不是由疫苗固有性质引起的,而是一种巧合发病。常见偶合症包括急性传染病、内科疾病、神经精神疾病、婴儿窒息或猝死。根据原卫生部相关数据,截至2009年11月30日,各省、自治区、直辖市通过甲型H1N1流感疫苗疑似预防接种异常反应监测管理系统报告疑似预防接种异常反应2867例,报告发生率约为11.44/10万,以发热、局部红肿等一般反应为主,约占80%;偶合症约占7%;心因性反应约占3%;直接与疫苗接种有关的异常反应约占10%。其中,严重异常反应报告发生率约为1.31/10万,未超过国内外甲型H1N1流感疫苗临床试验结果。

二、疑似预防接种异常反应监测

国家加强预防接种异常反应监测。预防接种异常反应监测方案由国家卫健委会同国家药监局制定;接种单位、医疗机构等发现疑似预防接种异常反应的,应当按照规定向疾病预防控制机构报告;

上市许可持有人应当设立专门机构,主动收集、跟踪分析疑似预防接种异常反应,及时采取风险控制措施,将疑似预防接种异常反应向疾病预防控制机构报告,将质量分析报告提交省级人民政府药品监督管理部门;对疑似预防接种异常反应,疾病预防控制机构应当按照规定及时报告,组织调查、诊断,并将调查、诊断结论告知受种者或者其监护人。对调查、诊断结论有争议的,可以根据国家卫健委制定的鉴定办法申请鉴定;因预防接种导致受种者死亡、严重残疾,或者群体性疑似预防接种异常反应等对社会有重大影响的疑似预防接种异常反应,由设区的市级以上人民政府卫生健康主管部门、药品监督管理部门按照各自职责组织调查、处理。

三、疫苗预防接种异常反应的认定

预防接种异常反应是指合格的疫苗在实施规范接种过程中或者实施规范接种后造成受种者机体组织器官、功能损害,相关各方均无过错的药品不良反应。

下列情形不属于预防接种异常反应:(1)因疫苗本身特性引起的接种后

一般反应;(2)因疫苗质量问题给受种者造成的损害;(3)因接种单位违反预防接种工作规范、免疫程序、疫苗使用指导原则、接种方案给受种者造成的损害;(4)受种者在接种时正处于某种疾病的潜伏期或者前驱期,接种后偶合发病;(5)受种者有疫苗说明书规定的接种禁忌,在接种前受种者或者其监护人未如实提供受种者的健康状况和接种禁忌等情况,接种后受种者原有疾病急性复发或者病情加重;(6)因心理因素发生的个体或者群体的心因性反应。

四、预防接种异常反应补偿

国家对预防接种异常反应实施补偿制度。实施接种过程中或者实施接种后出现受种者死亡、严重残疾、器官组织损伤等损害,属于预防接种异常反应或者不能排除的,应当给予补偿。补偿范围实行目录管理,并根据实际情况进行动态调整。接种免疫规划疫苗所需的补偿费用,由省、自治区、直辖市人民政府财政部门在预防接种经费中安排;接种非免疫规划疫苗所需的补偿费用,由相关疫苗上市许可持有人承担。国家鼓励通过商业保险等多种形式对预防接种异常反应受种者予以补偿。预防接种异常反应补偿应当及时、便民、合理。预防接种异常反应补偿范围、标准、程序由国务院规定,省、自治区、直辖市制定具体实施办法。

五、疫苗损害赔偿、补偿存在的问题及解决方案

根据前述内容,我们可以看到,我国现有的疑似疫苗接种异常反应中,只有疫苗接种事故、疫苗质量事故可以明确得到医疗损害赔偿,疫苗异常接种反应在认定后可以实施补偿。但实践中,我国绝大多数疑似疫苗事件没有被认定为疫苗事故或疫苗异常接种反应。伴随而来的是疫苗相关的诉讼增加,由于接种后的人身损害与疫苗本身、疫苗质量、疫苗接种的因果关系难以确定,导致接种人在接种疫苗后产生人体损害时难以确定其医疗(药品)损害责任或预防接种异常反应,而不能获得赔偿或补偿。美国也在一定时期存在同样的问题,因此,为了可以在疫苗接种后实现对个人快速、便捷、公平的损害赔偿,美国国会通过了《国家疫苗损害赔偿法》(National Vaccine Injury Compensation Act,NVICA),同时规定了对疫苗制造提供间接补贴。[①] 我国现在

---

① 参见〔美〕劳伦斯·高斯汀、林赛·威利:《公共卫生法:权力·责任·限制》,苏玉菊、刘碧波、穆冠群译,北京大学出版社 2020 年版,第 380 页。

已经在进行的疫苗质量事故的责任保险制度,针对不同的疑似疫苗接种异常反应情况造成不同的损害,均有对应的专业化保险产品,形成疫苗风险的商业保险全覆盖,但其实践情况还有待进一步研究。

第五节　疫苗安全管理的各部门职责

一、各级人民政府职责

(一)将疫苗安全工作纳入本级国民经济和社会发展规划

县级以上人民政府应将疫苗安全工作纳入本级国民经济和社会发展规划,并将相关费用纳入本级政府预算,加强疫苗监督管理能力建设,建立健全疫苗监督管理工作机制。

(二)统一领导疫苗监督管理工作

县级以上地方人民政府对本行政区域疫苗监督管理工作负责,统一领导、组织、协调本行政区域疫苗监督管理工作,同时国务院和省、自治区、直辖市人民政府建立部门协调机制,统筹协调疫苗监督管理有关工作,定期分析疫苗安全形势,加强疫苗监督管理,保障疫苗供应。

(三)决定群体性预防和应急工作

县级以上地方人民政府依据本级卫生健康主管部门报告,决定本行政区域进行群体性预防接种(须报省级以上人民政府卫生健康主管部门备案),作出群体性预防接种决定的县级以上地方人民政府应组织有关部门做好人员培训、宣传教育、物资调用等工作。传染病暴发、流行时,县级以上地方人民政府可依照法律、行政法规采取应急接种措施。

(四)制订疫苗安全事件应急预案

县级以上地方人民政府负责制订疫苗安全事件应急预案,对疫苗安全事件分级、处置组织指挥体系与职责、预防预警机制、处置程序、应急保障措施等作出规定。

二、药品监督管理部门

国务院药品监督管理部门负责全国疫苗监督管理工作。国务院药品监督管理部门依法对以下内容进行审批:(1)在中国境内上市的疫苗取得药品注册证书。在批准疫苗注册申请时,疫苗的生产工艺、质量控制标准和说明书、标签予以核准,并在其网站上及时公布疫苗说明书、标签内容。对疾病预防、控制急需的疫苗和创新疫苗优先审批;对预防接种异常反应严重或者其他原因危害人体健康的疫苗,注销该疫苗的药品注册证书。(2)疫苗上市许可持有人超出疫苗生产能力确需委托生产。(3)开展疫苗临床试验。(4)可能影响疫苗安全性、有效性和质量可控性的生产工艺、生产场地、关键设备等发生的变更。(5)根据疾病预防、控制需要和疫苗行业发展情况,组织对疫苗品种开展上市后评价。发现该疫苗品种的产品设计、生产工艺、安全性、有效性或者质量可控性明显劣于预防、控制同种疾病的其他疫苗品种的,应当注销该品种所有疫苗的药品注册证书并废止相应的国家药品标准。

省、自治区、直辖市人民政府药品监督管理部门负责本行政区域疫苗监督管理工作,主要负责以下内容:审批疫苗生产企业的药品生产许可证;监督销毁不予批签发的疫苗;等等。

设区的市级、县级人民政府承担药品监督管理职责的部门负责本行政区域疫苗监督管理工作,依法对疫苗研制、生产、储存、运输以及预防接种中的疫苗质量进行监督检查。

三、卫生健康主管部门职责

(一)预防接种监督管理

国务院卫生健康主管部门负责全国预防接种监督管理工作。县级以上地方人民政府卫生健康主管部门负责本行政区域预防接种监督管理工作。

(二)制定预防接种工作规范

国家卫健委制定、公布预防接种工作规范,强化预防接种规范化管理,同时制定、公布国家免疫规划疫苗的免疫程序和非免疫规划疫苗的使用指导原则。省级人民政府卫生健康主管部门结合本行政区域实际情况制定接种方案,并报国务院卫生健康主管部门备案。

(三)群体性预防接种和应急接种工作

县级以上地方人民政府卫生健康主管部门根据传染病监测和预警信息,为预防、控制传染病暴发、流行,报经本级人民政府决定,并报省级以上人民政府卫生健康主管部门备案,可以在本行政区域进行群体性预防接种。需要在全国范围或者跨省、自治区、直辖市范围内进行群体性预防接种的,应当由国务院卫生健康主管部门决定。作出群体性预防接种决定的国家卫健委应当组织有关部门做好人员培训、宣传教育、物资调用等工作。

传染病暴发、流行时,县级以上地方人民政府或其卫生健康主管部门依照法律、行政法规采取应急接种措施。

(四)疫苗安全事件处置

疫苗存在或者疑似存在质量问题的,卫生健康主管部门应当立即组织疾病预防控制机构和接种单位采取必要的应急处置措施,同时向上级人民政府卫生健康主管部门报告。

四、药品监督管理部门与卫生健康主管部门共同职责

国家药监局与国家卫健委共同职责包括:(1)制定统一的疫苗追溯标准和规范,建立全国疫苗电子追溯协同平台,整合疫苗生产、流通和预防接种全过程追溯信息,实现疫苗可追溯;(2)共同制定疫苗储存、运输管理规范;(3)共同制订预防接种异常反应监测方案;(4)按照各自职责组织调查、处理因预防接种导致受种者死亡、严重残疾,或者群体性疑似预防接种异常反应等对社会有重大影响的疑似预防接种异常反应;(5)统一公布全国预防接种异常反应报告情况;(6)共同成立疫苗安全事件处置指挥机构,开展医疗救治、风险控制、调查处理、信息发布、解释说明等工作。

药品监督管理部门、卫生健康主管部门按照各自职责对疫苗研制、生产、流通和预防接种全过程进行监督管理,监督疫苗上市许可持有人、疾病预防控制机构、接种单位等依法履行义务。

省级以上人民政府药品监督管理部门、卫生健康主管部门等应当按照科学、客观、及时、公开的原则,组织疫苗上市许可持有人、疾病预防控制机构、接种单位、新闻媒体、科研单位等,就疫苗质量和预防接种等信息进行交流沟通。

五、其他行政部门和主体的职责

国务院药品监督管理部门、卫生健康主管部门、生态环境主管部门制定对存在包装无法识别、储存温度不符合要求、超过有效期等问题疫苗的处置方法。

国务院有关部门会同国家卫健委等部门,根据疾病预防、控制和公共卫

生应急准备的需要,加强储备疫苗的产能、产品管理,建立动态调整机制。

各级人民政府及其有关部门、疾病预防控制机构、接种单位、疫苗上市许可持有人和疫苗行业协会等应当通过全国儿童预防接种日等活动,定期开展疫苗安全法律、法规以及预防接种知识等的宣传教育、普及工作。

新闻媒体应当开展疫苗安全法律、法规以及预防接种知识等的公益宣传,并对疫苗违法行为进行舆论监督。有关疫苗的宣传报道应当全面、科学、客观、公正。

第六节 疫苗安全的法律责任

一、疫苗生产、销售机构法律责任

(一)生产、销售的疫苗为假药、劣药

生产、销售的疫苗属于假药或劣药的,由省级以上人民政府药品监督管理部门,根据《疫苗管理法》第80条进行处罚。疫苗是否属于假药和劣药,根据《药品管理法》第48、49条关于假药和劣药的规定认定。构成犯罪的,根据《刑法》关于生产、销售假药罪和生产、销售劣药罪的规定,从重追究刑事责任。

(二)违反疫苗生产、供应和签批发的规定

疫苗上市许可持有人、疾病预防控制机构或其他单位,有以下情形之一的,由省级以上人民政府药品监督管理部门根据《疫苗管理法》第81条进行处罚:(1)申请疫苗临床试验、注册、批签发提供虚假数据、资料、样品或者有其他欺骗行为;(2)编造生产、检验记录或者更改产品批号;(3)疾病预防控制机构以外的单位或者个人向接种单位供应疫苗;(4)委托生产疫苗未经批准;(5)生产工艺、生产场地、关键设备等发生变更按照规定应当经批准而未经批准;(6)更新疫苗说明书、标签按照规定应当经核准而未经核准。

(三)违反疫苗流通和信息安全的规定

疫苗上市许可持有人有以下情形之一的,由省级以上人民政府药品监督管理部门根据《疫苗管理法》第83条进行处罚:(1)未按照规定建立疫苗电子追溯系统;(2)法定代表人、主要负责人和生产管理负责人、质量管理负责人、质量受权人等关键岗位人员不符合规定条件或者未按照规定对其进行培训、考核;(3)未按照规定报告或者备案;(4)未按照规定开展上市后研究,或者未按照规定设立机构、配备人员主动收集、跟踪分析疑似预防接种异常反应；(5)未按照规定投保疫苗责任强制保险；(6)未按照规定建立信息公开制度。

（四）违反药品相关质量管理规范

疫苗上市许可持有人或者其他单位违反药品相关质量管理规范的，由县级以上人民政府药品监督管理部门根据《疫苗管理法》第82条进行处罚。

（五）民事赔偿责任

因疫苗质量问题造成受种者损害的，疫苗上市许可持有人应当依法承担赔偿责任。

二、疾病预防控制机构、接种单位、医疗机构法律责任

（一）违反疫苗储存、运输管理规范

疾病预防控制机构、接种单位、疫苗上市许可持有人、疫苗配送单位违反疫苗储存、运输管理规范有关冷链储存、运输要求的，由县级以上人民政府药品监督管理部门根据《疫苗管理法》第85、86条进行处罚。

（二）违反疫苗供应和接种规范

疾病预防控制机构、接种单位有下列情形之一的，由县级以上人民政府卫生健康主管部门根据《疫苗管理法》第87条进行处罚：(1)未按照规定供应、接收、采购疫苗；(2)接种疫苗未遵守预防接种工作规范、免疫程序、疫苗使用指导原则、接种方案；(3)擅自进行群体性预防接种。

接种单位、医疗机构未经县级以上地方人民政府卫生健康主管部门指定擅自从事免疫规划疫苗接种工作、从事非免疫规划疫苗接种工作不符合条件或者未备案的，疾病预防控制机构、接种单位以外的单位或者个人擅自进行群体性预防接种的，由县级以上人民政府卫生健康主管部门根据《疫苗管理法》第91条进行处罚。

（三）违反疫苗信息安全规定

疾病预防控制机构、接种单位有下列情形之一的，由县级以上人民政府卫生健康主管部门根据《疫苗管理法》第88条进行处罚：(1)未按照规定提供追溯信息；(2)接收或者购进疫苗时未按照规定索取并保存相关证明文件、温度监测记录；(3)未按照规定建立并保存疫苗接收、购进、储存、配送、供应、接种、处置记录；(4)未按照规定告知、询问受种者或者其监护人有关情况。

（四）违反疫苗报告、收费规定的

疾病预防控制机构、接种单位、医疗机构未按照规定报告疑似预防接种

异常反应、疫苗安全事件等,或者未按照规定对疑似预防接种异常反应组织调查、诊断等的,由县级以上人民政府卫生健康主管部门根据《疫苗管理法》第89条进行处罚。

疾病预防控制机构、接种单位违反规定收取费用的,由县级以上人民政府卫生健康主管部门监督其将违法收取的费用退还给原缴费的单位或者个人,并由县级以上人民政府市场监督管理部门依法给予处罚。

(五)民事责任

疾病预防控制机构、接种单位因违反预防接种工作规范、免疫程序、疫苗使用指导原则、接种方案,造成受种者损害的,应当依法承担赔偿责任。

三、国家行政部门的法律责任

(一)县级以上地方人民政府的法律责任

县级以上地方人民政府在疫苗监督管理工作中有下列情形之一的,对直接负责的主管人员和其他直接责任人员依法给予降级或者撤职处分;情节严重的,依法给予开除处分;造成严重后果的,其主要负责人应当引咎辞职:(1)履行职责不力,造成严重不良影响或者重大损失;(2)瞒报、谎报、缓报、漏报疫苗安全事件;(3)干扰、阻碍对疫苗违法行为或者疫苗安全事件的调查;(4)本行政区域发生特别重大疫苗安全事故,或者连续发生重大疫苗安全事故。

(二)药品监督管理部门、卫生健康主管部门等部门的法律责任

药品监督管理部门、卫生健康主管部门等部门在疫苗监督管理工作中有下列情形之一的,对直接负责的主管人员和其他直接责任人员依法给予降级或者撤职处分;情节严重的,依法给予开除处分;造成严重后果的,其主要负责人应当引咎辞职:(1)未履行监督检查职责,或者发现违法行为不及时查处;(2)擅自进行群体性预防接种;(3)瞒报、谎报、缓报、漏报疫苗安全事件;(4)干扰、阻碍对疫苗违法行为或者疫苗安全事件的调查;(5)泄露举报人的信息;(6)接到疑似预防接种异常反应相关报告,未按照规定组织调查、处理;(7)其他未履行疫苗监督管理职责的行为,造成严重不良影响或者重大损失。

四、其他单位和人员法律责任

(一)批签发机构的法律责任

批签发机构有下列情形之一的,由国务院药品监督管理部门责令改正,

给予警告,对主要负责人、直接负责的主管人员和其他直接责任人员依法给予警告直至降级处分:(1) 未按照规定进行审核和检验;(2) 未及时公布上市疫苗批签发结果;(3) 未按照规定进行核实;(4) 发现疫苗存在重大质量风险未按照规定报告。

批签发机构未按照规定发给批签发证明或者不予批签发通知书的,由国务院药品监督管理部门责令改正,给予警告,对主要负责人、直接负责的主管人员和其他直接责任人员依法给予降级或者撤职处分;情节严重的,对主要负责人、直接负责的主管人员和其他直接责任人员依法给予开除处分。

(二) 义务接种疫苗主体的法律责任

监护人未依法保证适龄儿童按时接种免疫规划疫苗的,由县级人民政府卫生健康主管部门批评教育,责令改正。

托幼机构、学校在儿童入托、入学时未按照规定查验预防接种证,或者发现未按照规定接种的儿童后未向接种单位报告的,由县级以上地方人民政府教育行政部门责令改正,给予警告,对主要负责人、直接负责的主管人员和其他直接责任人员依法给予处分。

(三) 编造、散布虚假疫苗安全信息,或者在接种单位寻衅滋事

编造、散布虚假疫苗安全信息,或者在接种单位寻衅滋事,构成违反治安管理行为的,由公安机关依法给予治安管理处罚。

报纸、期刊、广播、电视、互联网站等传播媒介编造、散布虚假疫苗安全信息的,由有关部门依法给予处罚,对主要负责人、直接负责的主管人员和其他直接责任人员依法给予处分。

第十章　药品安全与医疗器械安全

医药行业是我国七大战略新兴产业之一,药品、医疗器械安全是重大的民生问题,是人民幸福的基石,是社会和谐的根本。近年来,我国居民人均可支配收入呈上升趋势。根据国家统计局统计,2016 年至 2020 年我国居民人均可支配收入由 23821 元增至 32189 元,年均增长率为 7.8%。医疗保健作为一种基本需求,生活水平逐步提高、居民健康意识逐步提升直接拉动了药品需求的增长。同时,我国人口老龄化呈加速趋势,65 岁以上老年人口占总人口的比例由 2009 年的 8.5%(约 1.13 亿人)上升至 2019 年的 12.6%(约 1.76 亿人)。人口的增长及人口老龄化进程加速等社会发展因素,直接带动了对我国药品市场需求的持续提升。因此,应当将人民健康放在优先发展战略地位,保障公众用药安全、有效、可及,防止药品安全事件发生,切实维护人民群众身体健康和生命安全。

第一节　药品安全及医疗器械安全

一、药品安全定义

《药品管理法》将药品定义为"药品,是指用于预防、治疗、诊断人的疾病,有目的地调节人的生理机能并规定有适应症或者功能主治、用法和用量的物质,包括中药、化学药和生物制品等",特指人用药品,并不包括兽药及农药。

药品的质量特性是指药品与满足预防、治疗、诊断人的疾病,有目的地调节人的生理机能的要求有关的固有特性。药品的质量特性有四个方面:有效性、安全性、稳定性和均一性。其中,安全性是指按规定的适应症和用法、用量使用药品后,人体产生毒副反应的程度。大多数药品均有不同程度的毒副反应,只有在衡量有效性大于毒副反应,或可解除、缓解毒副作用的情况下,才能使用某种药品。

药品关乎人的生命权和健康权,关系到国家的人民健康水平,呈现出高度社会福利特征,因此药品安全成为政府聚焦和大众关注的话题。目前,国内对药品安全尚无明确统一的定义,药品安全有广义和狭义两种理解。广义的药品安全包括质量安全和数量安全,而狭义的药品安全仅指质量安全。现有文献中对药品安全的含义做过不同的阐述[1]。综合看来,可以将药品安全定义为:通过对药品研发、生产、流通、使用全环节进行监管所表现出来的控制了外在威胁和内在隐患的综合状态,以及为达到这种状态必要的供应保障和信息反馈。[2]

药品产业链长,有研发、生产、流通和使用等多个环节,每个环节都存在可能侵害使用者的风险。安全的药品是一个相对的概念,不存在"完全安全"的药品,安全的药品只是指该药品对人体的损害的风险程度在"可承受"的范围之内。药品安全相对性体现在药品全链接环节中,并不追求零风险,而是一种风险可控的状态,即将风险控制在可接受范围内。

二、医疗器械安全定义

《医疗器械监督管理条例》明确了医疗器械的定义。医疗器械是指直接或者间接用于人体的仪器、设备、器具、体外诊断试剂及校准物、材料以及其他类似或者相关的物品,包括所需要的计算机软件;其效用主要通过物理等方式获得,不是通过药理学、免疫学或者代谢的方式获得,或者虽然有这些方式参与但是只起辅助作用;其目的是:

1. 疾病的诊断、预防、监护、治疗或者缓解;
2. 损伤的诊断、监护、治疗、缓解或者功能补偿;
3. 生理结构或者生理过程的检验、替代、调节或者支持;
4. 生命的支持或者维持;
5. 妊娠控制;
6. 通过对来自人体的样本进行检查,为医疗或者诊断目的提供信息。

---

[1] 例如,胡颖廉认为:"从概念上说,药品安全包括制药产业安全和药品质量安全两方面。其中前者属于国家安全范畴,指公众对药品种类和数量基本可及。后者被纳入公共安全领域,指药品生产缺陷、副作用、错误用药以及其他风险对人体健康不造成危害。"上海市食品药品安全研究中心认为:"药品安全是一个相对安全的概念,其内涵是指通过政府全面、有效的管理,企业在药品研发、生产、流通、使用等环节依法实施,使药品的外在风险和内在隐患控制在可接受的范围内。"

[2] 参见尚鹏辉等:《我国药品安全定义和范畴的系统综述和定性访谈》,载《中国卫生政策研究》2009年第6期。

医疗器械的定义从作用机理和使用范围两方面确定,明确医疗目的和医疗效果是医疗器械功能属性的重要性,具有这一特征,应当纳入安全性、有效性的监管范围。[1] 同时,医疗器械也是国家食品药品监督管理局负责监督管理的"四品一械"("四品"指食品、药品、化妆品、保健食品,"一械"指医疗器械)中科技含量最高、技术复杂程度最高、类型最庞杂的种类,是生物医学和工程技术结合的产物,涉及机械、电子、材料、生命科学等众多学科。[2]因此,如何控制和保障医疗器械使用过程中的安全风险就显得尤为重要。

我国对医疗器械按照风险程度实行分类管理。第一类是风险程度低,实行常规管理可以保证其安全、有效的医疗器械。第二类是具有中度风险,需要严格控制管理以保证其安全、有效的医疗器械。第三类是具有较高风险,需要采取特别措施严格控制管理以保证其安全、有效的医疗器械。第一类医疗器械实行产品备案管理,第二类、第三类医疗器械实行产品注册管理。

2014年,原国家食品药品监督管理总局以通告附件的形式发布了《医疗器械安全有效基本要求清单》,对于医疗器械(不包括诊断试剂)的安全要求做出了初步的介绍。该清单指出,医疗器械的设计和生产应确保其在预期条件和用途下,由具有相应技术知识、经验、教育背景、培训经历、医疗和硬件条件的预期使用者,按照预期使用方式使用,不得损害医疗环境、患者安全、使用者及他人的安全和健康。此外,医疗器械使用时的潜在风险与患者受益相比较是可以接受的,并具有高水平的健康和安全保护方法。具体而言,符合以下条件的器械可以被认为其安全性能够得到合理保障:第一,有充分的科学性根据,在其用途和使用条件下,如标明充分的使用指示和不安全使用警告,使用器械对健康的可能益处远超过任何其可能带来的风险,不能比已合法上市器械的风险更高。第二,用以确定器械安全性的充分科学根据须能充分证明,按照器械的用途和使用条件使用,该器械没有不合理的致伤、致病风险。[3]

---

[1] 参见刘星主编:《药品管理法学概论》,中国中医药出版社2004年版,第381页。
[2] 参见周力田编著:《医疗器械安全有效性评价——对构建现行体制下医疗器械科学评价体系的探索》,北京大学医学出版社2012年版,第3页。
[3] 同上。

第二节 我国药品、医疗器械安全工作历程

一、我国药品安全工作历程

(一) 药品管理体制改革

深化体制机制改革,建立统一的医药监管模式,是把控不良风险,加强安全保障至关重要的一环。随着社会主义市场经济体系的逐步完善,全社会对药品安全问题日趋重视。中华人民共和国成立以来,我国与药品相关的部门机构经历了多次改革,大致可以分为五个阶段。

1. 1949—1956 年体制形成阶段

1949 年 11 月 1 日,中央人民政府卫生部成立。1950 年中央卫生部医政局设置药政处(1953 年改为药政司),专门负责药品质量监督管理。各省级卫生行政部门设药政处,地级市卫生局设置药政科,负责国家各级药政管理工作。

1952 年,轻工业部医药工业管理局成立,重点抓地方病、传染病和多发病、常见病防治药品的研制等工作;同年,商业部设立中国医药公司,管理并经营西药和医疗器械。1955 年,商业部设置中药材公司,管理经营中药材、中药饮品和中成药。1955—1956 年,经国务院决定成立了中药管理委员会和医药工作委员会。1956 年,根据国务院有关改进药品质量措施的批复,在医药工作委员会领导下成立了药品质量小组。至此,我国药品检验系统已经基本形成,药政管理主要采用行政管理手段。

2. 1957—1983 年管理调整阶段

1957 年,卫生部药政司改为卫生部药政局,各省(自治区、直辖市)卫生厅(局)相应设立了药政处。该阶段中,中国药材公司改变体制,由卫生部和商业部共同领导。中国医药公司更名为医药贸易局,设置在各地的公司均由商业局领导。同时,政府授权卫生部组建国家药品食品检验所、生物制品检定所和三大口岸药品检验所(北京、天津、广州)。这一时期,我国政府在药品管理领域的机构和职能逐步扩大、细化,确立了我国医药领域药政部门与医药

行业部门"双头共管"的模式。①

1979年,经国务院批准成立的国家医药管理总局(直属国务院,由卫生部代管)成立,将原分属于化工、商业、卫生部的药材、医药、医药工业、医疗器械公司及机构人员划归国家医药管理总局统一领导管理,由此揭开了药品统一管理的新篇章。1982年,国家医药管理总局划归国家经济贸易委员会领导,更名为国家医药管理局,各省、市、自治区也相应地建立了医药管理局,对医药工商企业和事业单位或对医药企事业单位的生产经营和科研教育等工作进行了不同程度、不同形式的统一管理,形成了行业管理系统。

3. 1984—1997年法制探索阶段

1984年9月20日通过的《药品管理法》,明确了药品监督管理体制,从法律方面保证了药品生产、经营的过程中"质量第一"的监督机制的运行,标志着我国药品监管工作真正进入法制化管理阶段。

4. 1998—2008年高效运作阶段

1998年政府机构改革,组建了国务院直属机构国家药品监督管理局,统一负责全国药品的研究、生产、流通、使用等环节的行政监督和技术监督。2001年,《药品管理法》第一次修订,并相继出台一系列配套法规。2003年,为了表明国家对食品药品监管、保证人民群众健康安全的决心,第十届全国人民代表大会上通过了国务院新的机构改革方案,在国家药品监督管理局基础上组建国家食品药品监督管理局,继续行使国家药品监督管理局的职能,并依法组织开展对重大安全事故的查处。

5. 2008年后深化改革阶段

2008年新一轮国务院机构改革中,药监部门从国务院直属机构"降格"成卫生部管理的国家食品药品监督管理局,保留对药品研发、生产、流通、使用等过程的监管职责。7月10日,国务院将药品医疗器械等技术审评工作交给事业单位。② 11月10日,国务院将食品药品监督管理机构省级以下垂直管理改为由地方政府分级管理,业务上接受上级主管部门和同级卫生部门的组织指导和监督。③

---

① 参见胡颖廉:《中国药品安全治理现代化》,中国医药科技出版社2017年版,第5页。
② 参见《国家食品药品监督管理局主要职责内设机构和人员编制规定》(国办发〔2008〕100号)。
③ 参见《国务院办公厅关于调整省级以下食品药品监督管理体制有关问题的通知》(国办发〔2008〕123号)。

2013年，根据《国务院机构改革和职能转变方案》和《国务院关于机构设置的通知》（国发〔2013〕14号）组建的国家食品药品监督管理总局加挂国务院食品安全委员会办公室牌子，成为国务院直属机构，其主要职责是对生产、流通、消费环节的食品安全和药品的安全性、有效性实施统一监督管理等。国家食品药品监督管理总局整合了食安办、药监、质检和工商等部门的相应职责，旨在实现对食品、药品的生产、流通、消费环节的全程监管。可以用"四品一械"四个字概括，即对药品、保健品、餐饮食品、化妆品、医疗器械的生产流通全流程监管。

2018年，正值我国改革开放40周年，我国药品监管事业也进入了改革发展的新时代。根据《国务院机构改革方案》，在构建统一市场监管机构的背景下，组建国家市场监督管理总局承担原国家食品药品监督管理总局的职责。同时考虑到药品监管的特殊性，单独组建国家药品监督管理局，由国家市场监督管理总局管理，负责制定药品、医疗器械标准、分类管理制度和监督管理规范等；管理药品、医疗器械质量，制定生产、经营、使用的质量管理规范并监督、指导实施；在药品、医疗器械上市后进行风险管理，组织开展药品不良反应、医疗器械不良事件的监测、评价和处置工作，承担药品、医疗器械的安全应急管理工作；依法查处药品、医疗器械的违法行为。省级药品监督管理部门负责药品、医疗器械生产环节的许可、检查和处罚，以及药品批发许可、零售连锁总部许可、互联网销售第三方平台备案的检查和处罚。市县两级市场监管部门负责药品零售、医疗器械经营的许可、检查和处罚，以及药品、医疗器械使用环节质量的检查和处罚。

（二）药品法规建设完善

中华人民共和国成立以来，国家重视人民的身体健康，制定了大量的发展医药卫生事业的方针政策和法律规范，使我国药品法治建设逐步得到完善，发展越发规范化和科学化。

1959年，卫生部、化工部、商业部联合发出《关于保证与提高药品质量的指示》，提出恢复健全药品检验机构、严格检验制度等。1963年，卫生部、化工部、商业部联合发布《关于药政管理的若干规定》，对药品的定义、临床、生产、供应、使用和检测作出了具体规定，同时将药品质量安全提升到一定高度，这是新中国成立后第一部关于药政管理的综合性法规文件。

1965年卫生部、化工部联合制定的《药品新产品管理暂行规定》是我国第一个新药管理办法,但未贯彻实施。因此,1978年卫生部制定的《药政管理条例(试行)》是中华人民共和国成立以来发布的第一个真正得以执行的药品监督管理规范,为我国现代药品监管奠定了框架,是我国《药品管理法》的最早雏形。

1978年,国务院批准了卫生部颁发的《药政管理条例(试行)》,并颁布了《麻醉药品管理条例》。1979年颁发的《新药管理办法(试行)》《卫生部医疗用毒药、限制性剧药管理规定》等一系列文件,为我国药事管理工作走上依法管理的轨道奠定了基础。

1982年,卫生部公布淘汰了疗效不确切、毒副反应大、配方不合理的127种药品品种名单。这是我国第一次通过药物评价方法淘汰药品,以保证人民用药安全。

1984年,第六届全国人大常委会第七次会议通过并颁布我国第一部药品管理的正式法律《药品管理法》,将药品的生产、经营活动和对药品的监督管理以法律的形式确定下来,并明确了药品监管主体的责任与义务,这是我国在药事立法方面取得的突破性进展,标志着我国药政和药品监管工作进入了法治化轨道。之后,围绕着这一核心的药品安全法律规范相继出台,包括1982年《医疗用毒性药品管理办法》《精神药品管理办法》、1985年《新药审批办法》《新生物制品审批办法》《药品广告管理办法》、1987年《麻醉药品管理办法》《药品监督员工作条例》、1988年《药品生产质量管理规范》(GMP)、1989年《药品管理法实施办法》《放射性药品管理办法》《医院药剂管理办法》等。自此,中国药品安全法治体系初具雏形。

2001年2月28日,全国人大常委会审议通过了修订后的《药品管理法》,同年12月1日施行。我国药品监管体系和法治建设得到了进一步完善。但是,由于药品监管工作当中存在天然的内生冲突,尽管药监部门确立了以"监管为中心,监、帮、促"的工作方针,也无法避免职责交叉、政企不分等问题的出现。

2007年,面对着药品安全的严峻形势,责任追究问题俨然成为药品安全法制体系建设中至关重要的一环。为此,《国家食品药品安全"十一五"规划》中提出了按照地方政府总负责,监管部门各负其责,企业作为第一责任人的建立健全食品药品安全责任体系的要求。这为强化药品质量安全风险控制,规范和加强药品监管实施,有效追究相关主体责任奠定了基础。

为了进一步加大药品监管力度,查处违法犯罪行为,严格责任追究制度,国家有关部门需要在健全法治体系的同时,协调好公法与私法,基本法与部门法之间的关系,必要时采取"多管齐下""宽严相济"的政策,最大限度地保护人民群众生命健康安全。在民事立法层面,2009年,我国颁布了第一部《侵权责任法》(现已废止),明确了药品安全事故的侵权责任。2013年,《消费者权益保护法》被重新修订,加大了对消费者合法权益的保护力度。在刑事立法方面,基于实践中打击药品安全犯罪的需要,我国《刑法》针对药品安全问题经历了多次修订,并通过发布相关司法解释的方式进一步明确和细化了药品安全犯罪的定罪量刑标准。在行政立法方面,国务院先后下发了多部与药品安全监管相关的行政法规,主要包括《药品管理法实施条例》《疫苗管理法》《疫苗流通和预防接种管理条例》等。此外,药监系统也制定了多部行政规章,主要包括《药品注册管理办法》《生物制品批签发管理办法》《药品临床试验管理规范》《药品生产质量管理规范》《药品经营质量管理规范》等。建立了涵盖药品许可、生产、经营、使用、监测、召回等各个环节较为完善的行政法律体系。[①] 如此一来,我国形成了民法、刑法、行政法三位一体的药品安全法律体系。

二、我国医疗器械安全工作历程

医疗器械作为当今世界发展最快的工业门类之一,被誉为朝阳产业。因此,医疗器械安全与药品安全一样,是提高医疗质量水平,为患者生命健康安全保驾护航的重要保障。我国的医疗器械产业发展大致经历了三个阶段。

1. 1949—1978年缓慢发展阶段

中华人民共和国成立初期,我国尚处于计划经济时代,政府将医药产业作为提供基本公共服务的福利事业牢牢控制,以计划命令和对生产的直接干预管理企业。[②] 这一时期,由于医疗器械还没有形成明确的定义,因此根据类别的不同,医疗器械按照不同大类的工业产品由相关的工业部门分别管理。在此期间,医疗器械主管部门经历了从卫生部、轻工业部到化工部再到第一机械工业部的数次变革。直至1963年10月,卫生部、化工部、商业部联合

[①] 参见刘志强:《我国药品安全相关法律责任体系研究——以市场主体责任为视角》,上海交通大学出版社2019年版,第27页。

[②] 参见胡颖廉:《中国药品安全治理现代化》,中国医药科技出版社2017年版,第217页。

发布《关于药政管理的若干规定》,这是我国第一个关于药政管理的综合性法规文件,其中就有关于医疗器械生产、供应、使用、检测的规定,并强调医械质量安全。

改革开放初期,国家医药管理(总)局和中国医疗器械工业公司相继成立。1978年全国医疗器械生产企业300多家,数量和质量都得到了显著提高,能够满足我国的基本医疗需求。

2. 1978—2000年快速发展阶段

改革开放后我国医疗器械产业迅速发展,并吸取了计划管理体制下医药企业发展困难的教训,政府将管理模式转向行业管理,由此开创了医药工业高速发展的新局面。到20世纪90年代末,我国医疗器械生产企业近6000家,工业总产值近300亿元。这一时期我国的医疗器械质量和技术都有所提高。

但是,之后出现医药多头分散管理的反复,造成了药品和医械监管职权分散、各部门间职责不清、监管效率低下等问题,也进一步导致宏观失调、产业盲目发展、假劣药品和医械多方出现。针对这一局面,医疗器械行政监督司于1994年成立,正式行使对全国医疗器械产品的监督管理职能。同年,中国医疗器械产品认证委员会及中国医疗器械质量认证中心成立。1996年9月,原国家医药管理局颁布16号令,发布了《医疗器械产品注册管理办法》。该管理办法要求医疗机构设置管理部门,主要负责仪器设备的购置、验收、保管、维修、调剂、报废计量、统计以及考核、查验、评比、奖惩等工作。同时,该管理办法首次作出了没有注册证的医疗器械产品不允许上市的规定。1997年,国家经贸委会等部门联合颁布《国家药品医疗器械储备管理暂行办法》。1998年,随着国务院机构改革方案的实施,国家决定组建新的国家药品监督管理局,统一行使中西药品、医疗器械的执法监督和药品检验职能,将行政监督与技术监督统一起来,并在国家药监局内设立医疗器械监管司,具体承担医疗器械的注册、监督管理和研究评价工作。

3. 2000年后迅速发展阶段

随着我国经济社会的发展和医疗器械产业的不断壮大,国家对于医疗器械使用过程中的安全风险管控格外重视。2000年,国务院颁布实施《医疗器械监督管理条例》,为我国医疗器械的监督管理奠定了法律基础,是我国医疗器械管理发展史上的重要里程碑,标志着我国医疗器械监督管理从此走向依法监督、依法管理时期,从根本上确保上市医疗器械的安全有效,维护广大公众的正当权益。随后,又有一系列的管理规定相继出台,包括2000年《医疗器械分类规则》《医疗器械生产企业监督管理办法》《医疗器械经营企业监督管理办法》《医疗器械生产企业质量体系考核办法》《医疗器械注册管理办法》、2004年《医疗器械临床试验规定》等。由此,我国医疗器械法规体系基本建立完成,形成了上市前管理、上市后监督以及以生产企业监管为核心的医疗器械"三位一体"的监督管理体系。其中,国家对于医疗器械上市前管理主要分为三个阶段,即医疗器械产品注册要求、生产企业许可要求和医疗器械经营管理要求。而针对上市后的医疗器械监督,则主要通过不良事件监测、上市后风险研究和预警召回等制度完成对医疗器械的安全性和有效性评价。经过多年的发展和规范,我国医疗器械监管体系逐步完善,医疗器械风险管控日益强化,医疗器械行业态势欣欣向荣。

近年来,我国医疗器械产业和监管在此前的基础上进一步发展壮大,取得了许多历史性突破。2010年,卫生部发布了《医疗器械临床使用安全管理规范(试行)》,旨在加强医疗器械临床使用安全管理工作,降低医疗器械临床使用风险,提高医疗质量,保障医患双方的合法权益。卫生部《三级综合医院评审标准(2011年版)》中也明确要求,开展医疗器械临床使用安全控制与风险管理工作,建立医疗器械临床使用安全事件监测与报告制度,定期对医疗器械使用安全情况进行考核和评估,提出可持续改进的考核评价方法,加强医疗器械安全管理,实现可持续改进。[①] 2015年,国家药监部门持续深化医疗器械审评审批制度改革,鼓励和支持医疗器械创新发展。同年10月21日,国家食品药品监督管理总局发布《医疗器械使用质量监督管理办法》,从法制化管理的要求上明确了医疗器械使用安全风险管理的职责。2017年,国家食品药品监督管理总局发布了《医疗器械召回管理办法》,旨在加强医疗器械的监督管理,控制存在缺陷的医疗器械产品,消除医疗器械安全隐患。2018年,国家市场监督管理总局和国家卫生健康委员会发布了《医疗器械不良事件监测和再评价管理办法》,以便及时、有效控制医疗器械上市后的风险,保障人体健康和生命安全。2020年12月21日,国务院召开常务会议通过了《医疗器械监督管理条例(修订草案)》,修订后的《医疗器械监督管理条例》自2021年

---

① 参见谢松城、郑焜主编:《医疗设备使用安全风险管理》,化学工业出版社2019年版,第3页。

6月1日起施行。修订后该条例的法条数量从2017年版的80条增加到107条,在内容上有大量的调整和增加;同时积极推进了医疗器械监管体系和监管能力建设,加快补齐能力建设短板,不断推进医疗器械标准、医疗器械分类、唯一标识、能力建设,为做好新时代医疗器械管理工作指明了方向。

第三节 我国药品安全风险

目前,我国是全球最大的原料药生产国与出口国之一,原料药出口规模接近全球原料药市场份额的20%左右,产品类型主要以大宗原料药为主。根据国家统计局的数据显示,2019年,我国化学药品原药产量达到276.9万吨,同比增长20.2%,增速为近年来最大值;2020年,我国化学药品原药产量为273.4万吨,同比上升2.7%。[①] 中国已然成为仅次于美国的世界第二大原料药生产国和最大的出口国。

我国医疗器械行业快速发展,目前我国可生产3000多个品种,其中,数字X光机、磁共振、超声、CT等技术含量高的诊断治疗类产品在市场上占据了一定份额。2020年,全球医疗器械行业市场规模为4774亿美元,同比增长5.63%,预计到2024年,全球医疗器械行业规模将达6000亿美元。与此同时,我国医疗器械市场近年表现突出,截至2020年,中国医疗器械市场规模约为7341亿元,同比增长18.3%,接近全球医疗器械增速的4倍,维持在较高的增长水平,中国已经成为仅次于美国的全球第二大医疗器械市场。预计未来5年,医疗器械领域市场规模年均复合增长率约为14%,至2023年将突破万亿。

2020年,我国药品不良反应检测中心收到药品不良反应报告167.58万份,其中严重病例16.74万件,死亡病例报告1489件,新药不良反应报告36.97万件,不良反应报告处理数量10件。共收到医疗器械不良事件[②]报告53.61万份,其中严重伤害事件报告3.29万份;死亡事件报告21份,涉及88个产品品种。[③]

[①] 参见《2021年中国化学原料药行业市场规模、竞争格局及发展前景分析 "十四五"继续增长》,https://bg.qianzhan.com/trends/detail/506/210617-f0830c89.html,2021年10月20日访问。

[②] 医疗器械不良事件,是指已上市的医疗器械,在正常使用情况下发生的、导致或者可能导致人体伤害的各种有害事件。医疗器械不良事件监测,是指对医疗器械不良事件的收集、报告、调查、分析、评价和控制的过程。死亡医疗器械不良事件报告,是指患者最终结果为死亡的医疗器械不良事件报告。不表示患者的死亡与使用医疗器械有明确的关联性。

[③] 参见《药品监督管理统计年度报告(2020年)》。

我国目前正处于经济社会转型时期,药品监管体制、市场结构、法治体系和社会环境都发生了深刻的变化。医药行业的快速发展使我国对于药品安全形势也愈发重视。

一、安全风险理论

德国思想家乌尔里希·贝克提出了"风险社会"理论,指出风险社会对应的规范蓝图是安全,安全是风险社会的基础和动力所在。风险社会中人们不再专注于获取"好",而是极力避免最坏。[1] 风险隐含的真正动力是来自预期中的未来危险,风险一旦出现就意味着大规模破坏,以至于之后的补救无济于事。在风险社会里,"过去"丧失了决定"现在"的权力,取而代之的是"未来",即某些不存在的、设计的、虚构的事物,成了当下经验和行动的"原因"。我们今天的积极作为,是为了避免、缓解或预防明后天的问题与危机。[2]

风险有两个明显的特征:一是风险的发生具有不确定性,未来的风险可能发生,也可能不发生,但这个风险是客观存在的。二是会产生损失,一旦风险发生就会产生破坏,造成损失。

药品安全风险作为风险的一种,必然包含"风险"的特征。但它还具有复杂性和主体多样性,复杂性指的是安全风险存在于各个环节,任何一个环节出现问题,都会破坏整个药品安全链;主体多样性指的是安全风险的承担主体不只是患者,还包括生产者、经营者、医务人员等。药品安全风险可以认为是人们使用药品后发生任何机体损害的可能性以及损害发生的严重程度的一种结合。[3]

从药品安全现状来看,虽然国家从风险治理的角度审视药品、医疗器械全过程的风险控制问题,在质量安全管理上有所进步,但随着人民生活水平提高,医疗需求不断增加,药品和医疗器械应用范围越来越广,相关安全风险问题不断出现。不仅有不法商家受利益驱动制作和销售假药劣药、不合格医疗器械,人们还不得不应对现代风险社会的诸多因素,如新药研制的未知副作用、医疗器械应用定位模糊。药品安全治理自身的系统风险也愈发显著,

---

[1] 参见〔德〕乌尔里希·贝克:《风险社会:新的现代性之路》,张文杰、何博闻译,译林出版社2018年版,第48页。
[2] 同上书,第23页。
[3] 参见刘鹏:《中国药品安全风险治理》,中国社会科学出版社2017年版,第3页。

且系统性风险具有全局性、普遍性、长期性等特征。[①] 一旦风险发生,不仅会造成实际使用者身心的损害,还会引起公众恐慌。风险管理原则是全球药品管理的第一原则。风险和安全是相对统一的概念,风险存在一个可接受可容忍的"阈值"。因此,控制风险的目的就是使风险最小化,效益最大化。

二、药品安全风险

(一)产业基础不平衡

改革开放以来,我国从农业国发展为工业国,但是我国工业化发展有着明显的不平衡性,在医药产业上,不同地区间发展不平衡。我国既有具有世界影响力的大型药企,在国际医药市场上的地位不断提高,也有"多、小、散、乱"的中小型企业格局。截至2020年年底,原料药和制剂生产企业4460家,特殊药品生产企业224家。零售连锁企业和门店31.92万家,零售药店24.10万家。全国实有医疗器械生产企业2.65万家,可生产第一类产品的企业1.55万家,可生产第二类产品的企业1.30万家,可生产第三类产品的企业2181家。[②] 我国药品、医疗器械企业数量多,但是不良反应报告来源中,生产、经营企业占比却很小。如2020年药品不良反应报告来源生产单位和经营单位分别占3.95%、10.55%。大量中小医药企业规模较小,生产技术较为落后,管理水平不高,专业化程度不足,但是大量的中小型医药企业的安全质量很大程度上影响着我国的医药安全质量,决定着广大人民的安全用药程度。更有部分非医疗机构进行药品售卖、医疗器械使用,如美容店、足疗保健等场所。相对于药品,医疗机构对于医疗器械潜在风险的认知也存在严重不足,忽视医疗器械的储存与保养,部分医疗设备常年超负荷运行。我国医药产业中虽然企业数量庞大,但是规范化、专业化等程度严重不足,市场监管存在盲点,产业技术发展不平衡等问题依然存在,且越发显著。同时,医药新产业、新业态、新模式等蓬勃发展,产业组织行形式智能化发展,带来了新的安全风险形态和类别,监管任务与压力剧增。

(二)监管体系未健全

1. 监管部门职责不清

我国药品安全监管部门几经改革,从卫生行政部门监管,到药监部门独

---

① 参见胡颖廉:《中国药品安全治理现代化》,中国医药科技出版社2017年版,第23页。
② 参见《药品监督管理统计报告(2020)》。

立,再到市场监督管理总局管理,导致监管部门不仅仅是药品、医疗器械产业的监管者,还成为产业促进者,监管职能模糊。多元的监管职责,模糊了公共利益与商业利益之间的关系,监管部门的职能难以有效发挥。我国药品安全监管长期处于目标定位模糊的根本原因就在于,国家药品监管机构在相当长的时间内背负着既要加强监管,又要保证人民群众用药安全,同时还要促进行业发展的三重任务。①

2. 专业监管能力不高

应对快速发展的大工业生产带来的可能风险,需要专业化人员。药品安全涉及范围大、环节多,各个层面和环节都可能存在着安全隐患,特别是大量的中小型企业的存在,给监管部门和有限的执法人员增加了监管的难度和复杂程度,导致监管过程中存在盲点和不足。此外,药品、医疗器械的复杂性和特殊性决定了医药安全监管不仅仅是简单的行政监管,更是有一定专业技术含量的工作。对此,我国药品监管部门的专业化水平和执法能力明显不足。虽然现在部分药监部门开始选择性地接收医药学科专业人员,但是人才依旧匮乏,尤其是专职医械监管人员更是少之又少。科技发展日新月异,犯罪分子制假造假等能力不断提高,犯罪手段也更多样化,检验检测技术能力建设迫在眉睫,监管部门执法人员专业性不足,难以发现市场中的新问题,技术支撑体系薄弱导致安全监管困难,防控风险扩大。

(三) 监管手段效力不足

1. 药害事件屡禁不止

根据药品监督管理部门的统计年报②,近十年我国药品和医疗器械查处案件仍处于高发、频发阶段(见图1、2),货值金额巨大。虽然我国加大了对药品、医疗器械等药害事件的打击力度,但是效果并不明显,轰动全国的事件仍然发生,并呈现出违法程度严重化、涉案范围扩大化趋势,尤其是新冠疫情暴发期间,制售假劣口罩等防护物资的违法犯罪情况突出。除了重大药害案件,轻微违规违法案件仍大量存在。根据国家药监统计年报,查处的案件只有小部分被移送司法机关,对相关责任主体进行刑事处罚,绝大部

---

① 参见申卫星、刘畅:《论我国药品安全社会治理的内涵、意义与机制》,载《法学杂志》2017第11期。

② 具体可见国家药品监督管理局官网上2011—2020年的药品监管统计年报:https://www.nmpa.gov.cn/zwgk/tjxx/index.html,2021年11月1日访问。

分的案件都是轻微违规违法案件,涉及各类主体。我国药品、医疗器械发展迅速,但是制药整体水平仍处于落后阶段,创新的原研药较少,多为仿制药,故以次充好、无证经营、非法购药等问题层出不穷。对这些轻微违规违法案件多为责令停产停业、吊销许可证、罚款等行政处罚,在巨大利润的诱惑面前,行政处罚已不能充分发挥威慑作用,轻微违规违法行为难以得到有效控制。

图 1 2011—2020 年药品案件数及货值金额比较

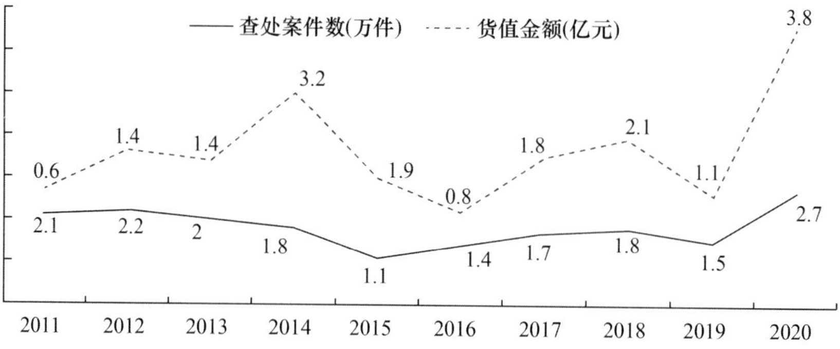

图 2 2011—2020 年医疗器械案件数及货值金额比较

药品安全风险管理可以分为三个阶段——药品生产环节、药品流通环节、药品使用环节,可以分别对应事前、事中和事后。而我国的安全监管现状主要聚焦于事后违法处罚,以追责与事后处罚为出发点,加大行政力度、提高刑罚级别、增加刑期、提高民事赔偿金额等为立法焦点。① 以惩罚和制裁为重心的法律责任并不能够完全有效地遏制事前存在的风险,更加无法从源头上预防和控制药害事故的发生。

2. 多主体安全风险意识淡薄

市场经济越发达,市场主体的责任意识就越重要。若部分医药生产经营企业为获取非法利益而从事违法违规行为,则会带来无法忽视的安全隐患。完整的风险管理需要多方面配合,除了政府管理部门,生产企业、经营企业和使用单位都应当提高安全风险意识。生产、经营企业责任意识淡薄,对于安全风险管理意识不到位,为追求利益最大化,会选择忽视可能的安全风险,如制造销售假药、劣药,将未经严格检验的医疗器械产品投放市场,让使用者的健康为其违法行为买单。使用单位则可能更多地着眼于药品、医疗器械的采购事项,并未将安全置于第一位,轻视药品、医疗器械的安全使用和运行。医药企业仅将质量风险控制作为概念,并未正式进行质量风险管理,未建立安全风险控制管理机制和流程,无专门的安全风险控制人员,对于药品、医疗器械的质量监管未成体系化。

公众对于医药安全事件的预防更多寄托于政府相关部门和医疗机构,坚信政府应当对药品安全承担最终的剩余责任,自身却缺乏相应的医疗知识。一般情况下,使用者没有专业的检测设备,只能根据经验或者专业人员的指示使用医药产品,对医药企业、专业人员等主体抱有充分的信任。药品、医疗器械安全信息主要由医药企业等主体掌握,使用者处于信息不对称的弱势地位。此时,相关主体就可能利用此种信息不对称而为违法行为。公众对于医疗机构的滥用行为,自身超剂量、超范围、超期限用药,违规医疗美容泛滥等现象没有判别能力,导致基层公众医药安全问题层出不穷。公众对药害事件的感同身受导致其会认为,药害事件可能切实发生在自己身上,带着强烈的感情因素。加之互联网的快速发展和社交媒体的广泛传播,毫无科学根据的言论一定程度上影响了公众的认知,公众受认知影响,对于专业性的药害事件无法形成准确的价值判断,从而引起了社会恐慌,导致关乎药品安全的社会风险被放大,限制了药监部门工作的自主性,对药品安全的监管体系和能力提出了极大的挑战。

---

① 参见申卫星、刘畅:《论我国药品安全社会治理的内涵、意义与机制》,载《法学杂志》2017 第 11 期。

药品、医疗器械安全关乎民生福祉、政府形象,因此必须树立安全风险意识,消除公众认知偏见,对药品各个环节进行风险管理。

三、药品安全监管典型案例

党中央、国务院高度重视药品安全问题。习近平总书记多次就加强食品药品安全工作作出重要指示,党的十九届四中全会《中共中央关于坚持和完善中国特色社会主义制度、推进国家治理体系和治理能力现代化若干重大问题的决定》明确提出,加强和改进食品药品安全监管制度,保障人民身体健康和生命安全。典型案例充分发挥了执法司法的引导规范功能,为依法从严惩处危害药品安全违法犯罪行为提供了示范和指导。

(一)江苏海安朱某某等销售假药刑事附带民事公益诉讼案

1. 基本案情

2018年7月,江苏省海安市市民张某听信网络药品销售人员关于"医保回收药、价廉物美"的宣传,为其做过心脏搭桥手术的妻子,从网上以每盒50元的低价购得预防血栓药品"波立维"30盒。张某后发现药品包装粗糙,遂送药至海安市市场监督管理局举报。该局鉴定该"波立维"为假药后,随即向公安机关移送这一涉嫌犯罪案件线索。

经查明,2017年2月至2018年10月,被告人朱某某明知涉案"波立维""立普妥""可定"等9种药品系他人生产的假药,仍大量购入,并组织被告人吴某某等5人通过层层发展下线的方式在全国多地通过微信销售牟利。山东、湖北、云南3家连锁药企以及白某某等42人参与其中,各犯罪单位及犯罪行为人均明知所销售的药品系假药,仍公开销售,造成假药在全国众多地区扩散。朱某某个人销售假药83.7万余元,被害人有2000余人。

2019年4月22日,江苏省海安市人民检察院以上述被告单位和被告人涉嫌销售假药罪,向海安市人民法院提起公诉,同时提起附带民事公益诉讼。

2. 裁判结果

2019年7月9日,海安市人民法院作出一审判决,认定被告人朱某某等42人及3家单位的行为构成销售假药罪,被告人朱某某销售假药80余万元,数额巨大,判处有期徒刑十年并处罚金人民币81万元,其余各被告人分别被判处拘役一个月至有期徒刑四年不等的刑罚,三被告单位被判处罚金。判决宣告禁止徐某某等 38 名被告人在缓刑考验期内从事药品生产、销售及相关活动。同时，判令朱某某等在全国发行的媒体上公开赔礼道歉、发出消费警示，并支付惩罚性赔偿金共计 238 万余元。各被告人、被告单位均认罪服判，未上诉，判决已发生法律效力。

3. 典型意义

本案中，假药销售系通过网络进行，查处难。犯罪嫌疑人销售的"波立维""立普妥""可定"等药基本都是心脑血管疾病患者的"救命药"，假药流入市场，直接危害患者的生命安全，社会危害极大。执法和司法机关以高度的责任心，全力投入案件，海安市市场监督管理局发现涉案线索后，立即启动两法衔接相关工作。公安机关及时立案，检察机关同步介入，共同会商案情，制定侦查方案，共同派员调查取证，朱某某到案后，根据朱某某的交代和网络销售痕迹，将涉网的犯罪嫌疑人一网打尽。同时，落实司法为民措施，及时告知被害人案件进展，引导被害人理性维权。

通过公益诉讼，综合保护食品药品安全。根据最高人民检察院关于加大食品药品安全领域公益诉讼案件办理力度、助推实施健康中国战略的要求，海安市人民检察院充分发挥公益诉讼检察职能，同步推进刑事公诉和刑事附带民事公益诉讼程序，让销售假药的犯罪分子既承担刑事责任，又承担相应的民事赔偿责任。该院经审查案件，探索性提出惩罚性赔偿金，并在全国发行的媒体上公开赔礼道歉、发出消费警示，提醒消费者不要购买和服用涉案假药的诉讼请求，均得到了法院判决支持。惩罚性赔偿金将纳入消费公益金，用于受害群众的救助性赔付，全面保护受害群众的合法权益。

（二）江西娄某某非法经营未经注册隐形眼镜案

1. 基本案情

2016 年 11 月 14 日，江西省食品药品稽查局接到网上非法销售美瞳的案件线索后，经过分析研判认为，该案件属于利用网络非法销售第三类医疗器械，涉案金额高、销售范围广、违法手段隐蔽性强、造成的危害大。通过对相关线索的核查，初步认定娄某某涉嫌非法经营未经注册进口医疗器械隐形眼镜，交易金额较大，其行为已涉嫌构成非法经营罪。根据《食品药品监管总局 公安部 最高人民法院 最高人民检察院 国务院食品安全办关于印发食品药品行政执法与刑事司法衔接工作办法的通知》要求，将线索移交江西省公安厅进一步侦办。公安部门接到案件线索后，通过技术侦查手段，成功抓获了犯罪嫌疑人娄某某。经审讯,娄某某供认非法交易额达28.3354万元。

2. 裁判结果及办理现状

该案件被评为全国食品药品稽查执法优秀案例,入选2017年江西省食品药品十大典型案例。江西省食品药品稽查局按照行刑衔接案件查处工作要求,加强与公安机关的协作配合,做好案件查处和风险控制工作;对违法产品采取控制措施,防止危害扩大;对无证经营行为,坚决依法予以取缔;妥善做好信息发布和舆情应对工作。

娄某某违反《医疗器械监督管理条例》的有关规定,未经食品药品监管部门许可,利用互联网非法经营第三类医疗器械隐形眼镜,情节严重,其行为触犯我国《刑法》第225条第1项,已构成非法经营罪。南昌市公安局完成了侦查工作,南昌市东湖区人民检察院提起公诉,经南昌市东湖区人民法院审判,2018年7月18日出具《刑事判决书》(2018赣0102刑初378号),被告人娄某某犯非法经营罪,判处有期徒刑一年,缓刑一年,并处罚金人民币5万元。

3. 典型意义

违法行为隐蔽性强。随着互联网的发展,利用QQ、微信、微博等推销产品成为一种新型的营销方式,这种营销方式具有受众广、精确度高、互动性强、支付便捷和效果突出等特点,但也存在违法交易隐蔽,以及对涉及微信、手机通信、资金交易等行政监管追查难等突出问题。就本案而言,娄某某从大学开始就从事代购活动,通过做平面广告模特和微信、微博的推广,积累了大量粉丝,成为一名网络红人。在销售隐形眼镜时,娄某某只需要在朋友圈内分享,而粉丝们出于对偶像的信任,往往容易放松警惕。由于朋友圈内的信息对外是隐蔽的,执法人员难以通过正常渠道获得案源线索,这对违法行为的发现和查处带来较大的困难。

调查核实难度大。这是一起利用互联网从事非法经营医疗器械的典型案件。涉案当事人利用网络进行销售,当事人身份隐蔽,经营场所难以确定,违法行为调查取证困难。同时,犯罪嫌疑人娄某某具有一定的反侦察经验,其户籍地为南昌,但其本人长期在安徽马鞍山从事网络销售活动,跨地域办案给执法人员的调查工作增加了很多难度。

药监部门和公安部门通力合作,推进医疗器械行刑衔接工作。本案是一起食品药品监管部门与公安部门密切合作,深挖线索,共同破获的非法经营医疗器械案件。在初查过程中,江西省食品药品稽查局没有因为现有的执法手段难以锁定犯罪嫌疑人而裹足不前,而是积极核查现有线索,加强与公安部门沟通协调,在尚未达到立案移送标准的情况下,先行移送案件线索。由公安机关锁定犯罪嫌疑人后,药监稽查人员再进行补充调查,从而加快了案件查办进度。涉嫌犯罪案件移送以后,药监稽查人员继续发挥专业优势,在短时间内完成了对涉案产品认定和娄某某行政违法行为的确定。同时,此案的办理是将未经许可从事医疗器械经营活动纳入非法经营罪的一次有益尝试,对推进医疗器械行刑衔接工作具有重大的意义。

第四节 药品安全治理体系和治理能力现代化

2019年10月31日,十九届四中全会通过《中共中央关于坚持和完善中国特色社会主义制度、推进国家治理体系和治理能力现代化若干重大问题的决定》,在坚持和完善共建共治共享的社会治理制度,保持社会稳定、维护国家安全部分,将药品安全监管纳入公共安全体制机制建设中,明确加强和改进药品安全监管制度,保障人民身体健康和生命安全。在总体国家安全观下,药品安全不仅仅限于个人,而是不特定多数人的公共安全。药品关系人民群众健康,关系公共卫生和国家安全。进入新时代,我国药品安全面临的问题更复杂、更敏感,必须不断提高综合治理能力,完善社会共治体系。

一、提升药品全生命周期风险管理能力

药品的连续全生命周期决定了药品安全风险管理中不能将各环节割裂开,或者只重视某一环节。药品安全风险管理是一个动态化全过程,因此要全面落实药品医疗器械警戒和上市后研究的企业主体责任。药品上市许可持有人要始终以保护公众健康为中心,依法对药品研制、生产、流通、使用全过程中的药品安全性、有效性和质量可控性负责,承担药品全生命周期质量和风险管理的主体责任。

生产企业对上市产品开展风险因素分析和风险效益评价,及时形成产品质量分析报告;稳步推进医疗器械唯一标识制度;加强上市后再评价,根据评价结果,对需要提示患者和医生安全性信息的,及时组织修改标签说明书;淘汰长期不生产、临床价值小、有更好替代品种的产品,以及疗效不确切、安全

风险大、获益不再大于风险的品种。

具体到各个环节中,药监部门应当充分发挥自身的监督和管理作用。在研制注册环节,药监部门应当对接国际标准,用国际现行规定中最严格的标准开展新药试验工作;依托现有资源,建立临床试验数据管理平台,加强临床试验监督检查,严厉打击临床数据造假行为,确保临床试验数据真实可靠;充分了解市场供需状况,科学评估药品研发风险;加强对相关药品注册申请的受理审查、研制现场核查和生产现场检查,对已经公布的过度重复药品品种,引导企业理性研发和申报,避免药品重复。在生产环节,完善企业生产变更报告制度,并依法实行审评审批;严肃查处药品生产偷工减料、掺杂使假、生产劣药等违法违规行为。在流通环节,借助先进手段对辖区内的企业进行网络动态管理,加强冷链运输贮存质量监管;实行生产经营企业购销业务人员网上备案与核查制度。在使用环节,严把购进、验收、贮存、养护、调配及使用各环节质量关,及时报告药品不良反应和医疗器械不良事件;严格落实凭处方销售处方药的规定;加强植入性等高风险医疗器械使用管理。

二、提升药品监督管理部门的监管能力

(一) 完善药品监管体系

推进药品、医疗器械安全风险监管需要法律规制。现有的药品对上市前的注册审评、药品上市后的不良反应监测,以及对存在安全隐患的药品实行召回、对已上市安排进行再评价等法律法规,是我国药品安全风险管理的法律基础。应当将风险管理的理念融入立法,完善法律法规、规范性文件和指南等,覆盖药品和医疗器械事前、事中、事后安全风险管理全过程。实施药品安全信用监管,依法依规建立严重违法失信名单判定标准、公示制度和信息共享机制,并实施信用联合惩戒。处理重大药害事故时,完善刑事责任、民事责任与行政责任,追究违法者的法律责任,彰显公平正义。

对于涉及范围广、安全风险大的药品应当落实监管事权划分,加强跨区域跨层级药品监管协同指导,强化四级负责药品监管的部门在药品全生命周期的监管协同。同时,健全信息通报、联合办案、人员调派等工作衔接机制,形成全国药品监管工作格局。

(二) 提高检查执法水平

创新监测评价手段,合理划分国家和地方抽验品种和项目,加大对高风

险品种的抽验力度,加大注册检查、飞行检查和境外检查频次,加大无菌、植入性医疗器械和体外诊断试剂的检查力度,强化快速通报和快速反应,扩大抽验覆盖面,督促企业落实监测主体责任。整合现有监管资源,优化专业结构,充实专业技术力量,加强药品监管执法力量配备,确保其具备与监管事权相匹配的专业监管人员。同时,充分运用信息化技术,建设并推广使用云平台,提升各级执法人员的教育培训可及性和覆盖面,避免不同区域的执法人员监管水平差距过大。

(三) 完善信息追溯体系

制定统一的药品信息化追溯标准,实行"一物一码,物码同追"。构建全国药品追溯协同平台,整合药品生产、流通、使用等环节追溯信息,所有药品上市许可持有人、生产企业、经营企业、使用单位都应当实现信息化,及时准确记录、保存药品追溯数据,形成互联互通的药品追溯数据链,逐步实现药品来源可查、去向可追,防范非法药品进入合法渠道,确保质量安全风险发生时,能够做到药品可召回、责任可追及。逐步实施医疗器械唯一标识,加强与医疗管理、医保管理等衔接。发挥追溯数据在风险防控、产品召回、应急处置等工作中的作用,提升监管精细化水平。

(四) 加强应急管理能力

药品安全没有零风险,为有效处置药品安全事件,需要把应急管理贯穿药品监管的全链条、各环节,切实把药品安全事件化解在萌芽状态。完善各级人民政府药品安全事件应急预案,推动企业完善突发事件应对处置预案方案,健全应急管理机制。加强药品、医疗器械不良反应(事件)监测体系建设。制定药物警戒质量管理规范,加强信息共享,监测系统数据联动应用。开展常态化药品安全应急演练,提高各级药品监管机构的应急处置能力,确保有突发事件能够及时、得当、有力处置。

(五) 提升公众用药素养

公众作为终端使用者,是药品安全的直接参与力量。消除和降低公众对药品安全风险的偏见与误解,需要政府和媒体双管齐下。一方面,政府层面建立国家、省、市、县四级科普宣传工作体系,构建立体化新闻宣传平台,加大科普宣传力度,提升全民安全用药科学素养,提高消费者辨别能力消除误解。同时,加强舆论引导,按规定发布药品安全信息,及时回应社会关切。另一方面,新闻媒体在开展舆论监督时,应当实事求是,客观公正报道药品安全问题。

药品安全责任重于泰山。随着改革不断向纵深推进,药品监管体系和监管能力存在的短板问题日益凸显,影响了人民群众对药品监管改革的获得感。按照"最严谨的标准、最严格的监管、最严厉的处罚、最严肃的问责",切实加强药品质量安全监管,坚决守住药品安全底线,进一步提升药品安全监管能力,更好地满足人民群众对药品安全的需求。完善统一权威的监管体制,推进药品监管法治化、标准化、专业化、信息化建设,提高技术支撑能力,强化全过程、全生命周期监管,保证药品的安全性、有效性和质量可控性。越是充满变化的时代,越需要优化协同高效的体制,越需要科学最严的监管,让药品质量安全水平、药品安全治理能力、医药产业发展水平和人民群众满意度明显提升,维护最广大人民身体健康。

第十一章　食品安全法治

食物匮乏和食源性疾病是威胁人类健康的主要因素。食品安全关系国民生命安全和身体健康，关系经济发展和社会稳定，关系国家安全和民族未来。当前，我国食品安全总体形势较好，但仍面临不少风险挑战，人民日益增长的美好生活需要对加强食品安全工作提出新的更高要求。必须实施食品安全战略，完善食品安全法治体系，坚决保障"舌尖上的安全"，维护人民群众健康安全。

第一节　食品安全概述

一、食品安全主要概念

（一）食品及相关概念

1. 食品

1982年制定的《食品卫生法（试行）》把食品定义为"各种供人食用或者饮用的成品和原料以及按照传统既是食品又是药品的物品，但是不包括以治疗为目的的物品"。1995年修订通过的《食品卫生法》、2009年制定的《食品安全法》均延续了这一定义。2015年，全国人大常委会修订《食品安全法》，把食品的定义稍作修改为"各种供人食用或者饮用的成品和原料以及按照传统既是食品又是中药材的物品，但是不包括以治疗为目的的物品"。

国家技术监督局1994年发布的国家标准《食品工业基本术语》（GB/T 15091-94），把食品定义为"可供人类食用或饮用的物质，包括加工食品、半成品和未加工食品，不包括烟草或只作药品用的物质"，具体分为动物性食品、植物性食品、传统食品、干制食品（脱水食品）、糖制食品、腌制品、烘焙食品、熏制食品、膨化食品、速冻食品、罐藏食品、方便食品、特殊营养食品、婴幼儿食品、营养强化食品、天然食品、模拟食品（人造食品）、预包装食品。随着食品科技和食品工业的发展，新的食品类型也逐渐出现，如转基因食品等。

2. 食用农产品

农产品是在农业生产活动中产生的初级产品,从食用角度可分为食用农产品和食品原料。《农产品质量安全法》把农产品定义为"来源于农业的初级产品,即在农业活动中获得的植物、动物、微生物及其产品"。《食品安全法》规定,食用农产品的质量安全管理应遵守农产品质量安全法的相关规定,但食用农产品的市场销售、有关质量安全标准的制定、有关安全信息的公布等,应遵守食品安全法的有关规定。

3. 食品添加剂

《食品安全法》把食品添加剂定义为"为改善食品品质和色、香、味以及为防腐、保鲜和加工工艺的需要而加入食品中的人工合成或者天然物质,包括营养强化剂"。

国家卫计委 2014 年发布的《食品安全国家标准 食品添加剂使用标准》(GB2760-2014)规定了食品添加剂的使用原则,允许使用的食品添加剂品种、使用范围以及最大使用量或残留量,把食品添加剂定义为"为改善食品品质和色、香、味,以及为防腐、保鲜和加工工艺的需要而加入食品中的人工合成或者天然物质。食品用香料、胶基糖果中基础剂物质、食品工业用加工助剂也包括在内"。其中,食品工业用加工助剂是指保证食品加工能顺利进行的各种物质,如助滤、澄清、吸附、脱模、脱色、脱皮、提取溶剂、发酵用营养物质等,与食品本身无关,可能存在一定残留。

(二)食品安全及相关概念

1. 食品安全

食品安全内涵非常丰富,有广义和狭义之分。《食品安全法》把食品安全定义为"食品无毒、无害,符合应当有的营养要求,对人体健康不造成任何急性、亚急性或者慢性危害"。这一概念聚焦于食品本身客观意义上的安全状态(无毒无害、符合营养要求),属于一种相对狭义的概念。

《中国食品安全发展报告 2018》提供了一个相对广义的食品安全概念,认为完整意义上的食品安全是指"食品(食物或农产品)的种植、养殖、加工、包装、贮藏、运输、销售、消费等活动符合国家强制标准和要求,不存在可能损害或威胁人体健康的有毒有害物质以导致消费者病亡或者危及消费者及其后代的隐患"①。这一概念着眼于从农田到餐桌的全链条来定义食品安全,在一定程度上扩大了食品安全的内涵。

更加广义的观点认为,食品安全是一个历史的、动态的、发展的概念;食品安全具有动态性与层次性、绝对性与相对性、现实性与潜在性、系统性与区域性等特点;食品安全涉及经济、社会、科技、政治等多因素;食品安全包含数量安全、质量安全、营养安全、农业生态环境安全等要素。②

2020年新冠肺炎疫情暴发后,联合国粮农组织、世卫组织等提出"同一个健康"(one health)的方针,进一步扩展食品安全内涵。"同一个健康"认为动物、人类、植物和环境的健康是互相交织的,它正是基于这一根本性关系所制定的综合方针,确保多个领域的专家能够协同工作,共同应对动物、人类、植物和环境的健康威胁。根据联合国粮农组织的行动计划,"同一个健康"的优先事项很多和食品安全相关,比如要求加强兽医和植物健康基础设施、强化从农场到餐桌的粮食及动物生产的安全做法、提高粮食与农业部门抗微生物药物耐药性并将耐药风险降到最低的能力、在国家及国际层面提升食品安全水平等。③

除了这些侧重于客观安全的定义之外,根据安全研究的一般理论,广义的食品安全还应包括食品领域的主观安全、安全能力等因素。所谓主观安全,就是指相关主体对食品是否安全的主观认知、评价、安全感等。主观安全受诸多因素影响,有时候会与客观安全发生偏离。所谓安全能力,是指食品安全的相关治理主体防范化解食品安全风险、维护和塑造食品安全的能力,这种能力在很大程度上影响着主观安全和客观安全。在安全研究的理论脉络中,食品安全属于非传统安全范畴,与国民健康安全、公共卫生安全、经济安全、社会安全、政治安全等具有千丝万缕的联系。

2. 食品卫生

我国曾长期使用食品卫生这一概念来指称目前食品安全概念所涵盖的一些重要内容。1994年《食品工业基本术语》(GB/T 15091-94)把食品卫生定义为"为防止食品在生产、收获、加工、运输、贮藏、销售等各个环节被有害物

---

① 尹世久等:《中国食品安全发展报告2018》,北京大学出版社2018年版,第10页。
② 参见旭日干、庞国芳主编:《中国食品安全现状、问题及对策战略研究》,科学出版社2015年版,第11—12页;庞国芳等主编:《中国食品安全现状、问题及对策战略研究》(第二辑),科学出版社2020年版,第6,19页。
③ 参见联合国粮食及农业组织官方网站:http://www.fao.org/one-health/zh/,2021年11月1日访问。

质(包括物理、化学、微生物等方面)污染,使食品有益于人体健康、质地良好所采取的各项措施";同时提出,食品安全是食品卫生的同义词。不过,相对于"卫生","安全"的内涵更为宽广和丰富,两者之间不能简单地画等号。随着实践和认知的不断深化,食品安全的内涵越来越丰富,食品卫生概念很大程度上已经被食品安全所涵盖。但在一些特定领域、环节和场合,人们仍然在使用食品卫生的概念,尤其是卫生健康部门,经常使用食品卫生的概念。

3. 食源性疾病

由食物引起的疾病即食源性疾病是全球食品安全的核心议题之一。《食品安全法》把食源性疾病定义为食品中致病因素进入人体引起的感染性、中毒性等疾病,包括食物中毒。由食源性疾病、食品污染等引起的对人体健康有危害或可能有危害的事故,统称为食品安全事故。联合国粮农组织、世卫组织和世贸组织在2019年"国际食品安全和贸易论坛"联合声明中指出,食源性疾病对公共卫生、食品安全、生产力和贫困状况产生重大影响,全世界每年有近6亿人患食源性疾病,42万人死于这些疾病,每年损失3300万健康生命年,低收入和中等收入国家受害最深,估计每年因消费不安全食品而造成的生产力损失、贸易损失和疾病治疗费用高达1100亿美元。

二、食品安全的主要内容

从食品安全治理的角度,应综合考虑食品安全的客观安全、主观安全和安全能力三个维度,具体包括五方面内容:

(一) 客观安全

1. 食品数量安全

食品数量安全就是指食物数量充足,能够满足所有人的食用需求,解决吃不饱饭、忍饥挨饿的问题。联合国粮农组织、农发基金、儿基会、粮食署、世卫组织联合发布的《2020年世界粮食安全和营养状况》称,2014年以来,全世界饥饿人口数量一直在缓慢增加,2019年相比2014年增加了6000万人,如果这一趋势持续下去,2030年全世界食物不足人数将突破8.4亿。

历史上,我国曾长期出现食物不足的状况,不仅人民群众生命安全和身体健康受到严重危害,国家和社会也屡屡因此而陷入动荡局面。反过来,乱局也会加剧食物不足的问题。中华人民共和国成立后,党和国家高度重视农业生产和食品工业发展,不断完善粮食安全战略,逐渐解决了困扰我国几千年的吃不饱饭的问题。但是,我国人口世界第一,食品数量需求规模庞大,粮食供需将长期处于紧平衡状态。因此,必须始终高度重视粮食安全,防止悲剧重演。习近平总书记指出,"在吃饭问题上不能得健忘症,不能好了伤疤忘了疼"①。

2. 食品质量安全

食品质量安全是食品安全的核心内容。现实中,人们使用"食品安全"这一概念时,很多时候指的就是食品质量安全。在现代社会,食品质量问题是事关人民群众身体健康和生命安全的重要因素,维护国民健康就要维护食品质量安全。

食品质量安全是指食品符合法律法规、国家标准等提出的质量要求,不会给人体健康造成危害或潜在危害。根据食品类型和来源,食品安全可以分为食用农产品质量安全、加工食品质量安全、进口食品质量安全等。改革开放之前,我国食品领域面临的主要问题是粮食短缺、食物不足。改革开放之后,随着我国农业产量不断提高、食品工业不断发展、进口食品规模越来越大,我国食品数量安全问题逐渐得到解决,但食品质量安全问题日益凸显,重大食品安全事件频发,引起全社会的广泛关注和强烈不满。我国《食品卫生法》《食品安全法》先后颁布施行,主要就是为了解决食品质量安全问题。

当前,我国食品质量安全还存在很多问题和风险挑战。2019年中共中央、国务院发布《关于深化改革加强食品安全工作的意见》,把我国影响食品质量安全的问题和风险因素概括为12个重点方面:(1)微生物和重金属污染问题;(2)农药兽药残留超标问题;(3)添加剂使用不规范问题;(4)制假售假问题;(5)环境污染对食品安全的影响问题;(6)违法成本低,维权成本高,法制不够健全,一些生产经营者唯利是图、主体责任意识不强问题;(7)新业态、新资源潜在风险;(8)国际贸易带来的食品安全问题;(9)食品安全标准与最严谨标准要求尚有一定差距;(10)风险监测评估预警等基础工作薄弱;(11)基层监管力量和技术手段跟不上;(12)一些地方对食品安全重视不够,责任落实不到位,安全与发展的矛盾仍突出。实践中,食品质量安全风险因素具有动态性特点,除了以上这些,还有其他一些需要重视的风险因素和突出问题不时出现。

3. 食品营养安全

食品营养安全是对食品品质提出的一种更高要求,指的是除了要吃得

---

① 《"中国人的饭碗任何时候都要牢牢端在自己手上"——习近平重视粮食安全的故事》,载《人民日报》2021年7月5日第1版。

饱、吃得放心之外,还要吃得健康。食品营养安全是针对全世界营养不良问题(营养不足和营养过剩)提出的一个新概念。"在地球上某些地方,人们忍饥挨饿,濒临死亡;而在另一些地方,应对营养过剩问题倒成了一项主要的消费支出。"①从治理角度来说,营养不足属于食品数量安全治理要应对的问题,营养过剩属于食品营养安全治理要应对的问题。

仅靠做好食品质量安全工作不能有效防范应对食源性健康风险。人类的食品来源极其广泛,单个食品不足为虑的健康风险不断累积,最终可能给人体健康造成严重危害。长期过量摄入符合食品安全标准的单一食品,也会危及人体健康。在很多国家,"大腹便便"给人民健康造成的危害不亚于"饥肠辘辘",这些问题需要通过营养安全路径来解决。

针对世界范围内营养不良问题,联合国粮农组织、世卫组织1992年共同举办了第一届国际营养会议,通过《世界营养宣言和行动计划》,提出四项总目标:确保所有人不断有机会获得足够的安全粮食供应以得到营养充分的食物;使所有人获得并保持健康和营养福利;实现环境上适宜的、社会上持续的发展目标,为改善营养和健康状况作出贡献;消除饥饿和由饥荒引起的死亡。

2014年,联合国粮农组织和世卫组织共同举办第二届国际营养大会,发布《营养问题罗马宣言》,倡导人人享有获得安全、充足和营养食品的权利,呼吁各国作出承诺为解决各种形式的营养不良问题努力。

2016年,联合国大会通过"联合国营养问题行动十年(2016—2025)"计划,要求粮农组织和世卫组织与世界粮食计划署、国际农业发展基金和联合国儿童基金会协作,牵头实施计划,致力于消除全球范围内的饥饿问题,避免一切形式的营养不良,尤其是5岁以下儿童食物不足、发育迟缓、消瘦、体重不足和超重现象,以及妇女、儿童贫血症和其他微营养素缺乏症;遏制超重和肥胖症的上升趋势,减少所有年龄组中膳食相关非传染性疾病的负担。粮农组织和世卫组织有关报告提出,经济型健康膳食的普及化是解决营养不良问题的重要途径。

(二)主观安全

主观安全是食品安全的一个重要维度,是指相关主体对食品充足与否、质量过关与否、营养健康与否的主观认知、评判和感受。这里所说的相关主

---

① 〔德〕乌尔里希·贝克:《风险社会:新的现代性之路》,张文杰、何博闻译,译林出版社2018年版,第12页。

体较为宽泛,包括个人、团体、国家、国际等。一般情况下,主观安全与客观安全能够保持统一,但在特定条件下,主观安全与客观安全可能发生偏离。

比如,当消费者因某种原因认为可能出现食品紧缺时,即使客观上食品数量完全可以满足需求,也会造成不理智的抢购行为,危害食品流通秩序。又如,重特大食品安全事件发生后,即使相关食品质量经整改后已经符合或超过国家标准,甚至达到国际先进水平,也可能很长时间内都难以消除消费者的不安全感。再如,政府对食品安全状态的评估和判断也带有主观属性,食品安全战略政策的制定实施都受主观安全认知的影响,而一旦决策失误,可能给客观安全造成消极影响。主观安全可以通过客观安全建设来实现,但也有一些独特的实现路径,如食品安全知识普及、健康知识普及、食品安全风险交流、舆论引导等。

(三) 安全能力

安全是一个关系范畴。当我们说某个主体或事项安全与否时,不仅仅关注其所面临的风险、威胁或危害,同时也关注安全主体是否具有应对这些风险、威胁和危害的能力。在这一意义上,可以说能力是安全概念的重要组成部分。我国法律采纳了这种观点。例如,2015 年《国家安全法》规定,国家安全是指国家政权、主权、统一和领土完整、人民福祉、经济社会可持续发展和国家其他重大利益相对处于没有危险和不受内外威胁的状态,以及保障持续安全状态的能力。再如,2020 年《生物安全法》规定,生物安全是指国家有效防范和应对危险生物因子及相关因素威胁,生物技术能够稳定健康发展,人民生命健康和生态系统相对处于没有危险和不受威胁的状态,生物领域具备维护国家安全和持续发展的能力。

同理,"食品安全能力"也是食品安全的一个关键要素和独立变量,对维护和塑造食品安全的客观安全和主观安全都具有重要意义。在我国,食品安全能力具有丰富内涵,除了政府、企业、团体、个体等相关主体防范应对食品安全风险的能力之外,党对食品安全工作的领导、协调、规划、动员、监督、问责等能力尤为重要,是我国全面提升食品安全能力、维护和塑造食品安全的关键。

第二节 食品安全战略

广义的食品安全战略涵盖食品数量安全、质量安全、营养安全、主观安全、安全能力等方面。我国通过一系列战略政策安排,建立起我国广义的食品安全战略框架。其中,食品质量安全和营养安全战略与国民健康安全关涉较多。

一、食品安全基本战略

2017年,党的十九大报告提出实施食品安全战略。2019年,中共中央、国务院发布《关于深化改革加强食品安全工作的意见》,建立起我国食品安全战略的基本框架,涵盖除食品数量安全之外的质量安全、营养安全、主观安全、安全能力等方面,简要概括如下:

(一)战略目标

《关于深化改革加强食品安全工作的意见》设定了近期和远期两个战略目标,涵盖质量安全、营养安全、主观安全和安全能力等方面具体目标。

第一步:到2020年,基于风险分析和供应链管理的食品安全监管体系初步建立。农产品和食品抽检量达到4批次/千人,主要农产品质量安全监测总体合格率稳定在97%以上,食品抽检合格率稳定在98%以上,区域性、系统性重大食品安全风险基本得到控制,公众对食品安全的安全感、满意度进一步提高,食品安全整体水平与全面建成小康社会目标基本相适应。

第二步:到2035年,基本实现食品安全领域国家治理体系和治理能力现代化。食品安全标准水平进入世界前列,产地环境污染得到有效治理,生产经营者责任意识、诚信意识和食品质量安全管理水平明显提高,经济利益驱动型食品安全违法犯罪明显减少。食品安全风险管控能力达到国际先进水平,从农田到餐桌全过程监管体系运行有效,食品安全状况实现根本好转,人民群众吃得健康、吃得放心。

(二)战略原则

1. 安全第一:坚持总体国家安全观,以人民安全为宗旨,统筹发展与安全,把保障人民群众食品安全放在首位,坚守安全底线。

2. 问题导向:以维护和促进公众健康为目标,从解决人民群众普遍关心的突出问题入手,不断增强人民群众的安全感和满意度。

3. 预防为主:树立风险防范意识,强化风险监测评估预警和供应链管理,提高风险发现与处置能力。落实生产经营者主体责任,注重从源头消除不安全风险。

4. 依法监管:强化法治理念,健全食品安全法律体系和标准体系,加大执法力度,严惩违法犯罪行为,严把从农田到餐桌的每一道防线。

5. 改革创新:深化体制机制改革,创新监管理念方式,推进食品安全领域国家治理体系和治理能力现代化。

6. 共治共享:形成生产经营者、政府部门、专业机构、社会公众各尽其责、齐抓共管、合力共治的工作格局。

(三)战略举措

1. 落实"四个最严"指示要求

(1)最严谨的标准:加快制修订食品安全相关的通用标准、基础标准、产品标准、配套检验方法标准等各类标准;创新标准工作机制,简化优化食品安全国家标准制修订流程,鼓励企业制定实施严于国家标准或地方标准的企业标准等;强化标准实施,督促食品生产经营者准确理解和应用食品安全标准,维护食品安全标准的强制性等。

(2)最严格的监管:建立从农田到餐桌的全链条最严监管体系,严把产地环境安全关、农业投入品生产使用关、粮食收储质量安全关、食品加工质量安全关、流通销售质量安全关、餐饮服务质量安全关。

(3)最严厉的处罚:综合运用立法、司法、执法、联合信用惩戒等手段严惩食品安全违法犯罪行为,具体包括:完善修订食品安全相关刑法、民法、司法解释;对违法人员进行严厉处罚,大幅提高违法成本;实行食品行业从业禁止、终身禁业,对再犯从严从重进行处罚;加强基层综合执法队伍和能力建设,确保有足够资源履行食品安全监管职责;建立全国统一的食品生产经营企业信用档案,纳入全国信用信息共享平台和国家企业信用信息公示系统;进一步完善食品安全严重失信者名单认定机制,加大对失信人员联合惩戒力度;等等。

(4)最严肃的问责:省级政府制定食品安全监管事权清单,压实各职能部门在食品安全工作中的行业管理责任;完善对地方党委和政府食品安全工作评议考核制度,将食品安全工作考核结果作为党政领导班子和领导干部综合考核评价的重要内容;依照监管事权清单,尽职照单免责、失职照单问责,视情况依法依规追究党纪政纪责任和法律责任。

2. 强化生产经营者主体责任

基于源头防范风险原理,严格落实生产经营者主体责任。明确食品生产经营者是食品安全第一责任人,应严格落实质量安全管理责任,确保生产经营过程持续合规,确保产品符合食品安全标准;应加强生产经营的过程控制,依法对食品安全责任落实情况、食品安全状况进行自查评价,视情况采取整改、停止生产经营活动、报告属地监管部门等措施;食用农产品生产经营主体和食品生产企业应对其产品追溯负责,依法建立食品安全追溯体系。

3. 推动食品产业高质量发展

着眼于提升食品质量,采取综合措施推动我国食品产业高质量发展,具体包括:(1)改革许可认证制度;(2)实施质量兴农计划;(3)推动食品产业转型升级;(4)加大科技支撑力度。

4. 提高食品安全风险管理能力

在总体国家安全观指引下,强化食品安全风险意识,提高食品安全风险源头防范、日常防控和应急处理能力,具体包括:(1)完善统一领导、分工负责、分级管理的食品安全监管体制,健全工作协调联动机制,加强跨地区协作配合;(2)强化监管队伍专业化、职业化建设,培养后备人才;(3)加强技术支撑能力建设,推进国家级、省级食品安全专业技术机构能力建设,提升食品安全标准、监测、评估、监管、应急等工作水平;(4)建立基于大数据分析的食品安全信息平台,实施智慧监管;(5)完善问题导向的抽检监测机制,实行国家、省、市、县抽检事权四级统筹,逐步将监督抽检、风险监测与评价性抽检分离,提高监管的靶向性;(6)强化突发事件应急处置,完善食品安全事件预警监测、组织指挥、应急保障、信息报告制度和工作体系,建立重大舆情收集、分析研判和快速响应机制等。

5. 推进食品安全社会共治

调动各方积极性,形成各方各尽其责、齐抓共管、合力共治的工作格局,具体包括:(1)加强风险交流:有关部门、专业机构、专家学者、企业等根据各自实际开展行之有效的风险交流,依法打击造谣传谣、欺诈和虚假宣传行为。(2)强化普法科普:落实"谁执法谁普法"普法责任制,持续加强食品安全法律法规、国家标准、科学知识的宣传教育;面向重点群体和基层持续开展食品安全与营养教育,普及健康知识,倡导合理膳食。(3)鼓励社会监督。(4)完善投诉举报机制。

6. 实施五年攻坚行动

围绕人民群众普遍关心的突出问题,开展食品安全放心工程建设五年攻坚行动,重点举措包括:(1)实施风险评估和标准制定专项行动;(2)实施农药兽药使用减量和产地环境净化行动;(3)实施国产婴幼儿配方乳粉提升行动;(4)实施校园食品安全守护行动;(5)实施农村假冒伪劣食品治理行动;(6)实施餐饮质量安全提升行动;(7)实施保健食品行业专项清理整治行动;(8)实施"优质粮食工程"行动;(9)实施进口食品"国门守护"行动;(10)实施"双安双创"示范引领行动。

二、粮食安全战略

粮食安全就是食品数量安全。我国是世界第一人口大国,保障14亿多人的吃饭问题始终是治国安邦的头等大事。习近平总书记强调:"粮食问题不能只从经济上看,必须从政治上看,保障国家粮食安全是实现经济发展、社会稳定、国家安全的重要基础。"[①]

针对国内外粮食安全新形势,2013年中央经济工作会议提出"以我为主、立足国内、确保产能、适度进口、科技支撑"的国家粮食安全战略,确立"谷物基本自给、口粮绝对安全"的战略目标。

2021年4月,《中华人民共和国国民经济和社会发展第十四个五年规划和2035年远景目标纲要》明确提出实施粮食安全战略,主要内容包括:(1)实施分品种保障策略,完善重要农产品供给保障体系和粮食产购储加销体系,确保口粮绝对安全、谷物基本自给、重要农副产品供应充足;(2)毫不放松抓好粮食生产,深入实施藏粮于地、藏粮于技战略,开展种源"卡脖子"技术攻关,提高良种自主可控能力;(3)严守耕地红线和永久基本农田控制线,稳定并增加粮食播种面积和产量,合理布局区域性农产品应急保供基地;(4)深化农产品收储制度改革,加快培育多元市场购销主体,改革完善中央储备粮管理体制,提高粮食储备调控能力;(5)强化粮食安全省长责任制和"菜篮子"市长负责制,实行党政同责;(6)有效降低粮食生产、储存、运输、加工环节损耗,开展粮食节约行动;(7)积极开展重要农产品国际合作,健全农产品进口管理机制,推动进口来源多元化,培育国际大粮商和农业企业集团;(8)制定粮食安全保障法。

农业综合生产能力是保障粮食安全的关键,《中华人民共和国国民经济

---

① 《在中央农村工作会议上的讲话》,载中共中央文献研究室编:《十八大以来重要文献选编》(上),中央文献出版社2014年版,第661页。

和社会发展第十四个五年规划和 2035 年远景目标纲要》对此也作出专门部署,主要包括:(1)夯实粮食生产能力基础,保障粮、棉、油、糖、肉、奶等重要农产品供给安全;(2)坚持最严格的耕地保护制度,强化耕地数量保护和质量提升,严守 18 亿亩耕地红线,遏制耕地"非农化"、防止"非粮化";(3)以粮食生产功能区和重要农产品生产保护区为重点,建设国家粮食安全产业带;(4)加强种质资源保护利用和种子库建设,确保种源安全。

鉴于种源安全对粮食安全的重要性,2021 年 7 月 9 日,中央全面深化改革委员会第二十次会议审议通过《种业振兴行动方案》。习近平总书记强调:"农业现代化,种子是基础,必须把民族种业搞上去,把种源安全提升到关系国家安全的战略高度,集中力量破难题、补短板、强优势、控风险,实现种业科技自立自强、种源自主可控。"①

三、食物与营养安全战略

改革开放以来,我国食品数量安全逐渐得到保障,人民生活水平不断提高,国民营养健康状况明显改善,但与膳食相关的急慢性疾病等问题日益突出,成为影响人民健康安全的重要因素。为了解决这些问题,我国自 20 世纪 90 年代以来连续制定实施三个纲领性文件,形成食物与营养安全战略,即《九十年代中国食物结构改革与发展纲要》《中国食物与营养发展纲要(2001—2010 年)》《中国食物与营养发展纲要(2014—2020 年)》。2019 年 8 月,由农业农村部和国家卫生健康委牵头启动《中国食物与营养发展纲要(2021—2035 年)》研究编制工作。除此之外,《2030 纲要》《健康中国行动(2019—2030 年)》《国民营养计划(2017—2030 年)》等也包含一些食物和营养安全相关内容。下面以《中国食物与营养发展纲要(2014—2020 年)》为例,简要呈现我国食物与营养安全战略的主要框架和内容。

(一)战略目标

1. 食物生产量目标:确保谷物基本自给、口粮绝对安全,全面提升食物质量,优化品种结构,稳步增强食物供给能力。

2. 食品工业发展目标:加快建设产业特色明显、集群优势突出、结构布局合理的现代食品加工产业体系,形成一批品牌信誉好、产品质量高、核心竞争

---

① 《统筹指导构建新发展格局 推进种业振兴推动青藏高原生态环境保护和可持续发展》,载《人民日报》2021 年 7 月 10 日第 1 版。

力强的大中型食品加工及配送企业。

3. 食物消费量目标：推广膳食结构多样化的健康消费模式，控制食用油和盐的消费量。

4. 营养素摄入量目标：保障充足的能量和蛋白质摄入量，控制脂肪摄入量，保持适量的维生素和矿物质摄入量。

5. 营养性疾病控制目标：基本消除营养不良现象，控制营养性疾病增长。

（二）战略原则

1. 坚持食物数量与质量并重：实施"以我为主、立足国内、确保产能、适度进口、科技支撑"的国家粮食安全战略；在重视食物数量的同时，更加注重品质和质量安全。

2. 坚持生产与消费协调发展：充分发挥市场机制的作用，逐步形成以营养需求为导向的现代食物产业体系，促进生产、消费、营养、健康协调发展。

3. 坚持传承与创新有机统一：传承以植物性食物为主、动物性食物为辅的优良膳食传统，合理汲取国外膳食结构的优点。

4. 坚持引导与干预有效结合：普及公众营养知识，引导科学合理膳食，预防和控制营养性疾病，采取差别化干预措施。

（三）战略举措

1. 全面普及膳食营养和健康知识。

2. 加强食物生产与供给。

3. 加大营养监测与干预。

4. 推进食物与营养法制化管理。

5. 加快食物与营养科技创新。

6. 加强组织领导和咨询指导。

第三节 食品安全法治

中国特色社会主义法治体系由法律规范体系、法治实施体系、法治保障体系、法治监督体系和党内法规体系构成。相应地，食品安全法治体系也包括食品安全法律规范体系、法治实施体系、法治保障体系、法治监督体系和党内法规体系五个子体系。从维护国民生命安全和身体健康角度，这里重点介绍食品质量安全相关法律制度。

一、食品安全法治体系

(一) 食品安全法律规范体系

1. 食品安全的宪法依据:如"国家尊重和保障人权""国家厉行节约,反对浪费""国家合理安排积累和消费,兼顾国家、集体和个人的利益,在发展生产的基础上,逐步改善人民的物质生活和文化生活""国家培养青年、少年、儿童在品德、智力、体质等方面全面发展"等。

2. 食品安全的基本法律和专门法律:如食品安全法、农产品质量安全法、反食品浪费法,以及已经纳入立法计划的粮食安全保障法等。

3. 食品安全相关法律法规:如与食品安全犯罪相关的刑法、刑事诉讼法;与食品安全民事纠纷解决相关的民法典、民事诉讼法、人民调解法等;与食品安全执法和监管相关的行政许可法、行政处罚法、安全生产法等;与食品安全相关的国家安全法、生物安全法、突发事件应对法、反恐怖主义法等;与食品营养健康相关的基本医疗卫生与健康促进法等;与食品从农田到餐桌全链条过程管理相关的土地管理法、动物防疫法、国境卫生检疫法、进出境动植物检疫法、农作物病虫害防治条例等。

(二) 食品安全法治实施体系

"法律的生命在于实施,法律的权威也在于实施。"法治实施有广义和狭义之分,广义的法治实施是指整个法治体系的实施,狭义的法治实施即法律实施,主要包括执法、司法和守法三个环节。在食品安全领域,法治实施体系包括食品安全执法、司法和守法三方面。其中,食品安全执法涉及食品安全监管的诸多方面,内容非常庞杂;食品安全司法包括食品安全刑事司法、行政诉讼、民事诉讼、公益诉讼、多元纠纷解决等;食品安全守法包括食品安全有关法律法规的宣传教育、企业食品安全合规、个人对食品安全法的遵从等。

(三) 食品安全法治保障体系

"徒法不足以自行。"食品安全立法和法治实施需要诸多条件的保障作用:一是党的领导作为食品安全法治建设的政治保障、思想保障和组织保障;二是食品安全人才、食品安全法治人才队伍建设作为人才保障;三是贯彻实施食品安全法律法规所需要的资金、装备、实验室、产业等物质方面的保障;四是食品安全领域的基础研究、应用研究、科技创新、技术成果转化等技术保障;五是与食品安全法治建设相关的各类制度保障。

(四)食品安全法治监督体系

我国法治监督体系包括人大监督、纪委监察监督、行政监督(审计监督、政府部门内部监督、统计监督等)、司法监督、新闻媒体监督、社会监督等。在食品安全领域,也应建立全要素、全覆盖的监督体系。

(五)食品安全党内法规体系

要加强和完善党领导食品安全、卫生健康工作的制度,完善地方党政领导干部食品安全责任制,建立完善食品安全决策咨询、风险研判等党内法规。

二、《食品安全法》的主要内容

《食品安全法》是食品安全领域的综合性、基础性法律,对维护食品安全尤其是食品质量安全具有重要意义。《食品安全法》于2009年2月28日经十一届全国人大常委会审议通过,其后又经过2015年修订和2018年、2021年两次修正,全面规定了食品安全的有关制度、职责、权利、义务、法律责任等。

(一)立法目的

《食品安全法》明确两项立法目的:一是保证食品安全,二是保障公众身体健康和生命安全。从立法目的来看,《食品安全法》应归属于广义的健康法范畴,其基本功能和最终目的就是要保障国民健康。加强食品安全法治,是建设健康中国的重要战略举措。

(二)适用范围

《食品安全法》规定,在中华人民共和国境内从事下列活动,应当遵守本法:

1. 食品的生产经营。食品生产包括食品生产和加工,食品经营包括食品销售和餐饮服务。

2. 食品添加剂的生产经营。

3. 食品相关产品的生产经营:即用于食品的包装材料、容器、洗涤剂、消毒剂和用于食品生产经营的工具、设备的生产经营。

4. 食品生产经营者使用食品添加剂、食品相关产品。

5. 食品的贮存和运输。

6. 对食品、食品添加剂、食品相关产品的安全管理。

7. 食用农产品的质量安全管理遵守《农产品质量安全法》的规定。但是,食用农产品的市场销售、有关质量安全标准的制定、有关安全信息的公布和本法对农业投入品作出规定的，应当遵守本法的规定。

（三）基本原则

2009年《食品安全法》颁布时没有对基本原则作出明确规定，2015年修订时，正式确立了"预防为主、风险管理、全程控制、社会共治"四项原则。

1. 预防为主

预防为主是我国社会治理、公共安全治理、国家安全治理的基本方针，具有深厚的历史文化渊源，其要义是"治未病""图之于未萌，虑之于未有"。坚持预防为主原则有利于从源头防止食品安全风险出现，是保证食品安全的治本之策。2009年《食品安全法》就确立了预防为主原则，此后的修订和修正均延续了这一原则。

2. 风险管理

风险管理是指基于风险分析的管理。联合国粮农组织和世卫组织在食品安全风险分析的发展中发挥了重要作用。1991年，联合国粮农组织和世卫组织食品标准、食品中化学物与食品贸易联合会议建议国际食品法典委员会把风险评估原则应用到决策过程中。2006年，联合国粮农组织和世卫组织出版《食品安全风险分析：国家食品安全管理机构应用指南》，提出食品安全风险分析的基本框架。该指南称："影响人体健康的食源性风险可能来自于自然界的生物、化学或物理等方面的因素，进一步减少食源性疾病、强化食品安全体系的一个重要方法就是风险分析。"我国《食品安全法》全面确立了风险管理原则，包括风险监测、风险评估、风险管理（狭义）、风险交流等要素。

3. 全程控制

全程控制是指面向食品生产、流通、进口、储存、消费等全过程，建立从农田到餐桌的安全管理体系。例如，在生产环节，就包括原料采购、验收、投料等原料控制，生产工序、设备、贮存、包装等生产关键环节控制，原料检验、半成品检验、成品出厂检验等检验控制，运输和交付控制。再如，《食品安全法》规定国家建立全程追溯制度，食品生产经营者建立食品追溯体系，保证食品可追溯。

4. 社会共治

食品安全社会共治的基本考量是引入多元治理主体，弥补政府治理之不足。研究认为,食品安全风险社会共治是指"在平衡政府、企业和社会(社会组织、个人等)等各方主体利益和责任的前提下,各方主体在法律的框架下平等地参与标准制定、进程实现、标准执行、实时监测等阶段的食品安全风险的协调管理,运用政府监管、市场激励、社会监督等手段,以较低的治理成本和公开、透明、灵活的方式来保障最优的食品安全水平,实现社会利益的最大化"[①]。2009年《食品安全法》虽然没有确立社会共治原则,但在具体条文(第7条、第8条)中已有所体现。2015年修订后,《食品安全法》不仅确立了社会共治原则,而且对食品行业协会、消费者协会、其他消费者组织、社会组织、基层群众性自治组织、食品生产经营者、新闻媒体、专家、消费者、个人等参与食品安全治理作出明确规定,同时还规定了食品安全有奖举报制度、规范食品安全信息发布制度、增设食品安全责任保险制度等,将社会共治原则落地落实。

(四)职责分工

《食品安全法》明确规定了我国食品安全管理的职责分工体系,具体包括:

1. 国家层面

(1)国务院食品安全委员会:国务院设立食品安全委员会,其职责由国务院规定。

(2)国务院食品安全监督管理部门:依照《食品安全法》和国务院规定的职责,对食品生产经营活动实施监督管理。2018年中共中央《深化党和国家机构改革方案》提出,将国家工商行政管理总局的职责,国家质量监督检验检疫总局的职责,国家食品药品监督管理总局的职责,国家发展和改革委员会的价格监督检查与反垄断执法职责,商务部的经营者集中反垄断执法以及国务院反垄断委员会办公室等职责整合,组建国家市场监督管理总局。此次机构改革之后,食品生产经营活动的监督管理职责由市场监督机构承担。

(3)国务院卫生行政部门:依照《食品安全法》和国务院规定的职责,组织开展食品安全风险监测和风险评估,会同国务院食品安全监督管理部门制定并公布食品安全国家标准。2018年机构改革后,相关职责由国家卫生健康委员会承担。对于食品安全风险监测和风险评估职责的落实,由2011年成立的国家食品安全风险评估中心具体负责。作为直属于国家卫生健康委员会的

---

① 吴林海等:《中国食品安全风险治理体系与治理能力考察报告》,中国社会科学出版社2016年版,第546—547页。

公共卫生事业单位,国家食品安全风险评估中心承担食品安全风险监测、风险评估、标准管理、国民营养计划四大核心业务。

(4) 国务院其他有关部门:依照《食品安全法》和国务院规定的职责,承担有关食品安全工作。

2. 地方层面

(1) 县级以上地方人民政府:对本行政区域的食品安全监督管理工作负责,统一领导、组织、协调本行政区域的食品安全监督管理工作以及食品安全突发事件应对工作,建立健全食品安全全程监督管理工作机制和信息共享机制。依照《食品安全法》和国务院的规定,确定本级食品安全监督管理、卫生行政部门和其他有关部门的职责。

(2) 有关部门:在各自职责范围内负责本行政区域的食品安全监督管理工作。县级人民政府食品安全监督管理部门可以在乡镇或者特定区域设立派出机构。

(3) 跨部门协作:县级以上人民政府食品安全监督管理部门和其他有关部门应当加强沟通、密切配合,按照各自职责分工,依法行使职权,承担责任。

(五) 重要制度

为保证食品安全,《食品安全法》明确规定要建立十余项重要制度。

1. 食品安全风险监测制度

《食品安全法》规定,国家建立食品安全风险监测制度,对食源性疾病、食品污染以及食品中的有害因素进行监测。具体内容包括:

(1) 国务院卫生行政部门会同国务院食品安全监督管理等部门,制定、实施国家食品安全风险监测计划。

(2) 国务院食品安全监督管理部门和其他有关部门获知有关食品安全风险信息后,应当立即核实并向国务院卫生行政部门通报。对有关部门通报的食品安全风险信息以及医疗机构报告的食源性疾病等有关疾病信息,国务院卫生行政部门应当会同国务院有关部门分析研究,认为必要的,及时调整国家食品安全风险监测计划。

(3) 省、自治区、直辖市人民政府卫生行政部门会同同级食品安全监督管理等部门,根据国家食品安全风险监测计划,结合本行政区域的具体情况,制定、调整本行政区域的食品安全风险监测方案,报国务院卫生行政部门备案并实施。

(4) 承担食品安全风险监测工作的技术机构应当根据食品安全风险监测计划和监测方案开展监测工作,保证监测数据真实、准确,并按照食品安全风险监测计划和监测方案的要求报送监测数据和分析结果。

(5) 食品安全风险监测工作人员有权进入相关食用农产品种植养殖、食品生产经营场所采集样品、收集相关数据。采集样品应当按照市场价格支付费用。

(6) 食品安全风险监测结果表明可能存在食品安全隐患的,县级以上人民政府卫生行政部门应当及时将相关信息通报同级食品安全监督管理等部门,并报告本级人民政府和上级人民政府卫生行政部门。食品安全监督管理等部门应当组织开展进一步调查。

(7) 省级以上人民政府卫生行政、农业行政部门应当及时相互通报食品、食用农产品安全风险监测信息。

2. 食品安全风险评估制度

《食品安全法》规定,国家建立食品安全风险评估制度,运用科学方法,根据食品安全风险监测信息、科学数据以及有关信息,对食品、食品添加剂、食品相关产品中生物性、化学性和物理性危害因素进行风险评估。具体内容包括:

(1) 专家评估。国务院卫生行政部门负责组织食品安全风险评估工作,成立由医学、农业、食品、营养、生物、环境等方面的专家组成的食品安全风险评估专家委员会进行食品安全风险评估。对农药、肥料、兽药、饲料和饲料添加剂等的安全性评估,应当有食品安全风险评估专家委员会的专家参加。

(2) 应当评估的情形。一是通过食品安全风险监测或者接到举报发现食品、食品添加剂、食品相关产品可能存在安全隐患的;二是为制定或者修订食品安全国家标准提供科学依据需要进行风险评估的;三是为确定监督管理的重点领域、重点品种需要进行风险评估的;四是发现新的可能危害食品安全因素的;五是需要判断某一因素是否构成食品安全隐患的;六是国务院卫生行政部门认为需要进行风险评估的其他情形。

(3) 评估结果的公布和使用。《食品安全法》规定,食品安全风险评估结果由国务院卫生行政部门公布。食品安全风险评估结果是制定、修订食品安全标准和实施食品安全监督管理的科学依据。经食品安全风险评估,得出食品、食品添加剂、食品相关产品不安全结论的,国务院食品安全监督管理等部门应当依据各自职责立即向社会公告，告知消费者停止食用或者使用，并采取相应措施，确保该食品、食品添加剂、食品相关产品停止生产经营；需要制定、修订相关食品安全国家标准的，国务院卫生行政部门应当会同国务院食品安全监督管理部门立即制定、修订。

3. 食品安全风险警示制度

《食品安全法》规定，国务院食品安全监督管理部门应当会同国务院有关部门，根据食品安全风险评估结果、食品安全监督管理信息，对食品安全状况进行综合分析。对经综合分析表明可能具有较高程度安全风险的食品，国务院食品安全监督管理部门应当及时提出食品安全风险警示，并向社会公布。

4. 食品安全风险交流制度

《食品安全法》规定，县级以上人民政府食品安全监督管理部门和其他有关部门、食品安全风险评估专家委员会及其技术机构，应当按照科学、客观、及时、公开的原则，组织食品生产经营者、食品检验机构、认证机构、食品行业协会、消费者协会以及新闻媒体等，就食品安全风险评估信息和食品安全监督管理信息进行交流沟通。

5. 食品生产经营与食品添加剂生产许可制度

《食品安全法》第35条第1款规定，国家对食品生产经营实行许可制度。从事食品生产、食品销售、餐饮服务，应当依法取得许可。但是，销售食用农产品和仅销售预包装食品的，不需要取得许可。仅销售预包装食品的，应当报所在地县级以上地方人民政府食品安全监督管理部门备案。《食品安全法》第39条第1款规定，从事食品添加剂生产，应当具有与所生产食品添加剂品种相适应的场所、生产设备或者设施、专业技术人员和管理制度，并依照规定的程序取得食品添加剂生产许可。

关于许可程序，《食品安全法》第35条第2款规定，县级以上地方人民政府食品安全监督管理部门应当依照《行政许可法》的规定，审核申请人提交的《食品安全法》第33条第1款第1项至第4项规定要求的相关资料，必要时对申请人的生产经营场所进行现场核查；对符合规定条件的，准予许可；对不符合规定条件的，不予许可并书面说明理由。《食品安全法》第33条第1款第1项至第4项规定要求为：(1) 具有与生产经营的食品品种、数量相适应的食品原料处理和食品加工、包装、贮存等场所，保持该场所环境整洁，并与有毒、有害场所以及其他污染源保持规定的距离；(2) 具有与生产经营的食品品种、数量相适应的生产经营设备或者设施,有相应的消毒、更衣、盥洗、采光、照明、通风、防腐、防尘、防蝇、防鼠、防虫、洗涤以及处理废水、存放垃圾和废弃物的设备或者设施;(3)有专职或者兼职的食品安全专业技术人员、食品安全管理人员和保证食品安全的规章制度;(4)具有合理的设备布局和工艺流程,防止待加工食品与直接入口食品、原料与成品交叉污染,避免食品接触有毒物、不洁物。

6. 食品安全全程追溯制度

《食品安全法》第 42 条规定,国家建立食品安全全程追溯制度,具体内容为:(1)食品生产经营者应当依照本法的规定,建立食品安全追溯体系,保证食品可追溯;(2)国家鼓励食品生产经营者采用信息化手段采集、留存生产经营信息,建立食品安全追溯体系;(3)国务院食品安全监督管理部门会同国务院农业行政等有关部门建立食品安全全程追溯协作机制。

7. 食品生产经营过程控制制度

《食品安全法》对食品生产经营过程控制制度作出全面规定,具体包括:食品生产经营企业食品安全管理制度;从业人员健康管理制度;食品生产经营者食品安全自查制度;食用农产品生产企业和农民专业合作经济组织建立农业投入品使用记录制度;县级以上人民政府农业行政部门建立农业投入品安全使用制度;食品生产企业建立食品原料、食品添加剂、食品相关产品进货查验记录制度;食品生产企业建立食品出厂检验记录制度;食品经营企业建立食品进货查验记录制度;从事食品批发业务的经营企业建立食品销售记录制度;食品添加剂生产者建立食品添加剂出厂检验记录制度;等等。

8. 食品召回制度

《食品安全法》第 63 条规定了食品召回制度,具体内容包括:

(1)食品生产者发现其生产的食品不符合食品安全标准或者有证据证明可能危害人体健康的,应当立即停止生产,召回已经上市销售的食品,通知相关生产经营者和消费者,并记录召回和通知情况。

(2)食品经营者发现其经营的食品有上述规定情形的,应当立即停止经营,通知相关生产经营者和消费者,并记录停止经营和通知情况。食品生产者认为应当召回的,应当立即召回。由于食品经营者的原因造成其经营的食品有上述规定情形的,食品经营者应当召回。

(3)食品生产经营者应当对召回的食品采取无害化处理、销毁等措施,防止其再次流入市场。但是,对因标签、标志或者说明书不符合食品安全标准而被召回的食品,食品生产者在采取补救措施且能保证食品安全的情况下可以继续销售;销售时应当向消费者明示补救措施。

(4) 食品生产经营者应当将食品召回和处理情况向所在地县级人民政府食品安全监督管理部门报告;需要对召回的食品进行无害化处理、销毁的,应当提前报告时间、地点。食品安全监督管理部门认为必要的,可以实施现场监督。

(5) 食品生产经营者未依照本条规定召回或者停止经营的,县级以上人民政府食品安全监督管理部门可以责令其召回或者停止经营。

9. 特殊食品严格监管制度

特殊食品包括保健食品、特殊医学用途配方食品和婴幼儿配方食品等。《食品安全法》规定,对特殊食品实行严格监督管理,主要包括:(1) 保健食品原料目录和允许保健食品声称的保健功能目录,由国务院食品安全监督管理部门会同国务院卫生行政部门、国家中医药管理部门制定、调整并公布;列入保健食品原料目录的原料只能用于保健食品生产,不得用于其他食品生产。(2) 特殊医学用途配方食品应当经国务院食品安全监督管理部门注册。(3) 婴幼儿配方食品生产企业应当将食品原料、食品添加剂、产品配方及标签等事项向省、自治区、直辖市人民政府食品安全监督管理部门备案;婴幼儿配方乳粉的产品配方应当经国务院食品安全监督管理部门注册;不得以分装方式生产婴幼儿配方乳粉,同一企业不得用同一配方生产不同品牌的婴幼儿配方乳粉。

10. 进出口食品安全管理制度

《食品安全法》规定,国家出入境检验检疫部门对进出口食品安全实施监督管理。相关制度包括:进口商建立境外出口商、境外生产企业审核制度;进口商建立食品、食品添加剂进口和销售记录制度;国家出入境检验检疫部门建立进出口食品安全信息通报制度;等等。

11. 食品安全信息公布制度

根据《食品安全法》第118—120条,相关制度具体包括:

(1) 国家建立统一的食品安全信息平台,实行食品安全信息统一公布制度。

(2) 国家食品安全总体情况、食品安全风险警示信息、重大食品安全事故及其调查处理信息和国务院确定需要统一公布的其他信息由国务院食品安全监督管理部门统一公布。食品安全风险警示信息和重大食品安全事故及其调查处理信息的影响限于特定区域的,也可以由有关省、自治区、直辖市人民政府食品安全监督管理部门公布。未经授权不得发布上述信息。

(3) 县级以上人民政府食品安全监督管理、农业行政部门依据各自职责公布食品安全日常监督管理信息。

(4) 公布食品安全信息,应当做到准确、及时,并进行必要的解释说明,避免误导消费者和社会舆论。

(5) 县级以上地方人民政府食品安全监督管理、卫生行政、农业行政部门获知本法规定需要统一公布的信息,应当向上级主管部门报告,由上级主管部门立即报告国务院食品安全监督管理部门;必要时,可以直接向国务院食品安全监督管理部门报告。

(6) 县级以上人民政府食品安全监督管理、卫生行政、农业行政部门应当相互通报获知的食品安全信息。

(7) 任何单位和个人不得编造、散布虚假食品安全信息。县级以上人民政府食品安全监督管理部门发现可能误导消费者和社会舆论的食品安全信息,应当立即组织有关部门、专业机构、相关食品生产经营者等进行核实、分析,并及时公布结果。

(六) 法律责任

《食品安全法》用将近四分之一的篇幅建立起严密的法律责任体系,惩治各种违法犯罪行为。

1. 行政责任

(1) 行政处罚。《食品安全法》第 122—136 条以及第 140、141 条对各类违法行为的处罚以及可以免予处罚的情形作出规定,处罚种类包括:警告,责令改正,责令停止违法行为,没收违法所得,没收违法生产经营的食品、食品添加剂,没收用于违法生产经营的工具、设备、原料等物品,罚款,责令停产停业,吊销许可证,限制从业,治安管理处罚,等等。

(2) 行政处分。《食品安全法》第 137—140、142—146 条对县级以上人民政府以及有关部门、单位、人员等应予以处分的违法行为作出规定,处分种类包括警告、记过、记大过、撤职、开除、引咎辞职、罚款、吊销执业证书、撤销认证机构批准文件、撤销执业资格等。

2. 民事责任

（1）违反《食品安全法》规定，造成人身、财产或者其他损害的，依法承担赔偿责任。生产经营者财产不足以同时承担民事赔偿责任和缴纳罚款、罚金时，先承担民事赔偿责任。

（2）消费者因不符合食品安全标准的食品受到损害的，可以向经营者要求赔偿损失，也可以向生产者要求赔偿损失。接到消费者赔偿要求的生产经营者，应当实行首负责任制，先行赔付，不得推诿；属于生产者责任的，经营者赔偿后有权向生产者追偿；属于经营者责任的，生产者赔偿后有权向经营者追偿。

（3）生产不符合食品安全标准的食品或者经营明知是不符合食品安全标准的食品，消费者除要求赔偿损失外，还可以向生产者或者经营者要求支付价款十倍或者损失三倍的赔偿金；增加赔偿的金额不足一千元的，为一千元。但是，食品的标签、说明书存在不影响食品安全且不会对消费者造成误导的瑕疵的除外。

3. 刑事责任

违反《食品安全法》有关规定，构成犯罪的，依法追究刑事责任。

第十二章　健康医疗大数据安全与法治保障

　　大数据是国家基础性战略资源,加强数据安全治理是维护国家安全的战略需要,并成为经济社会各领域都需要面对的重要课题。在卫生健康领域,我国经历了从医疗卫生信息化平台建设,到健康医疗大数据建设的发展历程。健康医疗大数据作为重要的战略资源,在临床诊疗、科学研究、公共卫生、健康产业中具有巨大价值,是实现"健康中国"战略和国家创新发展战略的重要途径。《2030 纲要》提出:"加强健康医疗大数据应用体系建设,推进基于区域人口健康信息平台的医疗健康大数据开放共享、深度挖掘和广泛应用。消除数据壁垒,建立跨部门跨领域密切配合、统一归口的健康医疗数据共享机制,实现公共卫生、计划生育、医疗服务、医疗保障、药品供应、综合管理等应用信息系统数据采集、集成共享和业务协同。"在疫情常态化的背景下,大数据对于公共卫生监测的作用,更是提供了不可或缺的决策依据。海量数据的获取为公共卫生实践和研究带来了好处与便利,但是也突出了隐私与数据安全隐患。各种新型数据以前所未有的规模呈现在我们的生活中,卫生机构以及第三方机构搜集、分析和传播健康数据的速度与效率也是前所未有的。健康数据属于敏感数据,如果被泄露、滥用,不仅对个人隐私权、知情同意权、人格权等构成侵犯,情节严重者还会危及国家安全。因此,需要从法律层面对健康数据的共享与监管进行规范,保护健康数据安全,维护个体权利。

第一节　健康医疗大数据及发展现状

　　根据 2018 年 9 月 13 日国家卫健委发布的《国家健康医疗大数据标准、安全和服务管理办法(试行)》,健康医疗大数据是指在疾病防治、健康管理等过程中产生的与健康医疗相关的数据。健康医疗大数据作为一个数据集,包括在学术上和商业上有价值的健康数据,如临床治疗数据、基因分析数据、生物样本、电子医疗记录等。这些数据集在大数据时代成为基础性战略资源,长期存储于数据库中。健康数据资源具有以下特性:(1)数据资源的范围具有局限性,一部分国家和地区的人群数据无法纳入到数据库中,可能无法从数据分析带来的医学进步中受益;(2)数据包涵主体的健康信息,数据泄露会使数据主体的利益受损;(3)健康医疗大数据具有不确定性,因健康医疗大数据面向的是未来的研究,未来哪些研究者将使用这些数据,将如何使用这些数据,在当下尚不得而知。①

近年来,随着我们更多地了解与整体健康相关因素的关系,如有关生活方式(如使用烟草或酒精)、家族史和健康状况的信息变得越来越相关,多元主体收集的健康医疗信息的数量和类型急剧增加。此外,基因数据变得越来越容易获得,不仅可用于产前检测,还可用于评估个体遗传疾病的风险程度。个人所提供的健康医疗数据除了直接医疗保健之外还有许多用途,如第三方付款人访问个人信息记录以做出是否付款的决定,在做出有关雇用、授予许可证或签发人寿、健康或残疾保险的决定时,会访问个人健康记录或获取部分医疗记录。健康医疗大数据已经被越来越广泛地应用在临床医疗、健康管理、公共卫生等领域,为公众和医疗从业人员提供了很多便利。目前,应用主要涉及以下方面:(1)用于医疗健康医疗大数据分析方法研究;(2)用于智能健康管理;(3)用于医疗服务;(4)用于疾病控制与应急管理;(5)用于卫生综合管理;(6)用于医疗保障监管;(7)用于精准医疗与医药研发等。②

发达国家政府很早就注意到生命与健康医疗大数据收集和分析的重要性,不断给予大量资金支持。例如,美国国会每年拨付给美国国家生物技术信息中心(NCBI)的经费从1990年的507.3万美元增长到2014年的最高值583.3万美元。同时,欧洲建立了生物信息学研究所(EBI),日本也建立了DNA数据库(DDBJ)等机构,主要发达国家已经逐步形成完整的生命与健康数据中心布局。③

在我国,2010年年底,原卫生部完成了"十二五"卫生信息化建设工程规划编制工作,初步确定了我国卫生信息化建设路线图,简称"3521-2工程",即建设国家级、省级和地市级3级卫生信息平台,加强公共卫生、医疗服务、新农

---

① 参见李晓洁、丛亚丽:《健康医疗大数据公平问题研究》,载《自然辩证法通讯》2021年第8期。
② 参见陈敏、刘宁:《医疗健康大数据发展现状研究》,载《中国医院管理》2017年第2期。
③ 参见陈琪、弓孟春、马永慧:《健康医疗大数据研究的公众参与及其模式探析》,载《中国医学伦理学》2021年第4期。

合、基本药物制度、综合管理5项业务应用,建设健康档案和电子病历2个基础数据库和1个专用网络,进行医疗卫生信息标准化体系和安全保障体系建设。① 2013年,习总书记提出"谁掌握了数据,就更有主动权"。2013年11月,卫生部和计生委合并后,信息化建设工程规划的顶层设计规划又调整为"4631-2工程",其中,"4"代表4级卫生信息平台,分别是国家级人口健康管理平台、省级人口健康信息平台、地市级人口健康区域信息平台及区县级人口健康区域信息平台;"6"代表6项业务应用,分别是公共卫生、医疗服务、医疗保障、药品管理、计划生育、综合管理;"3"代表3个基础数据库,分别是电子健康档案数据库、电子病历数据库和全员人口个案数据库;"1"代表1个融合网络,即人口健康统一网络;"2"代表2个体系,即人口健康信息标准体系和信息安全防护体系。依托中西医协同公共卫生信息系统、基层医疗卫生管理信息系统、医疗健康公共服务系统,打造全方位、立体化的国家卫生计生资源体系。卫计委规划的三大基础数据库相互关系和包括的主要数据如图3所示。②

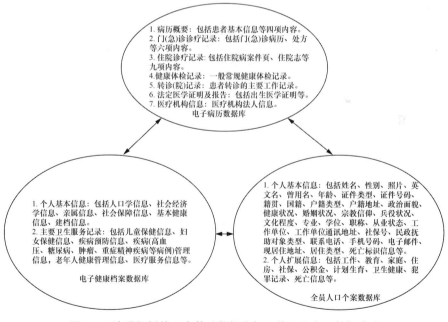

图3 卫计委规划的三大基础数据库相互关系及主要数据内容

---

① 参见孙政春、刘小平、田宗梅:《健康医疗大数据信息安全保护刍议》,载《中国卫生事业管理》2021年第7期。
② 同上。

继卫生医疗信息平台布局之后,相关部门也加紧推进大数据应用。2015年,《全国医疗卫生服务体系规划纲要(2015—2020年)》明确提出了开展健康中国云服务计划,发展健康医疗大数据。从"十三五"规划提出实施国家大数据战略以来,各政府部门对大数据的布局往纵深发展。2016年《2030纲要》《国务院办公厅关于促进和规范健康医疗大数据应用发展的指导意见》均提出要加大健康医疗大数据建设。2018年9月,国家卫健委公布的《国家健康医疗大数据标准、安全和服务管理办法(试行)》第1条即点明健康医疗大数据是"国家重要基础性战略资源"。2020年《中共中央关于制定国民经济和社会发展第十四个五年规划和二〇三五年远景目标的建议》提出,要加快大数据中心建设,同时要保证国家数据安全。

截至2020年,已建成江苏省、贵州省、福建省、山东省以及安徽省五大健康医疗数据中心,东西南北中铺开了健康医疗大数据共享发展网络。[①] 目前,我国国内各种类型的健康医疗大数据中心也相继建成,具有代表性的有:国家基因库(深圳)、国家健康医疗大数据北方中心、国家东南健康医疗大数据中心、上海生物医学大数据中心、微生物资源与大数据中心、国家人口与健康科学数据共享服务平台、全国公安机关DNA数据库、北京基因组研究所生命与健康医疗大数据中心等。[②]

第二节 健康数据共享模式

一、域外典型共享模式

从域外经验来看,美国医疗数据共享依托《医疗保险流通与责任法案》(Health Insurance Portability and Accountability Act,HIPAA)和《患者安全与质量改善法案2005》(Patient Safety and Quality Improvement Act of 2005,PSQIA)对数据交换进行规范,并对患者信息隐私安全予以保护。HIPAA负责管理患者隐私保护和信息安全(不包括去识别化的信息),同时该法案考虑到医疗市场的多样性,相关条目涵盖了隐私保护、健康信息使用和披露过程中需要注意的各个方面。PSQIA则对患者信息安全性实行了更

[①] 参见刘立、刘智勇:《我国健康医疗大数据应用发展模式分析》,载《智慧健康》2020年第6期。
[②] 参见鲍一鸣、薛勇彪:《生命与健康大数据现状和展望》,载《中国科学院院刊》2018年第8期。

严格的管理,为建立联邦患者安全数据库网络提供法律依据,并对患者安全组织及患者安全活动提出指导规范,以提高患者安全性。①

上述法案要求:(1)美国数据共享模式中所有医疗数据都来自病人,医院、保险公司、科研机构和药厂的临床试验项目和健康应用等服务提供商可以从病人处得到带有病人身份的数据,同时医院和保险公司之间存在数据互通;(2)医院向本州的政府或医院联盟上交数据,医院联盟和政府会将数据进行脱敏处理,并且向外界共享;(3)一些咨询公司或数据公司可从政府和医院、保险公司等其他机构收集数据,进行脱敏处理,然后按客户需求制作成数据包或分析产品进行交易;(4)允许一些企业通过并购方式达到数据共享的目的。美国医疗数据共享模式通过保障多主体共同参与、相互补充,保护个体数据主体隐私,政府设立第三方机构进行数据脱敏与外界共享,促进了数据共享和交换开展,实现了医疗数据在提升医疗服务能力、提高公众和社区的健康水平、推动医学知识研究与创新等商业价值、社会价值的增值。②

日本在医疗数据共享领域建立了"基本法+专门法"的双层法律体系。③基本法是指日本《个人信息保护法》,该法的目的是平衡个人信息保护与信息利用之间的关系;专门法则是指《关于为推动医疗领域的研究开发而匿名加工医疗信息的法律》(日本学界又称该法为《医疗大数据法》《次世代医疗基础法》,以下简称《医疗大数据法》)。《医疗大数据法》的主要目的则是通过对国家责任、基本方针制定、匿名加工医疗信息的制作业者的认定、医疗信息及匿名加工医疗信息的交易规定等进行规定,以期实现健康医疗领域尖端研究、新产业创造等目标,进而推动健康长寿社会的形成。

《医疗大数据法》以立法的方式对政府、医疗机构、医疗信息处理机构、患者等主体的责任、权利与义务进行了明确:患者在医疗机构就诊时产生的医疗信息由经政府认证的第三方医疗信息处理机构进行统一的匿名化处理;第三方医疗信息处理机构可根据不同机构(政府部门、科研机构、企业)的需求,将处理后的匿名化医疗信息提供给相关机构进行利用;相关机构利用匿名医疗信息产生的价值则将持续反馈给患者,最终形成数据共享的闭环。在知情

---

① 参见廖子锐等:《第三方机构参与健康医疗大数据共享模式探讨》,载《中国公共卫生》2021年第7期。
② 同上。
③ 参见李慧敏、陈光:《论数据驱动创新与个人信息保护的冲突与平衡——基于对日本医疗数据规制经验的考察》,载《中国科学院院刊》2020年第9期。

同意方面,《医疗大数据法》规定,医疗机构提供原始医疗信息给第三方医疗信息处理机构时需要告知患者,若患者本人不明确提出拒绝,则默认该患者同意共享本人医疗数据;同时,法案还对患者提供了退出机制,即患者可在任何时间段内拒绝提供个人医疗信息,但在紧急救援或其他紧急事态时,政府可以突破该限制授权其他机构获得并使用其数据。[1]

美国和日本健康数据共享模式有很大不同:美国共享模式中数据分流的流向较为分散,且未去标识化的患者数据可以流通到多元主体机构,因此对流通过程需要进行严格的规范约束;而日本共享模式中,数据由经官方认证的第三方机构集中处理,进行适当脱敏处理后,再流向不同的需求主体。因此,虽然美国在推动医疗数据共享利用方面做出了较好的应用,但在实际中存在较大挑战。在数据安全方面,2015年,美国医疗领域发生了多起医疗数据泄露事件,如美国第二大医疗保险公司Anthem信息系统被黑客攻破,超过7800万客户信息泄露;另一保险公司Premera Blue Cross的信息泄露则造成了1100万客户信息泄露。在数据共享方面,虽然PSQIA要求建立联邦患者安全数据库网络,但医疗数据的互联互通无法全部覆盖,即相应数据库是由各州自行建设,且州与州之间没有整合的数据库;此外,由于是各州政府从不同医院直接收集医疗数据,以至于医院与医院之间少有系统互通。[2]

二、我国健康数据共享实践与构想

数据的本质是信息,而信息的特点是流动性。[3] 数据通过流动与共享发挥其经济价值与社会效益。《福州市健康医疗大数据资源管理实施细则》对数据共享的定义是:监管机构将数据提供给国家机关、事业单位、社会团体及具有公共管理职能的组织和公共服务企业共享使用的行为。在临床场景下,数据共享最主要的目的是打破内部壁垒、消除数据孤岛、减少重复劳动,进而提高工作效率、降低时间和经济成本。在科研场景下,数据共享有助于增加研究价值、减少研究浪费、验证研究结果、促进研究的透明度、通过对共享数

---

[1] 参见廖子锐等:《第三方机构参与健康医疗大数据共享模式探讨》,载《中国公共卫生》2021年第7期。
[2] 同上。
[3] 参见季卫东:《大数据时代隐私权和个人信息保护研究》,载《政治与法律》2021年第10期。

据的再分析取得新发现。①

从主导方式来看,数据共享包括由政府主导的公益性模式、由科研机构或医疗机构主导的联盟模式、由市场主导的商业化模式。在我国已有数据共享平台中,国家人口健康科学数据中心是国家科技基础条件平台之一,面向全社会免费开放和提供服务。中国队列共享平台是由北京大学公共卫生学院和北京大学健康医疗大数据国家研究院牵头发起的队列联盟。中国国家罕见病注册系统是依托"十三五"国家重点研发计划精准医学专项,由北京协和医院负责牵头建设的国家级罕见病在线注册平台。中国科学院数据云以中国科学院相关数据为基础,对数据进行集成和再加工,面向社会产业创新需求开展服务。②

数据共享的最大阻碍不在于技术,而在于协作机制不健全、数据标准不统一。数据共享业务流程涉及收集、汇交、存储、应用等多个环节,目前存在数据内容、数据质量、数据格式不统一的现象。责任权利不清、数据权属不明、数据需求不同,各机构重视度和配合度不足,组织协作难度大,缺乏完善的信息反馈机制,多元数据主体间难以达成共识。③ 对于构建我国的健康医疗大数据共享模式,有学者提出如下设想④:(1) 核心思想是搭建一个数据共享平台(区域数据中心)和一个官方认证的第三方数据处理机构;(2) 区域大数据中心仅负责收集各部门的健康医疗数据,收集后的数据转交给经官方认证的第三方数据处理机构进行信息脱敏、加工,形成无隐私、安全的生产要素;(3) 处理过后的数据再返回区域大数据中心进行存储,相关医疗机构、科研机构等需要数据的实体部门,向区域大数据中心提交数据使用申请,申请通过后由第三方数据机构统一进行数据发放。可以说,这一构想主要借鉴了日本数据共享模式,主要特征是具有一个官方认证的第三方数据处理机构,作为数据回寄、处理、分散的核心主体。

数据提供者个人作为健康医疗大数据的主要提供者,在使用过程中需考虑到这类数据同时具有社会属性和个人属性,在某些场景存在个人利益与公

---

① 参见石晶金、于广军:《健康医疗大数据共享关键问题及对策》,载《中国卫生资源》2021年第3期。
② 同上。
③ 同上。
④ 参见廖子锐等:《第三方机构参与健康医疗大数据共享模式探讨》,载《中国公共卫生》2021年第7期。

共利益的冲突问题。需要通过完善法律法规,加强数据共享与保护的管理机制,明确个人数据所有权和去数据隐私化权利,明确服务提供实体的数据所有权、数据采集、使用、共享等环节的权利与义务。而政府在授权相关机构建设时的目标是安全、高效、可持续的发展健康医疗大数据应用,进而改善人群健康状况,优化医疗资源配置。① 只有完善数据信息共享机制,才能实现数据分析价值。

第三节 健康数据保护的权利内容

"健康医疗大数据的发展对医疗卫生和健康领域具有变革性意义,除了蕴含其中的巨大科学价值和培育新的业态和经济增长点外,还为重塑和定位人类自身生命价值提供了潜在的可能性。在大数据时代,当'人'被大数据构建成'数字人','数字人'具有研究价值和经济价值,公民的健康数据成为一种资本,可以创造新的社会效益。"② 但同时,与数据控制者、处理者相比,公民作为数据主体往往处于弱势,主动或被动提供自己的信息和数据,甚至有趋向于"工具性"的风险,而对于好的治理来说,弱势的一方得到充分的保护是非常重要的。健康数据安全应以个人权利与公共利益保护为目标,维护健康数据被采集人的数据权属、知情同意权、隐私权、人格权等合法权益,防止健康数据的泄露、滥用等,防止对社会公共利益的破坏,维护权利人对健康数据的安全预期。

一、健康数据权属

健康医疗数据对医疗业而言具有重要意义,其所有权的主要权能在于医疗数据流转过程中的使用权、收益权等权益。根据是否为最初录入网络自然产生的数据,以及是否经过大数据算法进行筛选及整合,数据可分为原始数据和衍生数据。衍生数据具有的商业价值是巨大的,数据控制者对原始数据投入时间、精力、金钱以及劳动成本,从而拥有了商业用途衍生数据的部分控制权。③ 商业用途数据的控制者在数据收集后,对原始数据进行脱敏处理,将

---

① 参见廖子锐等:《第三方机构参与健康医疗大数据共享模式探讨》,载《中国公共卫生》2021年第7期。
② 李晓洁、丛亚丽:《健康医疗大数据公平问题研究》,载《自然辩证法通讯》2021年第8期。
③ 参见徐伟:《企业数据获取"三重授权原则"反思及类型化构建》,载《交大法学》2019年第4期。

能识别出自然人身份的信息进行加密和匿名化处理,对衍生数据进行挖掘和整合后使用。例如,保险机构获得的医疗数据是经过匿名化处理的,保险机构根据自身具体的商业用途,对数据进行加工。

数据因属于无形物而不同于传统物权的保护,其数据因流通而具有重要的经济社会价值,因此,对于数据权属进行保护应是应用与保护的平衡,在应用中对数据予以保护,而不是追求排他性的权利保护。例如,较早即对个人信息予以立法保护的日本,并不对数据设定额外的私权保护,而是采取尽量避免与现行法律冲突的保守做法,并对现有法律进行严格的法律解释。这样做的目的是避免为数据资源额外设定不恰当的私权,产生基于"排他性"的诸多限制,影响数据的开放流通。这一做法也符合日本实现"超级智能社会"和"互联工业"的战略发展目标。况且,数据在事实上较难被某一特定主体完全独占,在开放环境下,数据本身并不会因为被某一特定主体收集而无法被其他人收集,数据可以同时在不同的地点由不同的人以不同的方式加以收集和占有。① 而日本的司法实践中,数据权属产生、分配的依据多是数据交易合同建立的债权关系,民事主体可以基于数据相关债权主张对应的数据权利。

对数据权属定性,目前存在多种观点:有观点认为,数据权属于数据业者,即属于对数据进行加工、传输等流转工作的数据业者;② 也有观点认为,应当以个人为中心建立数据所有权,数据不仅涉及加工和使用,还方便存储和携带,应注意其可携权及数据源头上的收集权,商业数据主体应当通过交易获得所需的数据资源,主张的具体权能不同,权利主体便有所差异;③ 还有观点认为,数据的收集权属于个人,授权商业数据主体后,在符合相关法律规定的情形下,商业数据主体获得数据流转中的使用权和收益权。数据有别于传统财产,我国《民法典》第127条将数据与虚拟财产相并列,并予以保护。正是由于其财产属性,数据引起了商业主体的广泛关注。不少数据控制者使用行为不规范,数据侵权时有发生,对数据所有权进行保护是立法重点关注的事宜。④ 在科研场景下,数据提供者和数据使用者可以通过签署数据共享协议

---

① 参见李慧敏、王忠:《日本对个人数据权属的处理方式及其启示》,载《科技与法律》2019年第4期。
② 参见许可:《数据保护的三重进路——评新浪微博诉脉脉不正当竞争案》,载《上海大学学报(社会科学版)》2017年第6期。
③ 参见肖冬梅、文禹衡:《数据权谱系论纲》,载《湘潭大学学报(哲学社会科学版)》2015年第6期。
④ 参见齐爱民、李维波:《数据挖掘中的权利冲突与法律规制》,载《广西政法管理干部学院学报》2018年第4期。

（Data Sharing Agreement，DSA），事前明确主体责任、工作机制、共享时间、共享范围、共享模式、共享流程和利益分配，推动建立共享数据的出版和引用制度。①

二、健康信息隐私权

现代社会高度信息化虽然对构建新型医疗服务有所裨益，但同时也会带来许多隐患。无论是远程医疗、互联网医院，还是移动医疗手机应用程序，其运行都建立在采集用户个人信息的基础上。移动医疗手机应用程序涉及的患者个人健康信息档案、电子病历、就诊信息、医学检验检查报告等，患者从线上咨询问诊、挂号预约到线下医院就诊康复的任一环节出现漏洞，都会面临医疗信息被窃取的风险。② 手环、智能手表等可穿戴设备逐渐进入日常生活，人们足不出户就可以实现健康管理，但是相关健康信息也会被应用程序开发者所存储，若没有严格监管，会有被加工、售卖的风险。健康大数据不同于其他类型数据，涉及个人基因信息、疾病史、使用药物史、家族史等敏感信息。③ 生物大数据可提供可靠的个人遗传学依据，但个人基因组测序等技术面临一系列法律与伦理困扰，特别是隐私问题。临床、健康大数据也会涉及个人健康状况、诊疗方法、使用药物等敏感信息，保护隐私仍是医疗健康大数据时代数据共享的核心问题，是不可逾越的警戒线。

信息隐私权的存在意味着相关主体有不披露信息或防止他人未经授权访问信息的义务。数据机密性是数据的状态，表明它们受到保护。在美国《联邦信息自由法案》（FOIA，5 U.S.C，Section 552）中，某些类别的数据被指定为机密数据，因此不可披露。例如，豁免6规定：FOIA不适用于"人事和医疗档案及类似档案，披露这些档案显然会构成对个人隐私的无理侵犯"。保密对医生职业的重要性早在公元前4世纪的《希波克拉底誓言》中就已有体现，至今仍然是医学伦理学公认的要素。美国医学会医学伦理原则指出："在医生和患者之间的关系过程中向医生披露的信息在最大程度上是保密

---

① 参见石晶金、于广军：《健康医疗大数据共享关键问题及对策》，载《中国卫生资源》2021年第3期。
② 参见曹靖、伍林生：《医疗2.0时代背景下e-患者模式的构建》，载《医学与哲学》2017年第1期。
③ 参见杨朝晖、王心、徐香兰：《医疗健康大数据分类及问题探讨》，载《卫生经济研究》2019年第3期。

的……除非法律要求,否则未经患者明确同意,医生不应透露机密通信或信息。"

美国联邦和州有诸多法律规定了保护个人健康信息机密性的义务。这些法律可以分为两类:对记录保管者施加保密义务的法律和保护被认为高度敏感的健康信息的法律。前者的例子包括有关医疗保健信息的一般保密法规,例如《统一医疗保健信息法》和《加利福尼亚州医疗信息保密法》,各种州法律以及医疗保险和医疗补助法规。对敏感的个人健康信息施加保密要求的法律法规包括与酒精和药物滥用记录有关的法律法规,以及管理不公开获得性免疫缺陷综合征(AIDS)患者记录、人类免疫缺陷病毒(HIV)抗体检测结果、精神病学和发育障碍记录及有关遗传筛查和测试结果的信息。针对因未经授权发布个人健康信息而造成的伤害,法院根据多种理论给予了法律救济:违反信任、违反保密、违反默示合同、侵犯隐私、诽谤和疏忽。

医疗行业内数据的信息安全管理系统不尽完善是导致数据泄露的重要原因:一是培训不到位,没有签署数据保密承诺书等管理手段,医疗行业从业者数据保护意识薄弱;二是内部人员受利益驱使泄露、售卖医疗数据;三是医疗机构对于信息安全管理不重视,信息安全人才不足;四是医疗机构合作第三方不经允许泄露、滥用数据。[①] 而对于用于科研的数据,也应执行严格的主体知情同意制度,确保患者信息被正当利用,并在数据使用过程中遵循最小使用原则。此外,信息主体在医疗机构第一次接受服务之前,应先签署医疗数据在该机构存储和使用的知情同意书。[②]

三、知情同意权

健康医疗大数据具有敏感性、隐私性,数据记录与集成揭露出个人的偏好与隐私,但基于便利性的获益,个人对于自身信息的知情权与信息公开与否的权利意识较为薄弱。在目前我国"智慧医院"建设的大背景下,数据主体在医疗行业的每一个行为都会成为医疗大数据的一部分并被医疗服务机构保存,但这往往没有经过数据主体的许可,习惯性就医行为使人们忽视了隐

[①] 参见李静、张世红、王岳:《区域健康医疗大数据中心数据安全管理机制研究》,载《中国数字医学》2020年第12期。

[②] 参见孙政春、刘小平、田宗梅:《健康医疗大数据信息安全保护刍议》,载《中国卫生事业管理》2021年第7期。

私权的问题。数据主体经常无法掌握哪些机构拥有自己的数据以及拥有哪些数据,提交和储存的数据是否可以更正或删除,数据是否会被转移给第三方,转交给第三方又有何种用途等。而要实现用户的知情同意,让用户能行使所有权,需要花费大量的时间和金钱成本。[①]

由于数据共享和数据的二次使用,数据主体难以把控数据的去向,可能在"不知情"的情况下数据就被收集并且共享给第三方使用。医疗机构、互联网诊疗平台、应用程序往往在"须知"中以泛知情同意的条款使患者"同意",然而这不应构成法律上的实质性同意。如果发生隐私泄露,责任主体的追溯也存在困难。虽然通过技术手段对数据匿名化是保护数据所有者隐私的方式之一,但很多学者认为,伴随技术的进步,隐私不可能通过匿名化得到一劳永逸的保护,存在重新被识别的风险;而数据匿名化也会导致数据本身的研究价值降低,这些都涉及如何权衡数据所有者权益和数据价值的问题。[②] 欧盟《通用数据保护条例》中规定了个人对数据全价值链的动态知情权、数据算法加工后的及时更正权、个人强化对数据控制的携带权以及防止数据永久储存的遗忘权等权利。

对于健康数据也存在着强制性报告和强制性程序,即在特定情况下,必须向第三方披露有关个人的敏感健康信息。出于社会认可的目的共享健康信息可能是自愿的,也可能通过强制报告或法院命令强制要求。社会对信息的需求证明了强制性报告要求是合理的,如包括提交出生和死亡、传染病、癌症、环境和职业病、毒瘾、枪伤、虐待儿童和其他与暴力有关的伤害的报告。一些法规要求在某些情况下将记录保留 10 到 25 年,使得过去的诊断在不再准确描述患者后很长时间内仍可检索。强制性报告还涉及期望第三方就特定主体生命受到的威胁向其发出警告。例如,在加州的一个案件中,心理医生在治疗一位病人时被告知该病人对于其女友存在杀害幻想,心理医生基于医患保密义务而没有向病人女友透露这一信息。不久后,该病人将其女友杀害,法院认为心理医生在这种情形下应具有警告义务。此外,在法院强制性命令下,医生也有可能被要求提供患者信息。

---

① 参见陈敏、刘宁:《医疗健康大数据发展现状研究》,载《中国医院管理》2017 年第 2 期。
② 参见李晓洁、丛亚丽:《健康医疗大数据公平问题研究》,载《自然辩证法通讯》2021 年第 8 期。

第四节　健康数据安全的法治保障

个人健康数据的使用和共享给医疗隐私保护带来了风险,成为制约健康医疗大数据发展的主要障碍。人们的诊疗信息和其他相关数据在不同的医疗、卫生、保险、科研机构以及医药企业等实现分享,增加了医疗隐私泄露的风险。而数据挖掘对医疗隐私的保护会造成更大的威胁,大数据价值更多地源于对它的二次利用,而数据的挖掘可能导致看似不相关的数据在重组中识别个人身份,发现个人敏感信息,导致数据安全风险。若个人产生数据泄露焦虑,影响到提供数据的真实性,那么健康数据就失去了其实际价值。在一些对健康数据予以特别立法保护的国家,大多将数据信息界定为个人敏感信息,给予其比一般个人信息更高的保护级别。

一、域外立法概况

1. 欧盟:《通用数据保护条例》(General Data Protection Regulation, GDPR)

《通用数据保护条例》自 2018 年起生效,自视为全球最杰出的法规,欧盟国家陆续通过颁布国内法的形式实施该条例。GDPR 将隐私视为一项基本人权,禁止在没有法律依据的情况下收集和处理个人数据。根据 GDPR 的管辖规定,其适用于世界任何地方的医疗保健提供者,只要他们正在治疗并收集有关欧盟居民的数据和信息;且世界上任何地方的任何组织包括医疗保健机构,都有义务在发生损害欧盟公民个人数据的违规行为时通知当局。[①]

2. 德国:《患者数据保护法》(Patient Data Protection Act)

德国于 2020 年实施的《患者数据保护法》围绕存储在通用电子病历(EPR)中的信息安全、访问和控制展开,旨在保护患者数据,为患者提供更利于护理、更完善的数字化系统。该法规定,患者是他们自己信息的主要数据保管人,且所有参与患者护理的主体都需要保护数据。患者 EPR 中存储、删除和控制的数据包括图像(如 X 射线)、疫苗接种和产科记录,甚至包括儿童的"牙齿奖励手册"。医生转诊将通过电子方式传输,处方可被下载到应用程序,以便在患者选择的药房完成。如果患者更换医疗保险公司,数据可随之

---

① See Patient Privacy & Data Protection: Different Laws Around the World, https://www.brainlab.com/journal/patient-privacy-data-protection-different-laws-around-the-world/, Accessed October 31, 2021.

转移。通过智能手机应用程序还可进行数据过滤和共享,这在 2022 年会变得更精细化。到 2023 年,患者将有机会将他们的伪匿名(pseudo-anonymized)和加密(encrypted)数据存储起来,用于医学研究。①

3. 美国:《医疗保险流通与责任法案》(Health Insurance Portability and Accountability Act,HIPAA)

美国 1996 年通过了《医疗保险流通与责任法案》,规定了使用、披露和维护个人身份健康信息的要求。HIPAA 是一项联邦法律,要求制定国家标准以保护敏感的患者健康信息,以免在未经患者同意或不知情的情况下泄露。美国卫生与公众服务部发布了 HIPAA 隐私规则以实施 HIPAA 的要求。隐私规则标准涉及受隐私规则约束的实体对个人健康信息(称为"受保护的健康信息")的使用和披露。这些个人和组织被称为"涵盖实体"。隐私规则的一个主要目标是确保个人的健康信息得到适当保护,同时允许提供和促进高质量医疗保健以及保护公众健康和福祉所需的健康信息流动。隐私规则实现了一种平衡,既允许重要的信息使用,又保护患者隐私。为了遵守 HIPAA 规则,所有涵盖的实体必须执行以下操作:(1)确保所有受电子保护的健康信息的机密性、完整性和可用性;(2)检测和防范对信息安全的预期威胁;(3)防止不允许的使用或披露;(4)证明其员工的合规性。在考虑对这些许可使用和披露的请求时,涵盖实体应依赖职业道德和最佳判断,违反 HIPAA 可能会导致民事罚款或刑事处罚。

《加利福尼亚州消费者隐私法案》(California Consumer Privacy Act,CCPA)被认为是美国目前生效的最全面的数据隐私法案,它赋予加州居民对企业收集的个人信息更多的控制权。当谈到加利福尼亚的健康数据和隐私时,应将 CCPA 与 HIPAA 和《加利福尼亚州医疗信息保密法》(California Confidentiality of Medical Information Act,CMIA)相结合。CMIA 和现在的 CCPA 实施了比 HIPAA 更广泛、更严格的法规和更大程度的隐私保护。包括内华达州、纽约州、得克萨斯州和华盛顿州在内的更多州,在 2020 年后颁布了类似于 CCPA 的法律。

---

① See Patient Privacy & Data Protection: Different Laws Around the World,https://www.brainlab.com/journal/patient-privacy-data-protection-different-laws-around-the-world/,Accessed October 31,2021.

4. 印度:《个人数据保护法草案》(The Personal Data Protection Bill, DPD 草案)

印度议会在 2019 年审议了《个人数据保护法草案》,该草案在很大程度上仿照欧盟《通用数据保护条例》。PDP 草案规定了三种数据:(1) 个人数据(其范围足以涵盖包括任何与自然人有关并可识别其身份的所有资料);(2) 敏感个人数据(SPD),如财务数据、健康数据、性取向、生物特征数据;(3) 关键个人数据(目前尚未在 PDP 草案中定义)。PDP 草案亦为数据主体(定义为个人数据指向的自然人)赋权,授予他们确认和获取、更正和移除数据的权利,数据可携权和被遗忘权。其中,第 3(21)条对"健康数据"作了定义:"与数据主体的身体或心理健康状况相关的数据,包括有关过去、现在或未来状态的记录。健康数据包括数据主体的健康状况、在注册或提供健康服务过程中收集的数据、将数据主体与提供特定健康服务相关联的数据。

印度政府于 2020 年 8 月发布了《健康数据管理政策(草案)》(Health Data Management Policy),旨在保护公民的健康数据。根据该政策,敏感的个人数据不仅包括身体、生理和心理健康数据,且包括与数据主体的各种健康状况和治疗相关的信息,例如电子健康记录(EHR)、电子病历和个人健康记录。目前,根据 2011 年《信息技术(合理安全实践和程序以及敏感个人数据或信息)规则》(Information Technology [Reasonable Security Practices and Procedures and Sensitive Personal Data or Information] Rules),包括健康信息在内的患者个人信息被视为敏感个人数据或信息(SPDI),并获得比个人信息更高的保护,此类 SPDI 的处理须在合规情况下进行。

与 SPDI 打交道时可能会出现数据隐私问题,服务提供商需要确保按照 SPDI 规则遵守法人团体的要求。当法人团体收集、存储、转移或处理 SPDI 时,必须满足规则中关于 SPDI 收集、存储和转移的某些要求。例如,必须通过信函、传真或电子邮件获得同意才能收集 SPDI;必须告知患者正在收集 SPDI 的事实、它的用途、数据的接收者、是否将其转移给任何第三方,以及收集数据的机构的联系方式信息;服务提供商需要制定隐私政策;等等。在转让 SPDI 的情况下,转让 SPDI 的法人团体必须确保 SPDI 的接收方除了获得转让信息提供者的同意外,还具有数据保护的安全措施。SPDI 规则还要求实施合理的安全措施和程序以确保 SPDI 安全,并任命申诉官,其联系方式将在网站上公布。除此之外,允许用户删除或修改他们的 SPDI。一些有效管理健康数据的方法为采用加密方法来存储数据、加强密码、确保数据仅与组织内的相关人员共享、及时审查防火墙设置、保护所有可以访问个人信息的设备,并在与第三方供应商共享信息时进行尽职调查。

二、我国立法现状与健康信息保护

1. 立法现状

目前,在分布式的系统部署、开放的网络环境、复杂的数据应用和众多的用户访问背景下,不仅健康医疗大数据在保密性、完整性、可用性等方面面临巨大挑战,还存在着患者个人信息泄露的风险加剧、传统安全措施难以适配大数据的发展需求、应用访问控制愈加困难、健康医疗大数据所有者权益难保障等问题。[①] 国家对健康医疗大数据安全保护的相关法律政策是信息安全发展的基础。在国家层面,2015年国务院印发《促进大数据发展行动纲要》,提出发展健康医疗大数据,并在2016年将健康医疗大数据应用发展纳入国家大数据战略布局;2016年,国家互联网信息办公室发布《国家网络空间安全战略》,提出健全网络安全法律法规体系;2017年,工信部印发《信息通信网络与信息安全规划(2016—2020年)》,以强化网络数据保护;2018年,国家卫生健康委员会印发《国家健康医疗大数据标准、安全和服务管理办法(试行)的通知》,明确数据标准和安全。地方政府也积极贯彻落实国家发展战略,出台了相关指导性文件。截至2021年12月,全国共有15个省市出台了与健康医疗大数据相关的政策性文件。

健康医疗数据与个人紧密相关,私密性高,多数国家把健康医疗数据归为个人敏感信息,纳入个人信息范畴进行保护。目前,我国立法中涉及健康医疗大数据的安全保障没有专门法律,而是通过个人信息保护的一般法律即《个人信息保护法》来实现。国家卫生行政管理部门在修改病历书写和管理相关的规范性文件时,应当遵循《个人信息保护法》《民法典》以及网络安全等规定。同时,医疗机构也应当加强对医务人员保护和尊重患者个人信息的教育,在诊疗工作中注意对患者个人信息的保护。

[①] 参见邵瀚臣:《浅析医疗大数据及其面临的机遇与挑战》,载《科技资讯》2017年第25期。

2. 健康信息权利与保护

《个人信息保护法》第4条规定,个人信息是以电子或者其他方式记录的与已识别或者可识别的自然人有关的各种信息,不包括匿名化处理后的信息。个人信息的处理包括个人信息的收集、存储、使用、加工、传输、提供、公开、删除等。在常规诊疗活动中,最典型的健康医疗信息处理就是病历的记录与保管。病历是医务人员在诊疗过程中通过对患者的患病信息采集、记录、存储、加工、使用等形成的与患者身体、生活等密切关联信息集合的文件,因而病历书写与管理属于医疗机构对患者的个人信息进行处理,除了要遵守医疗卫生管理法律法规、病历书写和管理规定外,还应当遵守《个人信息保护法》《民法典》等法律的规定。具体而言,公民对个人信息享有如下权利:

(1) 个人信息知情权、决定权。《个人信息保护法》第44条规定,个人对其个人信息的处理享有知情权、决定权,有权限制或者拒绝他人对其个人信息进行处理。在健康医疗数据应用场景中,医务人员在对患者信息进行处理时需要主动告知患者,并尊重患者的处理决定。

(2) 个人信息查阅权、复制权。《个人信息保护法》第45条规定,个人有权向个人信息处理者查阅、复制其个人信息,个人信息处理者应当及时提供。这与当前我国相关法律法规对患者病历查阅、复制的要求一致。

(3) 个人信息补充权、纠正权。《个人信息保护法》第46条规定,个人发现其个人信息不准确或者不完整的,有权请求个人信息处理者更正、补充。个人请求更正、补充其个人信息的,个人信息处理者应当对其个人信息予以核实,并及时更正、补充。

(4) 个人信息删除权。在特殊情况下,个人可以要求个人信息处理者删除其个人信息。《个人信息保护法》第47条规定,有如下情形的,可以要求删除个人信息:① 处理目的已实现、无法实现或者为实现处理目的不再必要;② 个人信息处理者停止提供产品或者服务,或者保存期限已届满;③ 个人撤回同意等。由于病历是一种特殊的健康医疗档案文件,且涉及患者长期连续的健康诊疗,因此医院一旦采集制作就不得随意删除。

同时,健康医疗信息属于敏感个人信息。《个人信息保护法》第28条规定,敏感个人信息是指一旦泄露或者非法使用容易导致自然人的人格尊严受到侵害或者人身、财产安全受到危害的个人信息,包括生物识别、宗教信仰、特定身份、医疗健康、金融账户、行踪轨迹等信息,以及不满十四周岁未成年人的个人信息。对于敏感个人信息的处理,有着严格的限制,只有在具有特定的目的和充分的必要性,并采取严格保护措施的情形下,个人信息处理者方可处理敏感个人信息。《个人信息保护法》第 29 条规定,处理敏感个人信息应当取得个人的单独同意;法律、行政法规规定处理敏感个人信息应当取得书面同意的,从其规定。同时,该法第 31 条对未成年患者的个人信息处理作出规定,要求取得未成年人的父母或者其他监护人的同意;处理不满 14 周岁未成年人个人信息,个人信息处理者应当制定专门的个人信息处理规则。鉴于上述规定,有学者建议,医院在患者就诊须知、挂号凭证、入院知情同意书等与患者就医接诊有关的文件上,应当有相关的提示信息,必要时应当由患者或其监护人签字,尤其对于不满 14 周岁的未成年患者更要谨慎。

此外,根据《个人信息保护法》的规定,个人信息处理机构应当加强对本机构涉及个人信息处理工作的管理工作。一方面,根据该法第 54、55 条的规定,医疗机构应当定期对医院诊疗工作中涉及患者个人信息、病历档案的环节、部门进行审计和个人信息保护影响评估。另一方面,根据该法第 51 条的规定,医疗机构还应当根据患者个人信息的处理目的、处理方式、个人信息的种类以及对个人权益的影响、可能存在的安全风险等,采取下列措施确保个人信息处理活动符合法律、行政法规的规定,并防止未经授权的访问以及个人信息泄露、篡改、丢失:(1) 制定内部管理制度和操作规程;(2) 对个人信息实行分类管理;(3) 采取相应的加密、去标识化等安全技术措施;(4) 合理确定个人信息处理的操作权限,并定期对从业人员进行安全教育和培训;(5) 制定并组织实施个人信息安全事件应急预案;(6) 法律、行政法规规定的其他措施。此外,《网络安全法》第 41、44 条明确规定,个人信息不得被以窃取或其他非法方式获取或出售,运营商在收集个人信息时,应当征得其同意。该规定对于涉及医疗健康数据的网络平台、APP 的运营商同样适用。

健康医疗大数据的时代已经到来,相应的法律也要尽快出台,法律的严肃性和权威性能保证大数据在各个领域中的作用发挥,同时保障信息主体的相关权益。有学者提出:"健康医疗数据的来源主体之广、种类之多、数量之大,健康医疗大数据的管理与应用已然上升到社会安全、生物安全、信息安全等国家安全的层面。因此,中国亟需一部针对性的、系统性的健康医疗大数据法律。"[1]为确保健康医疗大数据采集、共享、利用等有法可依、有章可循,应明确健康医疗数据的法律定位,建立第三方医疗数据处理机构认证机制,构建健康医疗数据综合治理体系。同时,可设立独立的健康医疗大数据信息安全监管机构,对健康医疗数据收集、整理、使用的全过程进行监督。政府部门应建立健康医疗大数据信息安全监督管理标准,方便监督管理部门执行,并鼓励医疗机构及企业对健康医疗大数据信息安全标准进行认证。[2]

---

[1] 申卫星:《论数据用益权》,载《中国社会科学》2020年第11期。
[2] 参见孙政春、刘小平、田宗梅:《健康医疗大数据信息安全保护刍议》,载《中国卫生事业管理》2021年第7期。

第十三章 国际公共卫生安全法治

第一节 国际公共卫生安全法治概述

一、国际公共卫生安全法治的时代背景和意义

（一）国际公共卫生安全法治的时代背景

1. 国际公共卫生安全法治离不开全球治理

在当下的国际政治话语体系中，全球治理是一个高频词语。就目标和手段而言，全球治理是一个与法治密切相关的概念。从产生的背景来看，全球化过程催生全球治理。面对跨国性或者全球性问题，一国或者几个国家的力量往往难以有效控制或者解决，需要世界各国包括国际组织、非政府组织、跨国公司乃至个人等的共同参与、合作，从而应对这些属于全人类的事务。这种多主体的跨国界行动需要在全球范围内建立一套合理的组织体系、法律规范和运行机制，从而形成解决全球问题的制度逻辑和行动合力，这就是全球治理。[1]

全球治理是解决全球问题的重要手段，它超越了以往的国家治理及国际治理模式，是一套全新且更有效的管理和解决全球问题的国际法规范与体制机制。全球化进程催生了全球治理，而全球治理必然推进国际法治变革。全球化需要全球治理，全球治理的最佳路径是法治化。从这个意义上讲，全球治理也就是国际法治理，或者国际法之治。全球治理重在国际规则的制定和国际制度的确立，构建能够为国际社会共同遵守、对全球公民具有约束力的国际法是进行全球治理的关键和前提。[2] 当前，新型冠状病毒疫情呈现全球蔓延风险，这一突发性公共卫生危机事件造成严重影响，迫切需要全球治理和国际法治。

---

[1] 参见俞可平主编：《全球化：全球治理》，社会科学文献出版社2003年版，第14—20页。
[2] 参见刘晓红：《国际公共卫生安全全球治理的国际法之维》，载《法学》2020年第4期。

2. 国际公共卫生安全是全球治理的重大议题

全球化背景下健康与安全议题的融合是国际公共卫生安全成为全球治理重大议题的原因。冷战结束后,国际局势总体平稳,传统意义上的安全(国家主权和领土完整不受侵犯)改善,世界和平得以维持。这个大背景下出现了两个密切关联、相互强化的趋势:一是在国际社会共同追求发展与繁荣的过程中,人的生命和生存质量受到空前关注。在联合国千年发展目标和2030年可持续发展议程中,人类的健康与福祉都占据中心地位。毕竟,一切发展的结果、目标和基础都是人的发展与生命的持续健康。二是"人的安全"(human security)成为普遍性议题。在 20 世纪 90 年代前半期逐渐成形、包容众多需求的全球治理框架中,关于人与地球安全的提法丰富了旧有的安全概念。同时,接连不断的局部战争与武装冲突、民族宗教纷争、人道主义危机、极端势力与恐怖主义行径、跨境有组织犯罪、网络攻击和传染病疫情等跨地域挑战,使各国民众对自身安全忧心忡忡。于是,"人的安全"在全球治理中的地位自然凸显。①

(二)国际公共卫生安全法治的意义

1. 国际公共卫生安全法治发展了国际法

包括新型冠状病毒疫情在内的重大传染病防治涉及贸易、人权、环境、劳工与武器控制等多个领域。治理公共卫生安全的问题直接发展了国际法。世界贸易组织法律顾问阿吉拉姆就指出:"公共卫生不再是医生和传染病学家的特权。国际卫生法包含了人权、食品安全、国际贸易法、环境法、战争与武器、人类生殖器官移植,以及广泛的生物经济和卫生的社会文化因素,这些现在构成了全球传染病控制体系的核心组成部分,并决定了全球公共卫生全球治理体系需要多领域规范。"②

2. 国际公共卫生安全法治发展了正义

国际公共卫生安全法治离不开国际法和国家参与。③除了对主权国家的协调外,国际法治在公共卫生安全的治理上回应并发展了正义。比如,针对疫苗,现行知识产权保护制度和流程在国际公共卫生安全中具有一定的负面

---

① 参见徐彤武:《当代全球卫生安全与中国的对策》,载《国际政治研究》2017 年第 3 期。
② 转引自刘晓红:《国际公共卫生安全全球治理的国际法之维》,载《法学》2020 年第 4 期。
③ 参见刘丹:《加强国际法运用有何重大意义》,https://m.gmw.cn/baijia/2020-12/15/34465441.html,2021 年 10 月 22 日访问。

作用:专利保护导致的高昂价格阻碍了穷国与穷人获得可改善艾滋病病原携带者生活的机会,医药产品的专利限制阻碍了发展中国家以及最不发达国家解决公共健康问题。从我国参与国际知识产权保护的实践来看,强调知识产权保护与维护公共利益平衡是我国政府一贯之主张。快速应对公共健康危机需要国际社会共同完善国际知识产权保护与公共利益平衡机制,共同分享发展机遇和应对各种挑战,最终实现正义。①

此外,国际公共卫生安全问题与环境保护之间存在天然联系,因而国际法也将继续发挥在国际环境保护上的作用,这也是在其他领域实现了正义。疫苗是针对个人的一种预防手段,自然环境的保护则是通过改善整个人类生存环境来预防传染病,虽然不及疫苗那样立竿见影,却可能是解决问题的根本出路。随着环境法在传染病预防中的作用逐步被各国所认识并加以利用,国际法应该更加关注各国国内或者当地的环境污染问题。各国必须实施更严格的环境保护措施,确立对公共卫生特别有意义的环境资源保护的国际规则与标准。预先性环境保护起到了防患于未然的作用,消除了有利于疾病暴发的条件,国际公共卫生成本也更低。②

二、国际公共卫生安全法治的内涵和定义

(一)国际公共卫生安全的内涵和视角

1. 国际公共卫生安全具有三个层面的内涵

国际公共卫生安全具有三个层面的内涵:第一层次是个体生命与健康,这是微观层次;第二个层次是主权国家的公共卫生安全,这是目前公共卫生安全最重要的保护手段;第三个层次是全球范围的公共卫生安全,这个层次以世界卫生组织和《国际卫生条例》为重点。国际公共卫生安全以保障基本人权为宗旨、捍卫全人类健康为目标,国家卫生安全是基本出发点/立脚点。

2. 国际公共卫生安全的两个视角

虽然国际公共卫生安全具有多个层面的内涵,但是国内学术界对国际公共卫生安全的定义尚不统一。有国内学者归纳了国际社会对国际公共卫生

---

① 参见刘晓红:《国际公共卫生安全全球治理的国际法之维》,载《法学》2020 年第 4 期。
② 同上。

安全的认识——存在两个互相联系的视角:"保障视角"和"防备视角"。① "保障视角"把国际公共卫生安全理解为全球公共卫生普遍受控的状态,即保护公众健康不受威胁或者损害。但是,这并不意味着解决所有公共卫生问题,只是指涉及紧迫威胁人类健康或者具有灾难性损害力的议题,比如大规模传染病疫情。如此便不难理解,为什么世界一半人口患近视症的前景②,以及烟草消费每年害死700多万人等重大公共卫生问题,通常不被当作对国际公共卫生安全的威胁。③ 防备视角把国际公共卫生安全理解为针对严重公共卫生安全威胁所必须采取的防范、准备和应急行动,代表作包括世界卫生组织的《世界卫生报告2007》(The World Health Report 2007)。报告认为,各国应当做好一切准备,最大限度地降低公众全体健康(collective health of populations)在面临严重(acute)卫生安全威胁时所表现出来的脆弱性,而这里所说的公众群体可以是任何跨越地理区域界限或者国境的人群。④

以上两个视角的共性是防止与应对能够对人类健康产生普遍和严重危害的公共卫生安全威胁。相应地,可以把国际公共卫生安全视为一项国际社会所有行动方要共同努力实现的安全愿景,它凝聚着捍卫公众群体健康的共识,指引着所有针对现实和潜在的严重公共卫生安全威胁的战略与措施。⑤

(二)国际公共卫生安全法治与人类健康命运共同体

1. 国际公共卫生安全法治的内涵

国际法治意味着在全球范围内以人本主义和可持续发展的价值理念为起点和目标,以人权和民主作为基石,法律为标准和尺度,构建起国际关系与全球事务的治理模式。国际法治的理想是国际良法和全球善治。⑥ 国际公共卫生安全法治宏观上既要符合国际法治追求的国际良法和全球善治,更要在

---

① 参见徐彤武:《当代全球卫生安全与中国的对策》,载《国际政治研究》2017年第3期。
② 2010年,19.5亿人患有近视,约占当时世界人口的28.3%。照此趋势,预计2050年近视人数将达到47.58亿,约占当时世界人口的49.8%。See Brien A. Holden, et al., Global Prevalence of Myopia and High Myopia and Temporal Trends from 2000 through 2050, *Ophthalmology*, 2016, 123(5).
③ See World Health Organization, Tobacco and Its Environmental Impact: An Overview, https://apps.who.int/iris/bitstream/handle/10665/255574/9789241512497-eng.pdf, Accessed October 31, 2021.
④ Ibid.
⑤ 参见徐彤武:《当代全球卫生安全与中国的对策》,载《国际政治研究》2017年第3期。
⑥ 参见何志鹏:《全球制度的完善与国际法治的可能》,载《吉林大学社会科学学报》2010年第5期;《国际法治:一个概念的界定》,载《政法论坛》2009年第4期;《国际法治:良法善治还是强权政治》,载《当代法学》2008年第2期。

微观上实现人类个体的健康和正义。

2. 人类健康命运共同体是国际公共卫生安全法治的中国智慧

基于对世界形势的科学研判和人类走向的精准把握,习近平总书记于2020年3月21日向法国总统马克龙致慰问电时,首次提出"打造人类卫生健康共同体"的全新概念和全新倡议,此后他又在多种场合重申这一全新概念和全新倡议。面对来势汹汹的世纪疫情,推动构建人类卫生健康共同体,既是中国结合自身抗疫成功经验提出的国际公共卫生安全法治综合方案,背后更蕴含中华文明数千年的智慧积淀。①

一方面,构建人类卫生健康共同体对国际公共卫生安全法治提出新要求。首先,构建人类卫生健康共同体要求加大对国际公共卫生安全治理的制度供给和规范供给。其次,构建人类卫生健康共同体的倡议带有明确的问题性和针对性。人类卫生健康共同体是在新型冠状病毒疫情大流行的背景下而提出的重大倡议,但其着眼点不仅局限于重大的、跨国的传染性疾病,还包括贫困、贸易、环境、生物安全与公共健康问题。② 当前,除了传染病、烟草、生物安全等有限领域以外,国际公共卫生安全治理领域的许多问题缺乏统一的国际法律规范,如基因编辑、生殖、克隆、器官移植等。③

另一方面,构建人类卫生健康共同体要求国际法规范和机制之间的高度协调。其一,构建人类卫生健康共同体不仅依赖于世界卫生组织和《国际卫生条例》的调整,而且需要贸易、人权、环境等领域的规范、机构的配合与协调。其二,构建人类卫生健康共同体需要国际机制之间的配合与协调。新型冠状病毒疫情发生以来,国际社会认识到,即便在世界卫生组织机制框架内,也存在如何妥善处理世界卫生组织与成员国之间的行动冲突问题,更遑论世界卫生组织与其他国际组织的协调问题。不仅如此,构建人类卫生健康共同体还需要为非政府组织以及私主体(自然人、法人等)参与提供稳定的法律制度安排。从国际公共卫生安全合作的历史来看,基金会、跨国公司等国际非政府组织凭借其自身优势,广泛参与全球公共卫生治理,在传染病与慢性病防治、促进儿童与妇女的健康保护、改善公共卫生条件等方面发挥了非常重

---

① 参见方世南、张云婷:《以人类共同价值构建人类卫生健康共同体》,http://www.jsthink-tank.com/zhikuyanjiu/202110/t20211022_7280084.shtml,2021年10月22日访问。
② 参见毛俊响:《构建人类卫生健康共同体需要坚持国际法治》,https://theory.gmw.cn/2020-12/30/content_34505016.htm,2021年10月22日访问。
③ 参见李晓郛:《国内基因编辑的立法研究(英文)》,载《中国法学(英文版)》2021年第1期。

要的作用,成为全球公共卫生治理的重要力量。相应地,国际法也需要为非政府组织以及私主体参与国际公共卫生安全治理提供稳定的法律制度安排。①

第二节 世界卫生组织

世界卫生组织(World Health Organization,WHO)作为联合国的专门机构,是全球最大的政府间公共卫生组织,在国际公共卫生安全法治中具有重要地位和突出作用。

《世界卫生组织组织法》(Constitution of the World Health Organization)赋予世界卫生组织以疾病防治和消除的功能,它的相关条款,连同世界卫生大会的一系列决议、世界卫生大会制定与通过的法律性文件[包括《国际卫生条例(2005)》(International Health Regulation)],构成了世界卫生组织承担国际公共卫生安全职责的法律基础。

一、世界卫生组织简介

(一)世界卫生组织的历史和发展

1. 世界卫生组织的诞生

世界卫生组织的前身可以追溯到1907年成立于巴黎的国际公共卫生局和1920年成立于日内瓦(Genève)的国际联盟卫生组织。1907年,国际公共卫生局(Office international d'Hygiène publique)成立于法国的巴黎,具有秘书处和由成员国政府的高级公共卫生官员组成的委员会。世界卫生组织的美洲地区办事处,也是今天的泛美卫生组织(Pan American Health Organization),前身是1902年在美国华盛顿成立的国际卫生局,后来更名为泛美卫生局。②

国际卫生大会(International Health Conference)于1946年6月19日至

---

① 参见毛俊响:《构建人类卫生健康共同体需要坚持国际法治》,https://theory.gmw.cn/2020-12/30/content_34505016.htm,2021年10月22日访问。
② 参见世界卫生组织:《世卫组织的历史》,https://www.who.int/zh/about/history,2021年11月6日访问。

7月22日在美国的纽约召开,这是世界卫生组织成立前的最后一次正式国际会议。大会通过了世界卫生组织的章程,建立了由18个国家组成的临时委员会。经过国际社会共同努力,1948年4月7日,《世界卫生组织组织法》得到26个联合国会员国批准而正式生效。同年6月24日,第一届世界卫生大会在瑞士的日内瓦召开,世界卫生组织正式宣告成立,4月7日也被定为世界卫生日。①

第一届世界卫生大会选定了世界卫生组织的会徽,该会徽由一条蛇盘绕的权杖所覆盖的联合国标志组成。长期以来,由蛇盘绕的权杖系医学及医学界的标志,起源于希腊医学创始人之一埃斯科拉庇俄斯(Aesculapius)的故事。②

2. 世界卫生组织和中国

世界卫生组织的创设离不开中国的努力。1945年4月26日,与会各国一致通过了《联合国宪章》(Charter of the United Nations)初稿。然而,此稿只字未提"卫生工作"的内容。在有关建立新的国际组织的文件中也未提到要建立一个国际卫生机构,这意味着一旦这份草案被通过,那么以后想要在联合国系统内成立一个国际卫生组织就缺少必要的法律依据。参加大会的中国代表施思明、巴西代表苏扎、挪威代表卡尔埃旺三人同时发现了这一重要遗漏,一致认为应该把建立一个世界范围的国际卫生组织放在大会的议事日程中,由于施思明和苏扎当时都在联合国总部任职,因此两人最初的构想是将新成立的卫生组织挂在联合国总部。③

1945年5月28日,联合国第二委员会的第三次会议一致表决通过采纳这一决议:"巴西和中国代表团建议在今后的几个月内召开大会,以讨论建立一个世界性卫生组织。他们将与其他代表团的代表一起进一步商谈,目的是尽早召开会议,每个政府都被邀请派出他们的代表。他们建议,世界卫生组织应与联合国的经济与社会理事会建立联系。"美国和法国率先表示支持,经过多方磋商,建议成立世界卫生组织的预备会议在法国的巴黎举行,正式会

---

① 参见世界卫生组织:《世卫组织的历史》,https://www.who.int/zh/about/history,2021年11月6日访问。
② 同上。
③ 参见苏州市吴江区地方志办公室:《原来是中国人!发起并参与创建了联合国世界卫生组织》,https://www.thepaper.cn/newsDetail_forward_5912648,2021年11月6日访问。

议在美国召开。[1]

1945年年底,施思明辞去了联合国善后救济总署的工作,就是为了专心准备建立一个世界卫生组织。1946年1月,中国代表团向联合国经济与社会理事会提交了一份决议案,主要内容是:(1)呼吁联合国会员国举行一次国际会议,以建立一个国际卫生组织;(2)成立一个由专家组成的技术筹备委员会,为会议准备提议和基本文件。[2]

1946年2月15日,联合国经济与社会理事会采纳了中国和巴西代表团在旧金山会议上共同提出的宣言,一致同意召开国际健康卫生会议,并认识到公共卫生安全领域采取世界行动的紧迫性和必须性。1948年,世界卫生组织正式成立。[3]

中国是世界卫生组织的创始成员国之一。1972年,第二十五届世界卫生大会恢复中华人民共和国合法席位。中国出席了此后历届大会和西太平洋地区委员会会议,多次当选执行委员会委员。2006年11月至2017年6月,来自中国的陈冯富珍博士担任世界卫生组织总干事。同时,中国政府和世界卫生组织于2017年签订《关于"一带一路"卫生领域合作的谅解备忘录》。

3. 世界卫生组织的重要历史时刻

世界卫生组织从诞生至今,经历了许多特殊时刻,具体如表2所示。[4]

表2 世界卫生组织的重要历史时刻

年代	事件
1948年	(1)《世界卫生组织组织法》生效;(2)世界卫生组织接管国际疾病分类责任
1950年	抗生素(antibiotics)时代开启,世界卫生组织开始建议各国负责任地使用抗生素
1951年	世界卫生组织欧洲区域办事处成立,以战乱国家卫生恢复临时特别行政办公室(Temporary Special Administrative Office for Health Rehabilitation of War-Devastated Countries)的工作为基础

---

[1] 参见苏州市吴江区地方志办公室:《原来是中国人!发起并参与创建了联合国世界卫生组织》,https://www.thepaper.cn/newsDetail_forward_5912648,2021年11月6日访问。
[2] 同上。
[3] 同上。
[4] 参见世界卫生组织:《世界卫生组织的历史》,https://www.who.int/zh/about/history,2021年11月6日访问。

(续表)

年代	事件
1952年至1957年	(1) 发现脊髓灰质炎(poliomyelitis)疫苗;(2) 世界卫生组织推动全球运动,这些运动已经近乎根除脊髓灰质炎
1963年	麻疹(measles)疫苗问世
1969年	世界卫生大会制定了第一部《国际卫生条例》,旨在共同监测和控制6种严重传染病:霍乱(cholera)、鼠疫(plague)、黄热病(yellow fever)、天花(smallpox)、回归热(relapsing fever)和斑疹伤寒(typhus)
1972年	世界卫生组织在全球设立人类生殖研究、发展和研究培训特别方案(The Special Programme of Research, Development and Research Training in Human Reproduction),任务是对性健康和生殖健康及权利进行研究
1974年	世界卫生组织扩大免疫规划,为全球儿童提供挽救生命的疫苗
1975年	(1) 世界卫生组织创立并开始主持热带病研究和培训特别规划(The Special Programme for Research and Training in Tropical Diseases);(2) 2016年,应对的8种疾病中有5种已接近消除
1977年	世界卫生组织发布首个基本药物目录,概述了基本卫生系统所需的药物;每种药物都是根据其安全性、有效性和效益价值进行选择
1978年	在哈萨克斯坦阿拉木图举行的初级卫生保健国际会议确立了"人人享有健康"(Health for All)的历史目标,为世界卫生组织呼吁实现全民健康覆盖奠定了基础
1979年	经过12年全球疫苗接种运动,天花被消灭
1983年至1987年	(1) 导致艾滋病的人类免疫缺陷病毒被发现;(2) 第一种控制艾滋病毒感染并防止其发展为艾滋病的抗逆转录病毒药物(antiretroviral medication)获得许可
1995年	(1) 世界卫生组织启动用于减少结核病(tuberculosis)死亡人数的直接观察治疗(Directly Observed Treatment)战略;(2) 截至2013年年底,该战略通过诊断和治疗挽救了超过3700万人的生命
2000年	世界领导人承诺实现千年发展目标(Millennium Development Goals)
2002年	欧洲区域获得无脊灰认证
2003年	首个全球公共卫生条约《烟草控制框架公约》(World Health Organization Framework Convention on Tobacco Control)获得通过
2005年	世界卫生大会修订《国际卫生条例》以预防和应对公共卫生威胁,将其范围扩大到特定疾病之外
2006年	全球5岁前死亡儿童人数降至1000万以下

(续表)

年代	事件
2008 年	统计指出,全球正在从传染病向非传染性疾病(noncommunicable diseases)转变
2009 年	(1) 新的 H1N1 流感病毒出现;(2) 世界卫生组织与合作伙伴合作开发流感疫苗
2010 年	世界卫生组织发布筹集足够资源和消除财务障碍的选项菜单,以便所有人,尤其是那些资金有限的人,都能获得基本的卫生服务,其目标是迈向全民健康覆盖
2012 年	(1) 成员国首次制定预防和控制心脏病、糖尿病、癌症和其他非传染性疾病的全球目标;(2) 欧洲卫生政策框架获得通过,为政策制定者提供愿景、战略路径、一系列优先事项和建议,以帮助改善健康、解决健康不平等问题并确保子孙后代的健康
2014 年	(1) 西非爆发埃博拉(Ebola)病毒;(2) 世界卫生组织部署数千名技术专家、支持人员和医疗设备阻止埃博拉病毒
2015 年	(1) 欧洲区域宣布无疟疾;(2) 可持续发展目标(The Sustainable Development Goals)获得通过
2016 年	(1) 世界卫生组织宣布西非埃博拉病例为零;(2) 寨卡(Zika)病毒成为新的国际关注的突发公共卫生事件
2018 年	世界卫生组织通过集中行动实现全民健康覆盖,再次致力于实现人人享有健康的目标

(二) 世界卫生组织的宗旨和原则

1. 世界卫生组织的宗旨和目标

世界卫生组织的宗旨是:"使世界各地的人们尽可能获得高水平的健康。"世界卫生组织对健康的定义为:"健康不仅为疾病或羸弱之消除,而系体格、精神与社会之完全健康状态。"这个定义出自 60 多个国家代表于 1946 年 7 月 22 日签署的《世界卫生组织组织法》的序言(《世界卫生组织正式记录》第 2 号文件第 100 页)。① 自 1948 年以来,世界卫生组织对于健康的定义从未进行过修订。世界卫生组织的主要职能包括:促进流行病和地方病的防治;提供和改进公共卫生、疾病医疗和有关事项的教学与训练;推动确定生物制品的国际标准。

世界卫生组织于 1992 年发表了著名的《维多利亚宣言》,提出了健康的四

---

① 参见世界卫生组织:《世界卫生组织执行委员会第一二三届会议》,https://apps.who.int/gb/ebwha/pdf_files/EB132/B132_26-ch.pdf?ua=1,2021 年 11 月 6 日访问。

大基石:即"均衡膳食(health-promoting dietary habits)、戒烟(a tobacco-free lifestyle)、经常运动(regular physical activity)和心理平衡(a supportive psycho-social environment)。"

为响应联合国的千年发展目标,世界卫生组织致力执行以下事项:(1)消灭极端贫穷和饥饿;(2)降低儿童死亡率;(3)改善孕妇健康;(4)与艾滋病毒/艾滋病、疟疾和其他疾病做对抗;(5)确保环境的可持续能力;(6)建立有助于促进发展的全球伙伴关系。①

2015年5月,世界卫生组织发布了达成的情形:(1)在全球,5岁以下儿童死亡人数从1990年的1270万减少到2013年的630万。(2)在发展中国家,5岁以下儿童体重过轻的比率从1990年的28%下降到2013年的17%。(3)在2001年至2013年期间,全球艾滋病毒感染新病例减少了38%。(4)现有结核病例数以及艾滋病毒阴性结核病例死亡人数均在下降。②

2. 世界卫生组织的原则

除了对于健康的定义,《世界卫生组织组织法》的其他原则包括:"(1)享受最高而能获致之健康标准,为人人基本权利之一。不因种族、宗教、政治信仰、经济或社会情境各异,而分轩轾。(2)各民族之健康为获致和平与安全之基本,须赖个人间与国家间之通力合作。(3)任何国家促进及保护健康之成就,全人类实利赖之。(4)各国间对于促进卫生与控制疾病,进展程度参差,实为共同之危祸。而以控制传染病程度不一为害尤甚。(5)儿童之健全发育实属基要。使能于演变不息之整体环境中融洽生活,对儿童之健全发展实为至要。(6)推广医学、心理学及有关知识之利益与各民族,对于健康之得达完满,实为至要。(7)一般人士之卫生常识与积极合作,对人民卫生之改进,极为重要。(8)促进人民卫生为政府之职责;完成此职责,唯有实行适当之卫生与社会措施。"③

---

① 联合国千年发展目标是联合国成员国商定争取到2015年实现的8项目标。联合国千年宣言于2000年9月签署,世界各国领导人承诺抵制贫穷、饥饿、疾病、文盲、环境恶化和歧视妇女,千年发展目标就源自该宣言。根据1990年的水平监测进展情况,每项千年发展目标为2015年规定了具体目标和指标。有多项具体目标与卫生直接相关。

② 参见世界卫生组织:《千年发展目标》,https://www.who.int/zh/news-room/fact-sheets/detail/millennium-development-goals-(mdgs),2021年11月6日访问。

③ 世界卫生组织:《〈世界卫生组织组织法〉:原则》,https://www.who.int/zh/about/governance/constitution,2021年11月6日访问。

二、世界卫生组织的架构和运作

世界卫生组织通过其最高决策机构世界卫生大会以及执行卫生大会决定和政策的执行委员会来进行管理。世界卫生组织的首长为总干事，由世界卫生大会根据执行委员会提名进行任命。①

（一）世界卫生组织的日常运营

1. 世界卫生组织总部和工作人员

世界卫生组织总部位于瑞士联邦的日内瓦，共有6个区域办事处，分别是非洲区域办事处、美洲区域办事处、东南亚区域办事处、欧洲区域办事处、东地中海区域办事处和西太平洋区域办事处。世界卫生组织在全球共有150个国家办事处。②

世界卫生组织的主楼于1966年落成，其总部目前正在进行现代化改造，将于2024年完成。改造旨在通过投资建设一座长期的现代、高标准和节能建筑，提高场地效率并减少运营预算。③

世界卫生组织现有7000多名工作人员，包括公共卫生专家、医生、流行病学家、科学家和管理人员。世界卫生组织协调全球如何应对突发公共卫生事件、促进人类福祉、预防疾病，以及扩大医疗保健的可及性。④

2. 世界卫生大会

世界卫生大会（World Health Assembly）是世界卫生组织的最高决策机构。世界卫生组织所有会员国派代表（团）出席世界卫生大会，并集中于执行委员会准备的特定卫生议程。世界卫生大会的主要职能是决定世界卫生组织的政策、任命总干事、监督财务政策以及审查和批准规划预算方案。世界卫生大会一般于每年5月在日内瓦举行会议；第75届世界卫生大会于2022

---

① 参见世界卫生组织：《世卫组织的管理》，https://www.who.int/zh/about/governance，2021年11月6日访问。
② 参见世界卫生组织：《世界卫生组织区域办事处》，https://www.who.int/zh/about/who-we-are/regional-offices，2021年11月6日访问。
③ 参见世界卫生组织：《世界卫生组织执行委员会第一三六届会议临时议程项目》，https://apps.who.int/gb/ebwha/pdf_files/EB136/B136_39-ch.pdf，2021年11月6日访问。
④ 参见世界卫生组织：《我们是谁》，https://www.who.int/zh/about/who-we-are，2021年11月6日访问。

年 5 月 22 日至 28 日在日内瓦举行。①

3. 世界卫生组织执行委员会

世界卫生组织执行委员会的主要职能是执行世界卫生大会的决定和政策,向其提供建议并促进其工作。世界卫生组织执行委员会(Executive Board)由 34 名在卫生专门技术方面具有资格的委员组成,当选委员任期为 3 年。根据世界卫生组织的君子协定,联合国安理会 5 个常任理事国是必然的执行委员会成员国,但是席位第三年后轮空一年。执行委员会主要会议于每年 1 月举行,商定即将召开的世界卫生大会议程和通过呈交世界卫生大会的决议。每年还有第二次(较短)会议于 5 月紧接着世界卫生大会举行,审议较为行政性的事项。②

(二)世界卫生组织的规划预算

1. 世界卫生组织的规划预算来源

世界卫生组织主要有两个资金来源:成员国缴纳评定会费(国家会费),成员国及其他伙伴自愿捐款。评定会费是各国为成为世界卫生组织成员而缴纳的会费。评定会费按一国国内生产总值的百分比(该百分比由联合国大会商定)计算。评定会费每两年在世界卫生大会上批准一次。

目前,世界卫生组织内的 194 个成员和 2 个准成员,均需于 1 月 1 日缴付评定会费。美国和中国是评定会费最高的两个成员国。评定会费在规划预算中所占的比例有所下降,最近几年来在世界卫生组织资金中所占的比例不到四分之一(其余部分通过自愿捐款筹集)。③

世界卫生组织资金的其余部分以自愿捐款的形式筹集,主要来自成员国以及其他联合国组织、政府间组织、慈善基金会、私营部门和其他来源。世界卫生组织的主要捐助方包括法国、德国、卢森堡、荷兰、英国、比尔和梅琳达·盖茨基金会和欧洲联盟委员会。④

---

① 参见世界卫生组织:《世界卫生大会》,https://www.who.int/zh/about/governance/world-health-assembly,2021 年 11 月 6 日访问。
② 参见世界卫生组织:《执行委员会》,https://www.who.int/zh/about/governance/executive-board,2021 年 11 月 6 日访问。
③ 参见世界卫生组织:《世卫组织的资金来源》,https://www.who.int/zh/about/funding,2021 年 11 月 6 日访问。
④ 参见世界卫生组织:《2022—2023 年规划预算方案》,https://apps.who.int/gb/ebwha/pdf_files/WHA74/A74_5Rev1-ch.pdf,2021 年 11 月 6 日访问。

2. 世界卫生组织2022—2023年规划预算方案

2021年5月27日,第七十四届世界卫生大会上,代表们讨论并批准《2022—2023年规划预算方案》(共计61.217亿美元),包括评定会费(9.569亿美元)和自愿捐款(51.648亿美元)两部分。基本预算部分(包括战略重点和促进性职能)比《2020—2021年规划预算方案》增加了16%。若干代表团支持这一"雄心勃勃的增长",认为这反映出迫切需要强大、资金充足的世界卫生组织,特别是在新冠肺炎疫情危机之后。根据《第十三个工作总规划》和世界卫生组织"三个十亿"目标,预算支持的三个战略重点为:确保享有全民健康覆盖、在突发卫生事件中得到更好保护以及享有更好的健康和福祉的人口分别新增十亿。[①]

(三)世界卫生组织的工作领域

1. 卫生系统

强有力的卫生系统是促成各国良好健康状况的因素,并对卫生规划的妥善运作至关重要。世界卫生组织监测区域和全球卫生状况和趋势,汇集所有关于疾病和卫生系统的信息。可靠和最新的卫生信息和证据对公共卫生的决策、资源分配、监测和评价必不可少。世界卫生组织是全球公共卫生(安全)信息的监护者,并与各国共同致力于提高优质知识资源的生成、共享和利用。[②]

2. 非传染性疾病

根据统计,包括心脏病、中风、癌症、糖尿病、慢性肺病和精神疾患在内的非传染性疾病以及暴力和伤害加在一起占全球死亡总数70%以上,其中五分之四的死亡发生在低收入和中等收入国家。这些疾病造成的后果超越卫生部门的范围。因此,仅靠预防和治疗疾病的系统是解决不了问题的。[③]

3. 生命全程促进健康

在生命全程促进良好健康涉及世界卫生组织的一切工作,需要处理环境风险和健康问题之社会决定因素,并需重视性别、公平和人权问题。目前,世界卫生组织双年度工作的一项关键重点是完成千年发展目标议程和减少国

---

① 参见世界卫生组织:《2022—2023年规划预算方案》,https://apps.who.int/gb/ebwha/pdf_files/WHA74/A74_5Rev1-ch.pdf,2021年11月6日访问。
② 参见世界卫生组织:《我们开展何种工作》,https://www.who.int/zh/about/what-we-do,2021年11月6日访问。
③ 同上。

4. 传染病

世界卫生组织与国家一道努力增强和维持艾滋病毒、结核病、疟疾和被忽视的热带病的预防、治疗和护理，并通过接种疫苗减少疾病。世界卫生组织认为，千年发展目标之六——与艾滋病毒/艾滋病、疟疾和其他疾病作斗争，取得了显著进展[2]，但是仍需开展大量工作。[3]

5. 防范、监测和应对

世界卫生组织在突发事件中的作用包括指导和协调卫生应对措施，向国家提供支持，开展风险评估，确定重点和制定战略，提供关键的技术指导、供应和资金，并监督卫生状况。世界卫生组织还协助国家加强本国紧急管理风险的核心能力，以预防、防范和应对任何人类健康危害造成的突发事件并协助在突发事件后开展恢复工作。[4]

6. 全组织范围服务

全组织范围服务指的是提供得以开展一切工作的职能、工具和资源。全组织范围服务包括：由理事机构召集成员国制定政策，法律团队协助制定国际条约，通信联络人员帮助传播卫生信息，人力资源部门引进全世界最好的公共卫生专家，或者办公服务部门为世界卫生组织150多个办事处的大约7000名工作人员提供办公空间和工具。[5]

（四）世界卫生组织的成员

1. 世界卫生组织的成员构成

目前，世界卫生组织共有194个成员。所有联合国会员国都可以通过接受《联合国宪章》成为世界卫生组织的成员。除了列支敦士登外，其他192个联合国会员国都加入了世界卫生组织。此外，纽埃和库克群岛也是世界卫生组织成员。联合国会员国之外的国家经世界卫生大会简单多数（投票）批准

---

[1] 参见世界卫生组织：《我们开展何种工作》，https://www.who.int/zh/about/what-we-do，2021年11月6日访问。

[2] 参见世界卫生组织：《千年发展目标》，https://www.who.int/zh/news-room/fact-sheets/detail/millennium-development-goals-(mdgs)，2021年11月6日访问。

[3] 参见世界卫生组织：《我们开展何种工作》，https://www.who.int/zh/about/what-we-do，2021年11月6日访问。

[4] 同上。

[5] 同上。

后,也可以被接纳为世界卫生组织成员。①

2. 世界卫生组织的副成员构成

世界卫生组织除了成员,还有副成员,是指不具备主权和外交权的殖民地可以由负责其外交事务的成员国申请,成为世界卫生组织的副成员。目前,世界卫生组织拥有2个副成员,分别是波多黎各及托克劳群岛。②

3. 美国曾经想退出世界卫生组织

2020年5月30日,美国前总统特朗普宣布美国将退出世界卫生组织。同年7月6日,美国正式通知联合国,将于1年后退出世界卫生组织。2021年1月20日,美国现任总统拜登签署行政命令终止退出计划。

(五)世界卫生组织的正式语言

1. 多语言的重要性

以多种语言传达信息可以弥合差距,增进各国人民之间的相互了解。世界卫生组织使用多种语言,能够更有效地引导采用公共卫生做法,开展国际交流,以增进全球健康状况。所以,多语言交流是促进全球卫生工作的一个必不可少的工具。世界卫生组织所有重要内容均以六种正式语言发表,同时,为合理使用资源,技术性内容只以某些语言公布。以何种语言公布何种材料取决于对读者对象需求的分析,并视紧急情况和危机而定。③

2. 六种正式语言

世界卫生大会于1978年通过了一项决议,确定了阿拉伯文、中文、英文、法文、俄文和西班牙文是世界卫生组织的六种正式语言,确立了世界卫生组织的多语言政策。自1998年通过一项决议后,世界卫生组织理事机构的所有文件和重要资料均以所有正式语言公布于网上。世界卫生组织的许多重要科学出版物(如《国际疾病分类》《世界卫生统计》《世界卫生报告》等)都以六种语言出版,而且往往语言版本会超过六种。

世界卫生组织于2005年1月以六种正式语言推出多语言网站。世界卫生大会于2018年5月通过了关于多种语言的最新决议,再次呼吁尊重正式语言之间的平等,并要求总干事编写一份报告,阐述以前的做法以及可能采用

---

① 参见世界卫生组织:《国家》,https://www.who.int/zh/countries,2021年11月6日访问。
② 同上。
③ 参见世界卫生组织:《世卫组织使用多种语言》,https://www.who.int/zh/about/policies/multilingualism,2021年11月6日访问。

的技术方案和解决办法,以改善现况和确保以六种正式语言提供本组织的重要技术材料。

三、世界卫生组织总干事

总干事(Director-General)是世界卫生组织的首席技术和行政官员。

1. 世界卫生组织现任总干事谭德塞博士及其工作目标

谭德塞(Tedros Adhanom Ghebreyesus)在2017年5月举行的第七十届世界卫生大会上被世界卫生组织成员国选举为总干事,任期5年。他是世界卫生大会首次从多名候选人中选出的世界卫生组织总干事,也是世界卫生组织这个全球公共卫生领导机构首位来自非洲区域的首长。[①]

谭德塞博士是全球公认的卫生学者、倡导者和外交家,在研究、运作和领导突发事件应对方面拥有第一手经验。他在著名科学期刊上发表过许多文章,并获得了来自全球各地的奖项和认可,其中包括:成为伦敦卫生和热带医学院(2012年)、爱尔兰护理和助产士学会皇家外科医学院(2020年)荣誉研究员,获得瑞典于默奥大学医学院(2018年)以及英国诺丁汉大学和纽卡斯尔大学(均为2019年)荣誉医学博士学位。[②]

在当选世界卫生组织总干事之前,谭德塞博士在全球卫生领域担任过许多领导职务,包括抗击艾滋病、结核病和疟疾全球基金主席,遏制疟疾伙伴关系主席,孕产妇、新生儿和儿童健康伙伴关系理事会联合主席。[③]

2. 世界卫生组织现任总干事谭德塞博士的工作目标和成就

2017年7月1日就任世界卫生组织总干事后,谭德塞博士启动了世界卫生组织历史上最重大的变革,并取得广泛成就。在谭德塞博士当选1年后的2018年世界卫生大会上,世界卫生组织成员国通过五年战略计划《第十三个工作总规划》,重点是在各国产生可衡量的影响,支持各国实现可持续发展目标中与卫生有关的具体目标。世界卫生组织工作以一项新的使命宣言和"三个十亿"目标为基础,使命宣言是:"增进健康、维护世界安全,为弱势人群服务";宏伟的"三个十亿"目标是:全民健康覆盖受益人口新增十亿,面对突发

[①] 参见世界卫生组织:《总干事简历》,https://www.who.int/zh/director-general/biography,2021年11月6日访问。
[②] 同上。
[③] 同上。

事件受到更好保护的人口新增十亿,健康和福祉得到改善的人口新增十亿。①

为使世界卫生组织能够支持各国实现这些目标,谭德塞博士与世界卫生组织区域主任们密切协商,领导开发了一种新的业务模式,使本组织三个层级(总部、区域办事处和国家办事处)的新结构和工作方式相一致。为支持新业务模式,世界卫生组织设立了新的部门,包括科学部门、数据、行动与影响部门及突发事件防范部门。②

为使组织更加有效和高效,世界卫生组织在以下领域全面改革或者启动总计13个核心流程:与技术工作有关的流程,如数据、规范和标准以及政策对话;与对外关系有关的流程,如资源调动和宣传沟通;与管理和行政有关的流程,包括规划和预算、供应链、招聘和绩效管理等。③

在谭德塞博士领导下,世界卫生组织首次实现高级领导层两性均等,并启动了向实习生支付津贴的新规划。世界卫生组织正开展工作,启动首个世卫组织学院,以多种语言向工作人员提供跨越许多卫生领域的新的和更有效的培训方法。在谭德塞博士的领导下,世界卫生组织还让工作人员参与制定一份新的《价值观契约》,其中确定了核心价值观:公共服务、技术卓越、诚信、协作和慈悲。④

2022年5月24日,谭德塞连任世卫组织总干事。

第三节 国际卫生条例

国际组织成立和运行需要一套由符合该组织或机构宗旨的组织法和程序法组合的"章程"或"规约"等,也需要体现该领域全球治理需求的"实体法"。如果说《世界卫生组织组织法》属于前者,那么《国际卫生条例》就属于后者。传染病的全球化与防治传染病的国际合作凸显了国际公共安全卫生法治的必要性以及对《国际卫生条例》机制成效的倚重性。

---

① 参见世界卫生组织:《总干事简历》,https://www.who.int/zh/director-general/biography, 2021年11月6日访问。
② 同上。
③ 同上。
④ 同上。

一、《国际卫生条例》的历史和发展

(一)《国际卫生条例》的前身

1.《国际卫生公约》是《国际卫生条例》的前身

14世纪,欧亚两洲发生鼠疫大流行,南亚死亡1300余万人,欧洲死亡2500余万人。1374年,意大利威尼斯建立了世界第一个检疫站,颁布了第一部检疫规章即《海员管理规定》,在很大程度上限制了疾病的传播。19世纪以来,西方商品经济迅速发展,国际交通往来迅猛增加,同时鼠疫、霍乱、天花、黄热病等烈性传染病广泛流行。既往的检疫规章已经不能适应现有的情况,许多国家为防御瘟疫的传播蔓延,相继采取检疫措施,制定检疫法规,并从地区性的协调,逐渐发展到国际间的合作。在此背景下,第一次国际卫生会议于1851年在法国巴黎召开,形成了《国际卫生公约》。[1]

2.《国际卫生公约》在第二次世界大战前的发展

1866年土耳其的君士坦丁堡会议和1874年奥地利的维也纳会议,针对当时霍乱历经4次世界性大流行,重点提出了防止霍乱国际间传播的措施;同时将鼠疫、黄热病并列为国际检疫传染病,建立了国际流行病委员会;1892年,意大利的国际卫生会议制定了船只通过苏伊士运河检疫办法;1893年,德国德累斯顿举办国际卫生会议,专门研究了防止东方(印度等国)鼠疫传入欧洲的检疫措施;1897年,奥地利的维也纳会议强制要求各国电报报告鼠疫首发病例;1912年,法国巴黎举办第十二次国际卫生会议,后形成《国际卫生公约》文本,将霍乱、鼠疫、黄热病定为国际检疫传染病;1924年,比利时布鲁塞尔召开24国会议,设立海港性病防治机构;1926年,法国巴黎举办第十三次国际卫生会议,37个国家参加,正式通过《国际卫生公约》,共172条,增加天花、斑疹伤寒为国际检疫传染病,中国也出席了该会议,签订了该公约;1933年,荷兰海牙在22国会议上制定了《国际航空卫生公约》,提出卫生机场航空卫生文件,加强机场的卫生管理。[2]

(二)《国际卫生条例》的诞生

1.《国际卫生条例》第一次出现在1969年

《国际卫生公约》是《国际卫生条例》的前身。1944年修订的《国际卫生公

---

[1] 参见刘雁冰、马林:《〈国际卫生条例〉在新冠疫情应对中的困境与完善》,载《西北大学学报(哲学社会科学版)》2021年第4期。

[2] 参见邓金凤:《域外国境卫生检疫法律制度》,载《人民法院报》2020年4月10日第8版。

约》，提出货物、行李检查、移民与边境检疫等事项；1946 年，在美国纽约形成了《世界卫生大会组织宪章》，共 21 条，并制定检疫规章，成立检疫专家委员会；1948 年，第一届世界卫生大会起草了《国际公共卫生条例》；1951 年，第四届世界卫生大会通过了《国际公共卫生条例》。确立《国际公共卫生条例》的目的是最大限度地防止疾病在国际间的传播，同时尽可能小地干扰世界交通运输。1969 年，第二十二届世界卫生大会对《国际公共卫生条例》进行了修改、补充，并将其改名为《国际卫生条例》(International Health Regulation)。

随着时间的推移，第一版《国际卫生条例》的缺陷逐渐暴露。中国学者概括出三大问题：一是各国并未履行通报义务，从而导致其他国家过激措施屡禁不止。二是适用对象具有局限性。这个时期的《国际卫生条例》只重点关注"鼠疫、霍乱、黄热病"三种传染病。三是在治理理念上采取一种较为保守的观念。①《国际卫生条例》只要求成员国在边境上采取措施以抵制传染病的国际扩散，而不要求在国境内完善公共卫生设施，也不要求国家采取措施来改善国内传染病防治的总体状况。这种被动的治理方式使得各国严重缺乏主动提升公共卫生治理能力的意识，且缺乏传染病领域的国际合作意识。②

1973 年和 1981 年，世界卫生大会先后对《国际卫生条例》进行修改、补充，修改后的《国际卫生条例》强调流行病学监测和传染病控制，旨在加强流行病学的监测手段在国际间的运用，以尽早发现或扑灭传染源，改善港口、机场及其周围的环境卫生，防止媒介扩散，并且鼓励各国卫生当局重视流行病学调查，减少疾病入侵的危险。③

2.《国际卫生条例(2005)》的出现

《国际卫生条例(2005)》是目前国际社会管理国际公共卫生安全的主要法律框架。"国际关注的突发公共卫生事件"(Public Health Emergency of International Concern)是《国际卫生条例(2005)》创建的全球突发公共卫生事件警报机制，也是目前世界卫生组织应对全球公共卫生危机的唯一法律工具。

2003 年以来，严重急性呼吸综合征(Severe Acute Respiratory Syn-

---

① 参见陈颖健：《公共健康全球合作的国际法律制度研究》，上海社会科学院出版社 2010 年版，第 59 页。
② 参见刘雁冰、马林：《〈国际卫生条例〉在新冠疫情应对中的困境与完善》，载《西北大学学报(哲学社会科学版)》2021 年第 4 期。
③ 参见世界卫生组织：《国际卫生条例(2005)第二版》，https://www.who.int/zh/publications/i/item/9789241580410，2021 年 11 月 6 日访问。

drome,SARS)①和禽流感疫情的暴发流行,提高了修订《国际卫生条例》的紧迫性,国际社会也因此呼吁扩大《国际卫生条例》的适用范围。2003年召开的第五十六届世界卫生大会作为紧急事项讨论了《国际卫生条例》的修订问题,并要求世界卫生组织秘书处加快修订工作。之后,第五十八届世界卫生大会通过了《国际卫生条例(2005)》,于2007年6月15日生效。②

二、《国际卫生条例(2005)》概述

(一)《国际卫生条例(2005)》的主要内容和特色

1.《国际卫生条例(2005)》的正文部分

《国际卫生条例(2005)》共分10编66条,即:前言、定义、目的和范围、原则及负责当局;信息和公共卫生应对;建议;入境口岸;公共卫生措施;卫生文件;收费;一般条款;MR专家名册、突发事件委员会和审查委员会;最终条款。

2.《国际卫生条例(2005)》的附件部分

《国际卫生条例(2005)》还包括9个附件:监测和应对、出入境口岸的核心能力要求;评估和通报可能构成国际关注的突发公共卫生事件的决策文件;船舶免予卫生控制措施证书/船舶卫生控制措施证书示范格式;对交通工具和交通工具运营者的技术要求;针对媒介传播疾病的具体措施;疫苗接种、预防措施和相关证书;对于特殊疾病的疫苗接种或预防措施要求;航海健康申报单示范格式;航空器总申报单的卫生部分。

3.《国际卫生条例(2005)》的目的和范围

《国际卫生条例(2005)》的目的和范围是"以针对公共卫生风险,同时又避免对国际交通和贸易造成不必要干扰的适当方式,预防、抵御和控制疾病的国际传播,并提供公共卫生应对措施"。由于《国际卫生条例(2005)》不局限于特定疾病,而且适用于新的和不断变化的国际公共卫生风险,因此其意图是要与针对疾病出现和传播的国际应对措施长期相关。《国际卫生条例

---

① 传染性非典型肺炎,又称严重急性呼吸综合征(SARS),是一种因为感染SARS相关冠状病毒而导致的以发热、干咳、胸闷为主要症状,严重者出现快速进展的呼吸系统衰竭。传染性非典型肺炎是一种新的呼吸道传染病,极强的传染性与病情的快速进展是此病的主要特点。参见中国疾病预防控制中心:《传染性非典型肺炎》,http://www.chinacdc.cn/jkzt/crb/zl/crxfdxfy/201104/t20110411_41635.html,2021年11月6日访问。

② 参见世界卫生组织:《国际卫生条例(2005)第二版》,https://www.who.int/zh/publications/i/item/9789241580410,2021年11月6日访问。

(2005)》还为适用于国际旅行和运输以及国际机场、港口和陆路口岸使用者的卫生保护措施的重要卫生文件提供了法律基础。

《国际卫生条例(2005)》要求所有国家有能力做到以下四点：一是检测，确保监控系统和实验室能够检测到潜在威胁。二是评估，与其他国家合作在突发公共卫生事件中做出决策。三是报告，通过参与国家联络点网络报告特定疾病以及任何潜在的国际公共卫生突发事件。四是响应，响应突发公共卫生事件。

4.《国际卫生条例(2005)》的主要特征

《国际卫生条例(2005)》的主要特征可以概括为：体现了全人类共同利益性，与口岸建设和经济发展的相关性，实体法规范与程序法规范的兼容性，对空间和时间要求的特殊性，以及较强的专业性。《国际卫生条例(2005)》的制定，体现了国际卫生检疫从单纯的隔离留验到疾病监测、卫生监督和旅行者的卫生保健经历了多个发展阶段，检疫内容不断延伸，国际检疫法规条款不断修改补充的过程，开辟了人类通过国际卫生立法形式开展国际合作与疾病进行斗争的新纪元。[1]

5.《国际卫生条例(2005)》与之前版本的区别

《国际卫生条例(2005)》内容与之前版本的区别主要体现为以下几点：一是适用范围。《国际卫生条例(2005)》适用的范围从鼠疫、黄热病和霍乱这三种传染病的国境卫生检疫扩大为全球协调应对构成"国际关注的突发公共卫生事件"（包括各种起源和来源，实际上是指生物、化学和核辐射等各种因素所致突发公共卫生事件）。二是《国际卫生条例(2005)》对各成员国家级、地方各级包括基层的突发公共卫生事件监测和应对能力，以及机场、港口和陆路口岸的相关能力的建设都提出明确要求，以确保条件的实施。三是《国际卫生条例(2005)》规定了可能构成"国际关注的突发公共卫生事件"的评估要件和通报程序，要求各成员国及时评估突发公共卫生事件，并按规定向世界卫生组织通报。同时，要求成员国根据世界卫生组织要求及时核实其他来源的突发公共卫生事件信息。四是世界卫生组织按照《国际卫生条例(2005)》规定的程序确认是否发生可能构成"国际关注的突发公共卫生事件"，并提出采取公共卫生应对措施的临时建议和长期建议，成立突发事件专家委员会和

---

[1] 参见邓金凤：《域外国境卫生检疫法律制度》，载《人民法院报》2020年4月10日第8版。

专家审查委员会,为世界卫生组织相关决策提供技术咨询和支持。五是各成员国可以根据本国立法和应对突发公共卫生事件的需要,采取《国际卫生条例(2005)》规定之外的其他各项卫生措施,但是应根据世界卫生组织要求,提供相关信息,并根据世界卫生组织要求考虑终止这些措施的执行。由于这一规定可能会影响国际交通和贸易,因此是《国际卫生条例》修订中的关注焦点之一。①

三、国际关注的突发公共卫生事件

(一) 缔约国义务

1. 时间要求

《国际卫生条例(2005)》拥有194个缔约国,在缔约国层面,规定了各个国家必须达到一套监测和应对"核心能力要求",以发现、评估、通报与核实潜在"国际关注的突发公共卫生事件"。

其一,根据《国际卫生条例(2005)》第5条和"附件1:监测和应对的核心能力要求",每个缔约国应在《国际卫生条例(2005)》生效后2年内评估现有能力,在生效后5年内发展和保持监测(发现、评估、通报和报告)能力。

其二,根据《国际卫生条例(2005)》第6条和"附件1:监测和应对的核心能力要求",缔约国国家层面主管机关在48小时内评估所有紧急事件,如果评估结果符合潜在"国际关注的突发公共卫生事件"标准,应在24小时内通报世界卫生组织。

其三,根据《国际卫生条例(2005)》第10条,缔约国有义务在24小时内核实、答复世界卫生组织从其他来源获知的潜在"国际关注的突发公共卫生事件"信息。

2. 潜在"国际关注的突发公共卫生事件"的评估与决策

与潜在"国际关注的突发公共卫生事件"评估与决策核心能力最相关的规定是《国际卫生条例(2005)》的"附件2:评估和通报可能构成国际关注的突发公共卫生事件的决策文件"。作为一份帮助缔约国发现、评估和报告可能具有公共卫生意义事件的决策文件,附件2操作性较强,像流程图一样,只需要按指引的步骤,对四个问题判断"是"或"否";只要有两个"是",就需要向世

---

① 参见刘雁冰、马林:《〈国际卫生条例〉在新冠疫情应对中的困境与完善》,载《西北大学学报(哲学社会科学版)》2021年第4期。

界卫生组织通报。①

(二)世界卫生组织的职责

如果缔约国向世界卫生组织通报了潜在"国际关注的突发公共卫生事件",或者世界卫生组织主动提出询问要求,"国际关注的突发公共卫生事件"的评估就进入国际组织层面,即世界卫生组织总干事享有决定某个事件是否构成"国际关注的突发公共卫生事件"的专属权力。在国际组织层面,总干事确定"国际关注的突发公共卫生事件"涉及考虑因素、程序要求与直接后果三个方面。②

1. 考虑因素

根据《国际卫生条例(2005)》第12条第4款,总干事宣布"国际关注的突发公共卫生事件"应考虑5个因素:(1)缔约国提供的信息;(2)《国际卫生条例(2005)》附件2所含的决策文件;(3)突发事件委员会的建议;(4)科学原则以及现有的科学依据和其他有关信息;(5)对人类健康危险度、疾病国际传播风险和国际交通干扰危险度的评估。尽管总干事于2016年向世界卫生大会提交的一份报告可以提供一些参考,但是世界卫生组织没有提供其他可用于决定"国际关注的突发公共卫生事件"的具体实质标准。

2. 程序要求

根据《国际卫生条例(2005)》第12条和第49条,总干事评估"国际关注的突发公共卫生事件"后,如认为"国际关注的突发公共卫生事件"属实,第一步是与发生事件的缔约国磋商。如果该国同意,总干事仅需就临时建议征求意见;如果经磋商48小时意见不一致,总干事应成立和召集委员会讨论,考虑是否做出宣布"国际关注的突发公共卫生事件"的决定。

3. 直接后果

根据《国际卫生条例(2005)》第15条,总干事决定后的直接法律后果仅有一个,即发布不具有法律拘束力的临时建议。临时建议公布3个月后自动失效,但是可修改、延续或随时撤销。③ 临时建议实际上就是对公共卫生事件的

---

① 参见何田田:《〈国际卫生条例〉下的"国际关注的突发公共卫生事件":规范分析、实施困境与治理路径》,http://iolaw.cssn.cn/zxzp/202008/t20200805_5165985.shtml,2021年11月6日访问。

② 参见翟晗:《世卫组织将疫情列为国际突发公共卫生事件,法律上如何解读"对华不限制"与"疫区"》,https://www.thepaper.cn/newsDetail_forward_5724612,2021年11月6日访问。

③ 参见世界卫生组织:《关于2019冠状病毒病(COVID-19)大流行的〈国际卫生条例(2005)〉突发事件委员会第九次会议的声明》,https://www.who.int/zh/news/item/26-10-2021-statement-on-the-ninth-meeting-of-the-international-health-regulations-(2005)-emergency-committee-regarding-the-coronavirus-disease-(covid-19)-pandemic,2021年10月26日访问。

应急管理建议,是世界卫生组织为减少在面对正在出现的公共卫生安全威胁时各国措施前后不一、缺乏协调和没有根据的现象而发布的。因此,临时措施是应对"国际关注的突发公共卫生事件"的"没有法律拘束力"的全球标准。①

4. 六次"国际关注的突发公共卫生事件"

2020年1月30日晚间,世界卫生组织总干事谭德塞博士依据《国际卫生条例(2005)》的相关程序,在突发事件委员会新闻通报会上,宣布新型冠状病毒的全球疫情为(第六起)"国际关注的突发公共卫生事件"。

《国际卫生条例(2005)》生效以来,世界卫生组织一共宣布了六起"国际关注的突发公共卫生事件",前五起分别是:(1)2009年的甲型H1N1流感。在当时,美国是第一个被宣布为"国际关注的突发公共卫生事件"的国家,而且上升到最高级别(六级)。(2)2014年的脊髓灰质炎疫情。脊髓灰质炎又称"小儿麻痹症",是一种主要侵袭小儿的传染病。2014年5月,南亚和非洲的脊髓灰质炎疫情被世界卫生组织宣布为"国际关注的突发公共卫生事件"。2020年1月7日,世界卫生组织决定脊髓灰质炎病毒依然是"国际关注的突发公共卫生事件"。(3)2014年西非的埃博拉疫情。埃博拉病毒是一种十分罕见的病毒,因在刚果(金)的埃博拉河地区被发现而得名。埃博拉病毒经由直接接触已感染患者或动物的血液、体液、分泌物和排泄物等传播,潜伏期为2天至21天,人一旦感染,会出现发热、呕吐、出血和多脏器损伤等症状,死亡率为50%至90%。(4)2015年至2016年的"寨卡"疫情。"寨卡"病毒通过蚊虫叮咬传播,感染后症状与登革热相似,包括发烧、疹子、关节疼痛、肌肉疼痛、头痛和结膜炎(红眼)。如果孕妇感染,胎儿可能会受到影响,导致新生儿小头症甚至死亡,或出现其他先天性畸形;成人和儿童感染"寨卡"病毒可能面临罹患神经系统并发症。据媒体报道,"寨卡"病毒1947年首次在乌干达恒河猴中被发现,直至2013年前,仅在非洲、东南亚、太平洋岛国有散发病例报告。(5)2018年开始的刚果(金)埃博拉疫情(于2019年7月宣布)。2018年8月1日,刚果(金)爆发埃博拉疫情。世界卫生组织数据显示,本轮疫情已成为历史第二严重的埃博拉疫情。截至2019年6月,确诊感染超过2000人,其中将近1400人死亡。

---

① 参见何田田:《〈国际卫生条例〉下的"国际关注的突发公共卫生事件":规范分析、实施困境与治理路径》,http://iolaw.cssn.cn/zxzp/202008/t20200805_5165985.shtml,2021年11月6日访问。

四、《国际卫生条例(2005)》的发展和未来

(一)《国际卫生条例(2005)》自身的不足

1.《国际卫生条例(2005)》缺少争端解决机制

国际争端是国际关系发展中国家间交往不可避免的普遍现象。包括国际公共卫生安全在内的全球治理在各个领域,都可能会面临国际争端。国际组织发挥功能及其存在价值的另外一个重要方面,就是解决该领域的国际争端。

首先,《世界卫生组织组织法》和《国际卫生条例(2005)》均没有规定制裁措施和奖惩机制。虽然《国际卫生条例(2005)》要求各国应当通报卫生措施,但是许多缔约国未予通报,因为即使不通报也不会面临惩罚或者制裁。美国污名化中国和违反《国际卫生条例(2005)》关于人权保护的规定,正是因为违规的法律成本为零,才使其有恃无恐。《世界卫生组织组织法》虽然规定成员国必须按时履行缴纳会费,但是对此没有合理的奖惩机制,美国就屡次威胁要对世界卫生组织"断供",甚至扬言退出世界卫生组织。与一些国际组织类似[①],对于违反《国际卫生条例(2005)》的成员国,《世界卫生组织组织法》和《国际卫生条例(2005)》都没有赋予世界卫生组织相应的制裁权力,使得有关成员国对履行职责持消极态度。这些都严重削弱了世界卫生组织和《国际卫生条例(2005)》的权威性。

其次,缺乏强制性和司法性。《国际卫生条例(2005)》对卫生措施进行限制的规定,与世界贸易组织《卫生与植物检疫措施协议》(Agreement of Sanitary and Phytosanitary Measures)规定的限制卫生措施的内容相似,但是两者在争端解决机制的强制性上存在着巨大差异:如果缔约国实施了过度的卫生措施,《卫生与植物检疫措施协议》的执行可以依赖世界贸易组织的强制争端解决机制,而《国际卫生条例(2005)》的执行只能依赖缔约国的自愿。世界贸易组织争端解决机制的成功之处在于有效的争端解决程序、明确的时限、专家组和上诉机制。[②] 世界贸易组织和其他一些国际组织的争

---

① 参见李晓郛:《美国〈2011年货币汇率监督改革法案〉评析——从货币操纵和出口补贴的角度》,载《上海交通大学学报(哲学社会科学版)》2012年第3期。
② 参见彭溆:《论世界贸易组织争端解决中的司法造法》,北京大学出版社2008年版,第61页。

端解决机制具有司法或者准司法性质,而世界卫生组织争端解决机制不具有任何司法性质。

最后,世界卫生组织的设立基础之一是联合国坚持的功能主义导向。功能主义将国际事务分为两个方面:一个是政治性质的,这个领域易发生冲突且不易调和;另一个是技术性质的,这个领域较易于形成共识。卫生、经济等领域常被功能主义者定位为技术性领域,因此,世界卫生组织将自身定义为技术性官僚/组织。这使得世界卫生组织远离政治,不愿采用强硬的争端解决机制,更倾向于采用"软方式"。虽然不同时期具体职能范围有所变化,但"建议"一直是世界卫生组织的重要工作方式,具体包括世界卫生大会的决议和召集专家订立的技术标准等,通过"建议"行使协调国际行动的规范性权威。[1]

2. 世界卫生组织和《国际卫生条例(2005)》遭遇权能腐蚀

国际组织作为国际法主体的权利能力和行为能力具有派生性,是成员国赋予的。只要是国际法未予规范的事项,都在国际组织职权和管辖范围外。作为国际组织,世界卫生组织职权也是派生的,主要规定在《世界卫生组织组织法》和《国际卫生条例(2005)》中,成员国也可以签订新的条约赋权。新型冠状病毒疫情发生后,二十国集团部长会议原本要发表一份公报,承诺增加世界卫生组织在应对新冠疫情中的赋权,但是该公报因为美国的反对而流产。世界卫生组织权能受到侵蚀的根源是国家利益之争,各国均不肯让渡主权。《国际卫生条例(2005)》的出台经历了诸多阻碍,其间世界卫生组织一直在争取更大的权力,以及在应对国际公共卫生安全事件时的自主性,而成员国愿意授予其多少权力成为议题的焦点。一方面,成员国希望世界卫生组织能为国际公共卫生安全提供保障;另一方面,即使是加拿大、挪威等一直支持世界卫生组织的成员国,也在国际组织的权力与国家主权之间寻求平衡。[2]

(二)世界卫生组织和《国际卫生条例(2005)》的改革和路径

1. 坚持世界卫生组织的法律性质

世界卫生组织现在是,将来也仍是以科学和证据为基础的国际公共卫

---

[1] 参见李霞:《世界卫生组织的新困境与再改革——以国际突发公共卫生事件的应对为视角》,载《经济导刊》2021年第2期。

[2] 同上。

生安全权威组织。在跨国传染性疾病的预防控制领域,全球需要循证技术型组织,发挥风险管理全流程中的信息收集、科学咨询、科研攻关的组织、协调和指导作用。例如,正是得益于世界卫生组织所汇集的全球技术力量和优质资源,世界卫生组织现有的突发事件信息收集网络非常强大。早在2000年,世界卫生组织就联合成员国、区域组织、联合国机构、非政府组织、科研机构等发起了全球疫情警报与反应网络(Global Outbreak Alert and Response Network),第一时间监测和验证疫情信息,调动和借助世界范围内的技术力量,协调国际疾病暴发应对工作。

2. 加大世界卫生组织的行动力度

世界卫生组织不仅是一个技术机构,而且是一个行动型政府间国际组织。世界卫生组织的行动性角色,主要体现为通过政策支持和规范制定,发挥政府间国际组织的专长,推动就重要卫生议题开展高级别对话,提供有影响力的全球公共产品。基于《世界卫生组织组织法》的赋权,世界卫生组织召集成员国和一系列其他伙伴,在科学和证据的基础上,共同推动规范、建议或者其他法律文书的形成。例如,纯技术机构仅会就各国应采取哪些措施减少烟草使用提出建议,但世界卫生组织还召集、推动与协调成员国谈判达成了《烟草控制框架公约》。同样,世界卫生组织在《国际卫生条例(2005)》修订过程中发挥了重要的协调和推进作用。《国际卫生条例(2005)》中许多科学条款的最初基础就是由世界卫生组织协助提供的谈判蓝本,这直接推动了《国际卫生条例(2005)》的顺利通过。①

3. 继续发挥世界卫生组织规范制定者的职能

新型冠状病毒疫情时期以及之后的日子,应继续发挥世界卫生组织"规范、标准和公约"(norms, standards and conventions)制定者的这一独特职能,通过世界卫生组织推动、形成有效的国际规范。例如,《国际卫生条例(2005)》"不拒绝即生效""通知即生效"模式,有别于传统国际法上需要缔约国通过批准或者加入等方式来表达受约束意图。根据《世界卫生组织组织法》第21条、第22条通过的条款,采用的是"通知即接受"的方式,不需要缔约国采取任何传统的同意行动。唯一例外仅是在通知所规定的时间内,缔约国明确向世界卫生组织总干事作出拒绝或者保留。国家必须在接受或拒绝(或

---

① 参见何田田:《〈国际卫生条例〉下的"国际关注的突发公共卫生事件":规范分析、实施困境与治理路径》,http://iolaw.cssn.cn/zxzp/202008/t20200805_5165985.shtml,2021年11月6日访问。

保留)之间作选择,没有其他选项,也不需国内程序。因此,有学者称之为"选择退出"(opt out)模式。①

(三)中国应积极参与改革

1. 全球卫生外交与中国

进入新世纪,随着国际形势的风云变幻和国际公共卫生安全事件的频发,全球卫生外交的鲜明特征不仅使其与其他外交活动区分开来,而且也使其日益受到学术界和外交界的重视。SARS疫情和新型冠状病毒疫情的出现,使全球卫生外交进入全球治理的新阶段。②

在健康风险不断增加、国际公共卫生安全危机频发的今天,中国是全球健康治理领域重要的参与者和推动力。中国的全球卫生外交经历了从无到有、从小到大、逐渐发展成熟的过程,集中体现了中国倡导的国际主义、人道主义以及人类命运共同体精神。中国应更加积极参与国际公共卫生安全法治以及世界卫生组织的改革中。

2. 世界卫生组织改革中的中国主张

世界卫生组织是国际公共卫生安全法治的推动者、全球抗疫合作的协调者、全球抗疫规范与技术的提供者、薄弱环节的补位者。世界卫生组织既往改革及成效,以及进一步改革的必要性,说明其在全球治理中特定领域的独特地位和价值。中国作为世界卫生组织的重要成员国,可以考虑联合其他国际组织在"国际公共卫生安全立法"方面向多个方向努力:一是可以借鉴世界贸易组织《关于争端解决规则和程序的谅解备忘录》(Dispute Settlement Understanding),进一步建立健全国际公共卫生争端解决机制和程序。二是在坚持各成员国主权"合意"原则的基础上,探索建立程序完善、条件严格的实地调查机制。三是弥补强化成员国违约行为的制约性规则刚性,特别是针对不去履行额外措施通报、恶意拖欠会费等行为的违约后果应加以适当明确。四是借鉴国际人权公约体系的逻辑性和体系性,扩充国际卫生实体法,例如制订《生物安全和病毒公约》《国际流行病法》。③

---

① 参见何田田:《〈国际卫生条例〉下的"国际关注的突发公共卫生事件":规范分析、实施困境与治理路径》,http://iolaw.cssn.cn/zxzp/202008/t20200805_5165985.shtml,2021年11月6日访问。
② 参见赵磊、王冰:《全球卫生外交的特征与中国实践》,载《太平洋学报》2021年第5期。
③ 参见李霞:《世界卫生组织的新困境与再改革——以国际突发公共卫生事件的应对为视角》,载《经济导刊》2021年第2期。

后 记

健康安全是国家安全的重要领域,包括公共卫生突发事件应对、生物安全、传染病防治、疫苗安全、药品与医疗器械安全、食品安全、健康信息安全、国际公共卫生安全等。保障公民的健康安全是实现国家长治久安的必然要求,"十四五"时期应坚持以习近平新时代中国特色社会主义思想为指导,以习近平法治思想为引领,全面贯彻党的二十大精神,持续推动健康安全法治体系建设,织密健康安全法律保护网,在法治轨道上推进国家健康安全治理体系与治理能力现代化。

本书是集体攻关成果,编写人员全部为华东政法大学卫生健康法研究团队人员。主编郭为禄教授、执行主编满洪杰教授负责组建团队、拟定提纲、制订写作计划和最后统稿;副主编孙煜华副教授、李恒副教授参与了提纲和研究计划的讨论以及部分统稿工作。各章节作者如下:

满洪杰:第一章、第二章、第三章

孙煜华:第四章、第七章

周海源:第五章第一节、第二节

林淡秋:第五章第三节、第四节

王绍鑫:第六章

李 恒:第八章、第九章

陈哲璇:第十章

党东升:第十一章

胡 萌:第十二章

李晓郛:第十三章

本书的编写工作获得了华东政法大学中国法治战略研究中心、发展规划处(学科办)的诸多帮助和支持。北京大学出版社为本书的编辑、出版给予了大力支持,在此一并表示感谢。

健康安全是一个内涵极为丰富的安全领域,健康安全法治建设意义重大、任重道远。限于作者的研究水平,本书难免存在各种不足,敬请读者批评指正。

郭为禄

2022 年 10 月